全国中等职业技术学校汽车类专业教材

汽车车身结构认知与维修

刘世峰　主编

中国劳动社会保障出版社

简介

本书主要内容包括汽车车身结构认知、车身焊接、车身板件修复与更换、汽车车身尺寸测量、汽车车身校正等。

本书由刘世峰任主编，任海江、李晓东任副主编，张光辉、武鹏、杜晨、姬鹏云、阮营雷参加编写；李艳任主审。

图书在版编目（CIP）数据

汽车车身结构认知与维修 / 刘世峰主编 . -- 北京 : 中国劳动社会保障出版社，2023
全国中等职业技术学校汽车类专业教材
ISBN 978-7-5167-5663-8

Ⅰ. ①汽… Ⅱ. ①刘… Ⅲ. ①汽车 - 车体结构 - 中等专业学校 - 教材②汽车 - 车体结构 - 车辆修理 - 中等专业学校 - 教材 Ⅳ. ①U463.82

中国国家版本馆 CIP 数据核字（2023）第 157195 号

中国劳动社会保障出版社出版发行
（北京市惠新东街 1 号 邮政编码：100029）
*
三河市华骏印务包装有限公司印刷装订 新华书店经销
787 毫米 × 1092 毫米 16 开本 10.5 印张 219 千字
2023 年 9 月第 1 版 2023 年 9 月第 1 次印刷
定价：21.00 元

营销中心电话：400-606-6496
出版社网址：http://www.class.com.cn
http://jg.class.com.cn

前 言

为了更好地适应中等职业技术学校汽车类专业教学要求，全面提升教学质量，人力资源社会保障部教材办公室组织有关学校的骨干教师和行业、企业专家，在充分调研企业生产和学校教学情况、广泛听取教材用户反馈意见的基础上，对全国中等职业技术学校汽车类专业教材进行了修订和补充开发。

本次教材修订和补充开发工作的重点主要体现在以下几个方面：

第一，完善教材体系，更好地满足教学需求。

结合职业院校汽车类专业设置和办学特点，调整并完善了教材体系，与专业通用基础教材相衔接，开发了汽车维修、汽车电器维修、汽车钣金与美容、汽车检测、汽车营销等专业方向教材，构建了“通用基础平台 + 不同专业方向平台”的教材体系。此外，还针对学校对电控技术、车载网络技术、新能源汽车等高新技术的教学需求，开发了相应的教材。

第二，反映技术发展，适应岗位职业能力需求变化。

随着汽车制造水平的不断提高，汽车维修的内容和工艺也发生了相应变化；伴随着私家车保有量的不断增长，汽车营销、汽车美容等相关从业人员的职业能力要求也在发生相应变化。因此，本次修订工作注重在教材中增加新知识、新技术、新材料、新工艺等方面的内容，体现教材的先进性。同时，根据中级工从事相关岗位工作的实际需要，合理确定学习目标，对教材内容的深度、难度做了适当调整，同时注重综合职业能力的培养。

第三，融入先进教学理念，创新教材表现形式。

专业通用基础教材的编写以汽车及其零部件为载体，充分体现专业特色；专业方向教材的编写根据学校教学实际，充分体现一体化教学思路，增加了实训内容在教材中的比重。为了增强教材的表现效果，提高学生的学习兴趣，教材中使用了大量高质量的实物图片，部分教材采用双色或彩色印刷。

第四，开发辅助产品，提供教学服务。

为了方便教学，配套开发了习题册参考答案、教学参考书和电子课件等，可通过技工教育网（http://jg.class.com.cn）下载使用。

本次教材修订工作得到了河北、江苏、浙江、山东、山西、广东、广西、陕西等省、自治区人力资源和社会保障厅及有关学校的大力支持，在此表示诚挚的谢意。

人力资源社会保障部教材办公室

2022 年 7 月

目　录

项目一　汽车车身结构认知

项目概述

传统汽车由发动机、底盘、电气系统与车身四部分构成。其中，车身的作用主要是保护驾乘人员的安全，为驾乘人员提供舒适的驾乘环境，承载人员与货物等。

本项目主要介绍传统汽车车身的结构类型及其组成。

任务1　汽车车身结构类型

任务目标

1. 能描述车身的结构类型。
2. 能描述承载式车身的特点。
3. 能描述非承载式车身的特点。
4. 能识别车身结构部件。

任务导入

汽车车身维修主要是针对车身的结构部件进行修理或更换，在进行维修前，维修技师应能正确识别车身类型及相关结构部件。

任务分析

汽车车身是汽车的基本部件，不同的车身类型其结构各有特点。本任务将重点学习汽车车身的类型及其特点。

知识储备

一、车身结构类型

（一）按车身承载方式分类

汽车车身按承载方式不同可分为非承载式车身、承载式车身和半承载式车身。

1. 非承载式车身

非承载式车身即为有车架的车身，如图 1–1–1 所示。这类汽车车身的车架上有用于固定车身的螺孔以及固定弹簧的基座，车身本体悬置于车架上，通过弹性元件连接，施加于汽车上的力基本由车架承受。其载荷主要由车架承受，所以这种车身的立柱一般较细，风窗玻璃也较大。

图 1–1–1　非承载式车身

车架承载着整个车体，发动机、悬架和车身都安装在车架上，车架的振动通过弹性元件传到车身上，大部分振动被减弱或消除，发生碰撞时车架能吸收大部分冲击力，在路况不佳时车架能对车身起到保护作用，因此车厢平稳性和安全性好，而且车厢内噪声低。非承载式车身的强度大，车架可以提供很强的车身刚性，也有利于提高安全性等。但这种车身质量大，耗材量大，成本高，汽车重心高，高速行驶稳定性较差。

非承载式车身普遍应用于货车、客车和越野车及一些大型的高级轿车。

2. 承载式车身

承载式车身是指在前、后轴之间没有起连接作用的车架，车身直接承受从地面传来的力和动力系统传来的力，车身载荷通过悬架装置传递给车轮，如图 1–1–2 所示。这种车身具有质量小、省油、重心低、装配简单、高速行驶稳定性较好、车内空间利用率比非承载式车身高等优点。由于道路载荷会通过悬架装置直接传递给车身本体，传动系统和悬架的振动及噪声会直接传入车内，因此产生的振动和噪声较大，需采取防振和隔音措施；底盘强度远不如大梁结构的车身，当四个车轮受力不均匀时，车身会发生变形。这种车身主要采用点焊结构。由于没有车架的保护作用，发生碰撞后车身维修难度高。

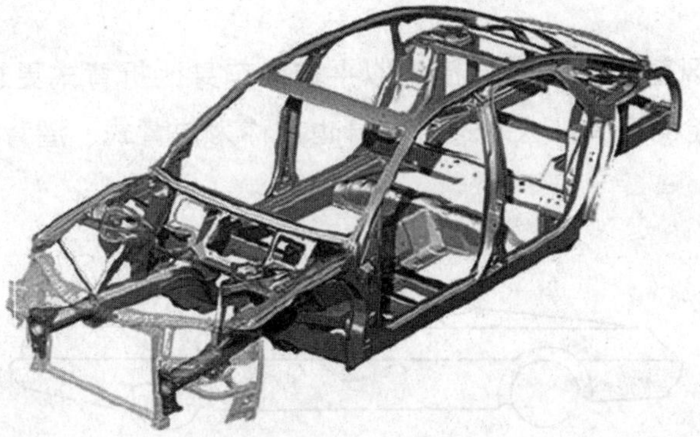

图 1–1–2　承载式车身

承载式车身，尤其是目前广泛应用的发动机前置驱动布置形式汽车车身，一般会用在轿车和城市 SUV 等车辆上。

3. 半承载式车身

半承载式车身仍保留有车架，发动机总成、底盘悬架等均安装在车架上。与非承载式车身不同之处是半承载式车身主体的底架就是车架本身，壳体底部直接与装配在车架纵梁上的悬臂梁（相当于车架横梁延伸部分）成刚性连接；车身壳体（包括顶部）采用龙骨形式，其外部铆接或焊接蒙皮。这种车身、车架与悬臂梁都承受载荷，车架及悬臂梁的弯曲和扭转变形，作用在车身壳体上后形成的剪切力，主要由车身蒙皮来承担。

半承载式车身的骨架强度应适当提高，而车架的强度则允许适当减弱。整车高度和车身自身质量都有所降低，较好地克服了非承载式车身存在的缺点。由于半承载式车身结构仍然保留车架，所以车身自重与高度仍受到一定限制。

目前半承载式车身主要应用于长途客车和城市客车。

（二）按车身外形分类

汽车车身的形状，主要由座椅数量、车门数量、车顶材料与形式、发动机布置等因素决定。常见汽车车身按外形可分为以下几类。

1. 折背式车身

折背式车身是指车身的背部有角折线条的车身，也被称为浮桥式、船形、三厢式等，如图 1–1–3 所示。其主要特征是车身由独立的前部、中部和后部三部分组成，这种车身按车门数又可分为二门式车身和四门式车身。

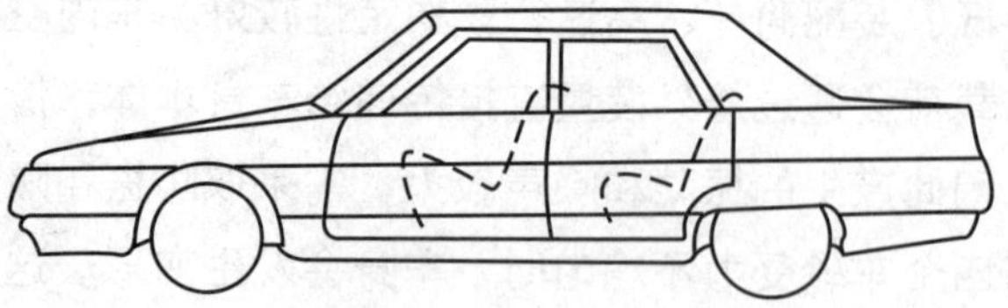

图 1-1-3　折背式车身

2. 直背式车身

直背式车身的后风窗和行李舱连接近似平直，车身比折背式更趋流线型，有利于降低空气阻力，且使行李舱的空间加大。这种车身也被称为快背式、溜背式车身等，如图 1-1-4 所示。

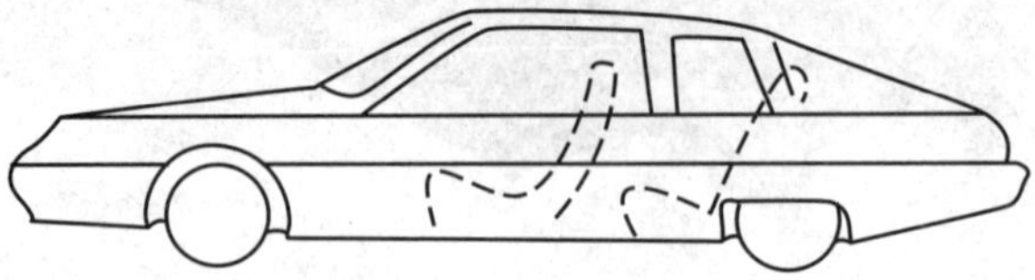

图 1-1-4　直背式车身

3. 舱背式车身

舱背式车身的顶盖比折背式长，后背角度比直背式小，行李舱与后风窗演变为一个整体的背部车门。这种车身也被称为半快背式车身，如图 1-1-5 所示。

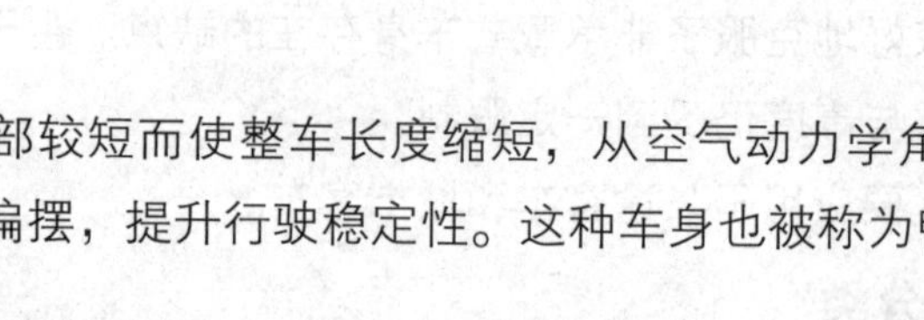

图 1-1-5　舱背式车身

4. 短背式车身

短背式车身由于背部较短而使整车长度缩短，从空气动力学角度考虑该车身形式是有利的，能有效降低车辆偏摆，提升行驶稳定性。这种车身也被称为鸭尾式车身，如图 1-1-6 所示。

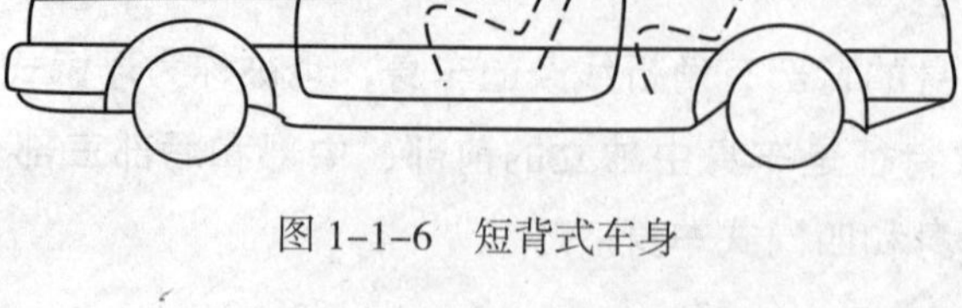

图 1-1-6　短背式车身

5. 变形车身

汽车有很多种变形车，其变形主要是指车身部分的改变。例如，使折背式车身顶盖向后延展到车尾的二厢式旅行车，使驾驶员座椅前移的一厢式多用途车等，如图 1–1–7 所示。

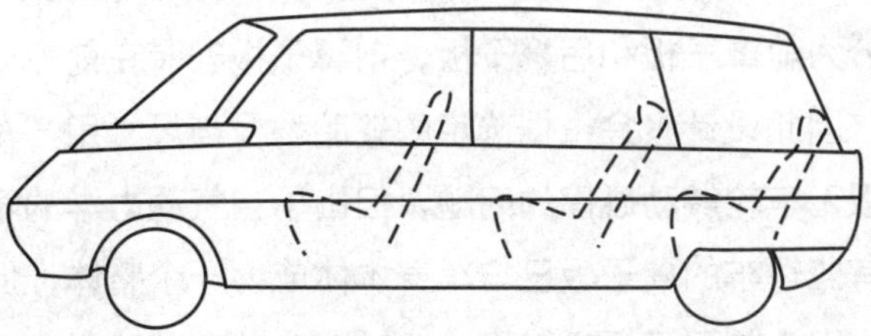

图 1–1–7　变形车身

二、车身结构组成

（一）车身前部结构

由于现代轿车大多采用承载式车身，下面重点对承载式车身的结构进行介绍。

承载式车身因为没有车架，其车身的前部要支承发动机、驱动装置、悬架和散热器等各种部件，同时承受从悬架传递给车身的各种载荷，因此该车身的前部结构较复杂，如图 1–1–8 所示。

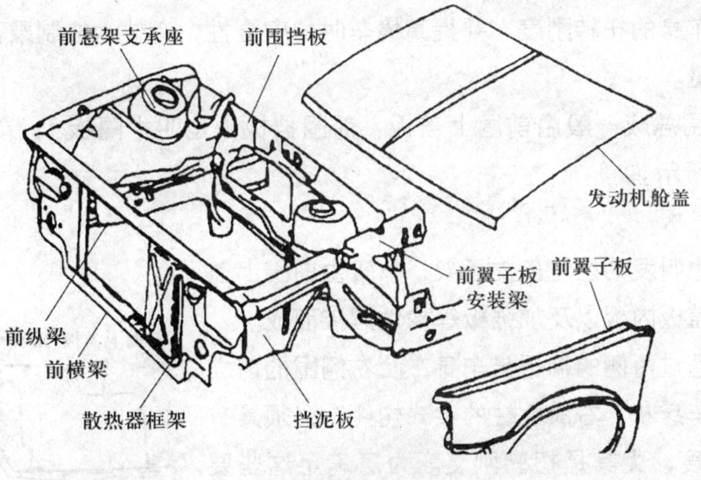

图 1–1–8　典型承载式车身的前部结构

1. 保险杠

保险杠的作用是保护汽车前部的覆盖件免受剐碰或减少撞击对汽车的影响。在早期保险杠属于车架的一部分，现在已成为大多数汽车车身的一部分，并具有装饰性。保险杠通常用 2 ~ 4 mm 的钢板冲压而成，或用工程塑料模压成型。

2. 发动机舱盖

发动机舱盖除了保护发动机、行车导流，还要具有隔音、减振和避免与发动机运转声共振的功能。尽管不同车型的发动机舱盖结构和尺寸不同，但其特征结构是相同的。

3. 翼子板

翼子板是遮盖车轮的车身外板，因旧式车身的该部件形状及位置似鸟翼而得名。汽车翼子板按照安装位置不同又分为前翼子板和后翼子板，前翼子板安装在前轮处，必须保证前轮转动及跳动时的最大极限空间，因此设计者会根据选定的轮胎型号与尺寸用“车轮跳动图”来验证翼子板的设计尺寸；后翼子板无车轮转动碰擦的问题，但出于空气动力学的考虑，后翼子板略显拱形且弧线向外凸出。现在有些轿车的翼子板已与车身本体成为一个整体，但也有轿车的翼子板是独立的，尤其是前翼子板，因为前翼子板碰撞机会比较多，独立装配时容易整件更换。有些车的前翼子板用有一定弹性的塑性材料（例如塑料）做成，塑性材料具有缓冲性，比较安全。

4. 前围总成

前围总成是指分隔发动机舱和乘客室的那部分结构，由于承载式车身的前部车身结构件分别由前后的横向承载单元和两侧的纵向承载单元构成，因而它属于横向承载结构件。

前围总成不仅是发动机舱的一部分，也是乘客室的一部分，直接关系到乘客室的环境舒适度和安全性。前围总成具备如下功能：应有良好的隔热、密封、减振和隔音效果；作为各种部件的安装基础；支承转向轴；支承并安装前风窗玻璃；安装空调装置及其通风管道；支承和安装仪表板；安装制动器踏板、离合器踏板的支架；安装风窗玻璃刮水器等附件；适应车身的总体布置要求；能够在其上设置外部空气的吸入口、通风道、泄水通道以及车身电器的布线等；确保车身的扭转刚度，并提高撞车时的安全性，有效地控制乘客室前壁和转向柱在撞车后的后移量。

轿车车身前围总成一般由前围上盖板、前围挡板（也叫中隔板）、前围侧板等构件组成，如图 1–1–9 所示。

（1）前围上盖板

前围上盖板也叫发动机舱盖支承架，一般由前围上盖板外板、前围上盖板内板以及加强板等构件焊接而成。

前围上盖板通过两侧的端板与车身左、右侧围的前立柱焊接，是横贯车身左、右前立柱的梁式构件，必须具有很大的强度和刚度，尤其是扭转刚度。为了满足这些要求，同时为了减轻自重，通常使用高强度钢板冲压并焊接成封闭式的断面结构。另外，为了强化撞车时对乘客室的安全保护，达到一种即使前围上盖板的前端被撞坏，其后端也能保持一定的完整性或仅产生有限的向后位移量的效果，还在前围上盖板的断面内插入加强板来增强前围上盖板内板的强度，如图 1–1–10 所示。

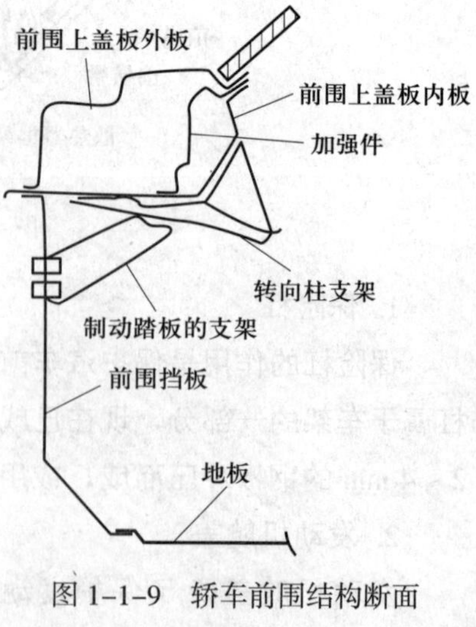

图 1–1–9　轿车前围结构断面

由于前围上盖板的上部须安装风窗玻璃、下部须安装

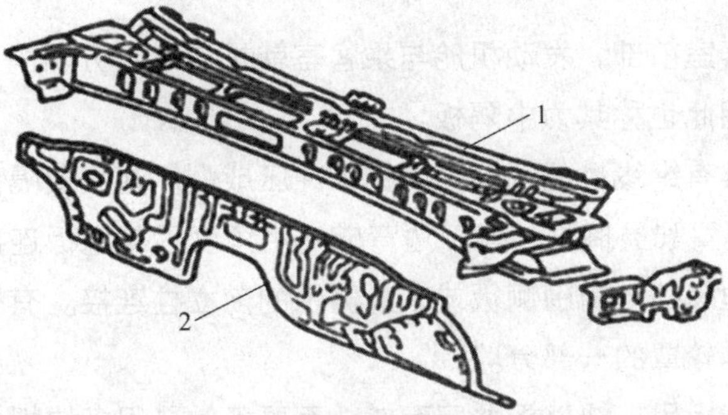

图 1–1–10　前围上盖板与前围挡板
1—前围上盖板　2—前围挡板（中隔板）

前围挡板，因而前围上盖板上侧设有玻璃止口并依据玻璃和前围挡板的位置分成内板和外板两部分。内板用来安装空调、仪表板等车内部件，外板用来安装发动机舱盖铰链等。

前围上盖板在外板的上侧设有进气口，也兼作泄水口，以满足车内通风以及风窗表面泄水的要求。进气口设在此处是因为作用于汽车前部表面的空气的一部分，行驶中会在汽车前风窗下沿处变成压力较大的气体涡流，这部分涡流向两侧分流困难，会形成较大的行车阻力，所以将此处设作通风的进气口，可大大减小空气阻力。同时，因该处气流压力大，又能增强车内的通风能力。此外，该处也正是前风窗表面雨水下流的集结地，该进气口是兼作泄水口的最佳场所。

进气口可分为可见式和隐蔽式两种，图 1–1–11 所示为进气口和风道的布置。对于进气口可见的结构形式，常在前围上盖板外板上安装通风盖板（也叫导流板）；对于进气口隐蔽的结构形式，则是借助发动机舱盖的后缘将前围上盖板外板上的进气口遮挡住，而且风窗玻璃刮水器也采用隐蔽或半隐蔽的方式布置在发动机舱盖后端与风窗下沿之间的间隙内。后一种布置形式更有利于适应汽车空气动力特性的要求。

前围上盖板的封闭式中空断面，自然就成了空气的导入通道以及泄水通道。空气和污水通过这条通道进入中空的前立柱内，空气从前立柱上的侧孔和仪表板上的出风口吹入乘客室内；污水进入前立柱后，从设置在前立柱底部的流水槽排出，从而也一定程度上解决了车身结构中的防腐问题。

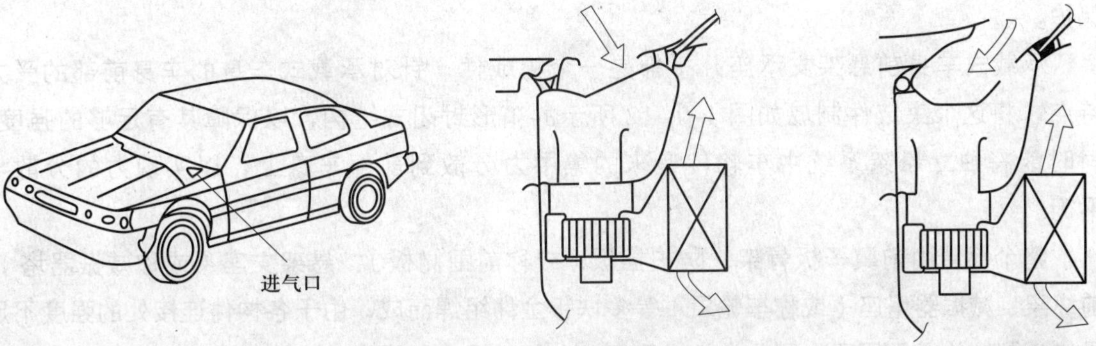

图 1–1–11　发动机舱盖后端进气口和风道的布置

（2）前围挡板

前围挡板位于乘客室前部，发动机舱与乘客室就是通过它分隔的，它是发动机舱与乘客室的主要隔离构件，因此也称其为中隔板。

前围挡板一般用具有绝缘性能的高强度钢板冲压成型。起主要隔离作用的板面下部采用约 45° 的斜壁设计以便驾驶员搁脚，在下边弯成一定角度后与地板连接，上部边缘与前围上盖板底部焊接，两侧边缘则与前围侧板或车身侧围的前立柱连接。有些小型轿车，则将前围挡板的两侧冲压成前车轮罩的一部分。

有些车上的前围挡板用一块整板冲压而成，而更多的是用多块板件分别冲压后再焊成一体。由于前围挡板上常常安装离合器踏板及制动器踏板的支架，同时承受来自乘客室内的乘客、物品等载荷，并起着加固中间车身壳体的作用，而且其上依据布线的需要制有各种大小不同的孔眼，所以为增加前围挡板的刚度，往往在其表面上冲压出用于安装各种装置的凸台或凹台，以及纵横方向不同、形状各异的加强筋。

前围挡板的另一个主要功能是隔离来自发动机的噪声、热源、振动。因而，前围挡板的表面，尤其是内壁上大都涂有沥青、毛毡、胶棉等隔音、减振性材料，形成一种内覆层，以求乘客室内振动小、噪声低、热影响小。为加强这种隔离效果，有的前围挡板采用叠层钢板材料。有的车上还采用双重式结构，利用两板之间的空气夹层来充分增强隔离效果，这种结构中，靠近发动机舱的一侧还起到刚度上的辅助加强作用，靠近乘客室的一侧则仍用高强度钢板冲压成型。

转向柱支架也是安装在车身的前围结构上的。为保证支架支承结构的刚度，抑制转向柱的振动，有时需要在两个前立柱之间加设转向柱支架横梁，并且在前立柱侧面增加侧向加强支架以保证转向柱支架的安装刚度。

5. 前悬架支承座总成

承载式车身前部两侧的纵向承载单元等称为前悬架支承座总成，其下部留有车轮的活动空间，底部呈拱形，有左、右之分。

承载式车身前悬架支承座总成的功能：为悬架提供安装基体；形成保护发动机免受路面污泥飞溅的车轮罩；固定发动机舱的各种零部件以及支承翼子板上缘；在撞车时对乘客形成保护。

承载式车身前悬架支承座几乎都是一个集成件，针对承载式车身的车身前部的受力特点，将这个集成件制成如图 1-1-12 所示的箱形封闭式结构，以保障其有足够的强度，同时能将独立悬架系统中车轮传递来的集中力分散到前部车身上，以实现力的分散与平衡。

整个部件由前翼子板骨架、防护挡板（或称前围侧板）、悬架支座（或称减振器塔）、前纵梁、减振器塔座（或称车轮罩）等多块钣金件组焊而成，由于各构件连接处的强度不足是产生裂纹的主要原因，因此常常设置有各种加强板，以提高其连接强度。在这个部件上还布置有发动机支承架、蓄电池支承座等。部件前端焊接在散热器框架上，后端焊接在中部车

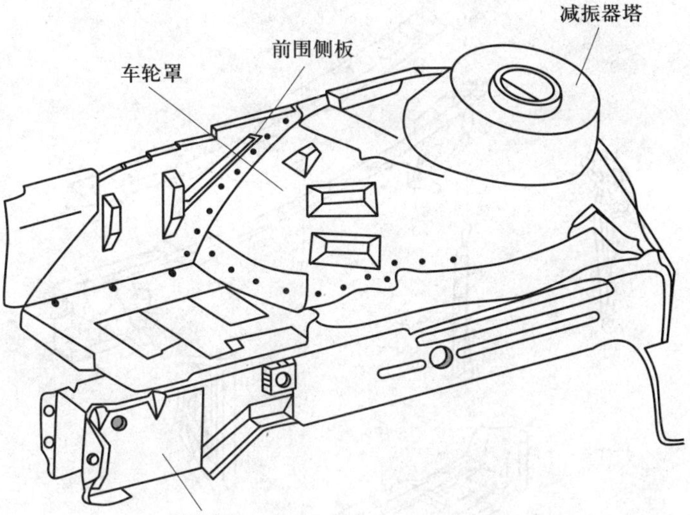

图 1-1-12　承载式车身右前悬架支承座

身的前围挡板上。当然，不同车型中，每个分件又有可能由一整块钣金件或几块单独钣金件合焊构成。

车轮罩底部焊接的纵梁结构不仅是上下的主要承载构件，也是前后的主要承载体，为保证无大的应力集中而与车身主体连接。连接方式一般采用两种，一种是前纵梁大面积地过渡到前围挡板，另一种是通过挡泥板来连接。

组成前悬架支承座总成的各个板件中少数是冷轧钢板，其他大都是高强度钢板。例如，麦弗逊悬架支座是承载部件，通常由高强度低合金钢板制成；纵梁和加强件也常由高强度钢制成。

为了提高前部车身对冲击能量的吸收效率，除了加装保险杠，还在前纵梁（包括发动机舱盖骨架）上设置压扁区，以便当汽车受到冲击时，使该处优先变形，充分吸收撞击能量，减缓对中部车身的冲击，形成对乘客室的安全保护。此外，为满足承载和对前悬架、转向系统等支承力的受力要求并使载荷分布均匀，将前纵梁制成前细后粗的不等截面，以适应不同断面上的载荷变化。

6. 散热器框架

散热器框架一方面用于安装散热器、前照灯等；另一方面起到加强车身前部刚度的作用。

散热器框架的结构比较简单，但也依据车型的不同有各种形式，大都是由几块钣金件焊接在一起形成框架式结构，而且下边框常常直接利用车身的前横梁，一般由一个上横梁杆、一个下横梁以及左、右隔板组成。常见的散热器框架结构有两种形式，一种是将整个框架做成一个整体板的结构；另一种则是分体结构，如图 1-1-13 所示，这种结构的散热器框架常用螺栓与螺母连接为一体。与前横梁做成一体的散热器框架一般是点焊到纵梁上，以便安装散热器等。

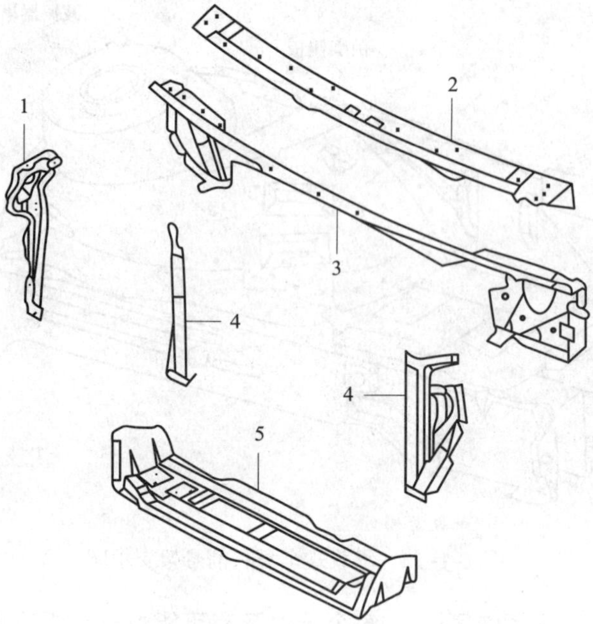

图 1-1-13　分体式散热器框架

1—支架，门锁　2—上横梁杆　3—前板　4—加强板　5—下横梁

（二）车身中部结构

车身中部是车身中关系到驾乘人员安全的部分，车身中部除了要承受上下弯曲的弯矩，还承受来自不同方向的扭矩；车身下部的冲击与振动也通过车身地板向上部扩散，车辆发生碰撞事故时也需要由中部车身来抵抗变形，受力相当复杂。车身中部结构如图 1-1-14 所示。

1. 车身地板结构

现代轿车广泛采用细窗立柱、大面积玻璃和薄车顶等结构形式。为增强运载能力、加大车身底部结构的承载量、增加对驾驶员及乘客室的保护作用，要求车身地板结构有更高的强度和刚度。加上地板结构对防振、隔音和防腐性能的较高要求，以及地板布置对乘客室内的居住性和舒适性的影响，使得车身地板结构成为车身结构中最为重要的结构之一。

由于车身地板结构是车身运载质量的支承部分，必须有足够的强度和刚度，因此除地板构件本身外，大都在车身的地板上设置各种加强梁、连接梁等附加构件。图 1-1-15 所示为承载式车身地板结构。

（1）地板及附件的结构

地板是指乘客室和行李舱下的板制构件，是根据车身内部的总布置和结构强度设计要求进行分块制作的。地板一般分为前地板、中地板和后地板，主要由地板、地板梁、支架、地板通道、连接板、座椅支架等部分组成。

地板构件本身为符合车身内布置和居住性要求，以及满足布置备胎和油箱等需要而被冲压成各种形状，如通道凸包、阶梯形的地板等。为了提高地板构件的强度和刚度，除了在地板上布置有各种加强筋、各种形式和结构的支座、连接板等构件，还焊接有许多的结构加强件。

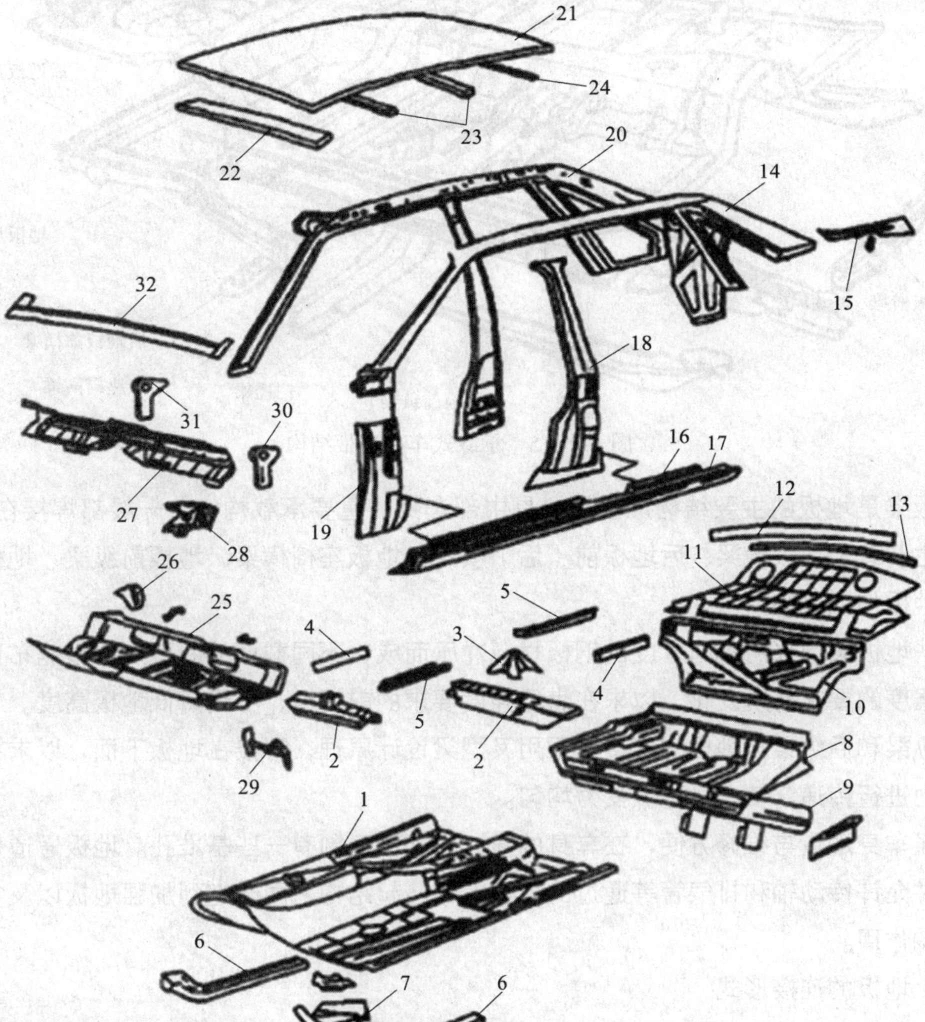

图 1-1-14　车身中部结构

1—前地板　2—前座椅支架横梁　3—前座椅导向支架　4—前座椅滑槽　5—前座椅导轨　6—纵梁
7—变速器托架　8—后地板前部　9—后地板加强板　10—后隔板　11—后隔板上板　12—后隔板支承板
13—后风挡下板　14—顶框外侧板　15—水槽密封板　16—内门槛板　17—外门槛板
18—B 柱（中立柱）　19—A 柱（前立柱）　20—顶框内侧板　21—顶盖　22—顶盖前横梁
23—顶盖加强板　24—顶盖后横梁　25—前围上盖板　26—前围上盖板支架
27—转向柱支架横梁　28—转向柱支架　29—中央电器板支架
30—仪表板左支架　31—仪表板右支架　32—前风窗下板

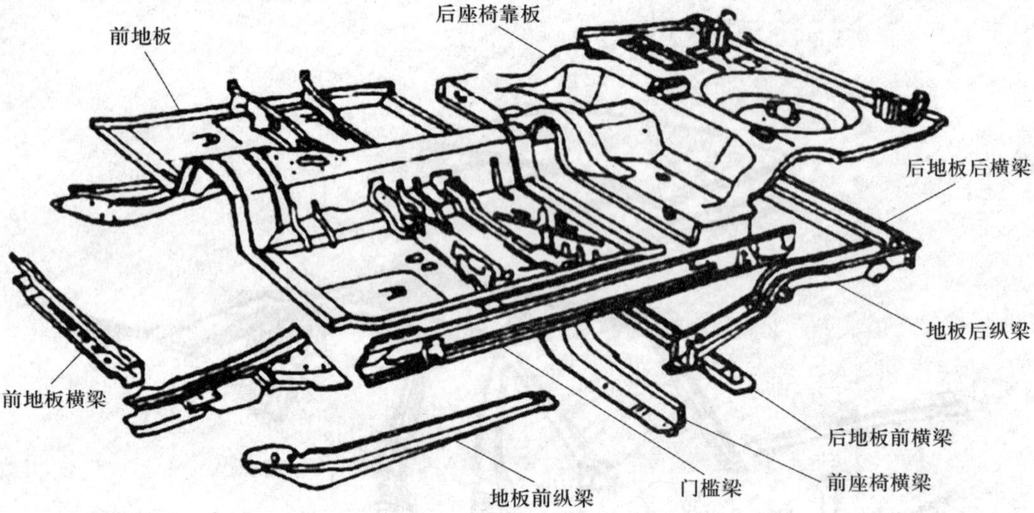

图 1-1-15　承载式车身地板结构

地板梁是地板的主要结构加强件，是中部车身的重要承载构件，一般都焊接在地板上。地板梁主要有前地板横梁、后地板前（后）横梁、地板座椅横梁、地板前纵梁、地板后纵梁和其他地板加强梁等。

这些地板梁均采用不同厚度的钢板材料冲压而成，不同截面的断面形状根据布置、连接关系和强度的要求有所变化，以求在满足强度要求的前提下，尽量降低地板高度。

前纵梁和后纵梁与地板的连接，采用叉型梁设计原理，焊接在地板下面，以求将力分成许多分力进行传递，使车身地板受力均匀。

为了车身测量与维修方便，在车身的横、纵梁上还制有一些基准孔。地板通道是指覆盖变速器并允许传动轴和排气管等通过的地板上的凸起结构，同时起到加强地板以及中部车身的刚度的作用。

（2）地板的连接形式

地板前端一般与前围挡板的下部焊接，后端与后部车身地板制成一体，左右两边直接焊到门槛梁上。

2. 车身侧围结构

车身侧围结构是指车身两侧的钣金件（除车门外），其作用是形成车门口并为乘客的乘坐空间提供支承。车身两侧的钣金件主要包括门立柱（对于四门汽车，还包括中立柱）、门槛板、顶盖加强梁和后侧围板。

也有一些新型的承载式车身，将不包括后侧围板的两侧钣金件焊接在一起，使其作为一个总成，以求简化工艺，减少在焊缝处分割各个板件的时间。

（1）前立柱

前立柱也叫前门立柱（A 柱），其作用是作为乘客室框架梁的前部支承，用来固定前风窗玻璃和安装车门等。

由于前立柱既是车身的结构件，又起到表面覆盖件的作用，故要求前立柱外板的表面形状应与车身表面的造型一致。前立柱内板的形状要避免尖角转折，降低车内人体撞击时的伤害程度，并方便安装内饰；要具有足够的刚度和强度，以便安装一些附件，并与前围构件、前风窗上横梁、车身前部构件等形成坚固的连接关系和具备足够的连接强度。

为满足构件的承载刚度和强度要求，前立柱各部分断面大都是封闭的，如图 1–1–16 所示。为了保证驾驶员的视野要求，前立柱的上段较细，而下段较粗，这是因为中段还兼作隐藏式流水槽和车内通风风道，需要有效地降低空气阻力和流水阻力以及避免风动噪声的缘故。

图 1–1–16　前立柱的断面形状

（2）中立柱

对于标准型四门轿车，中立柱（B 柱）为顶盖提供中间支承，为前车门提供门锁接触面，又兼作后车门的铰链柱。

现代轿车的中立柱多采用隐蔽式布置形式，即侧窗以下完全被前、后车门遮住。

中立柱焊接在门槛板、地板和顶盖纵梁上，一般由中立柱的内板、外板以及加强板焊接在一起，形成一个紧凑的结构。有些车型的中立柱仅往上延伸到汽车车身腰线。

考虑视野要求，中立柱上部一般做得较细小，下部因为要安装车门铰链、安全带装置等，为增加强度和刚度而做得较粗大，并带有加强件。其断面亦呈封闭状，且不同车型中立柱的各部分形状也不同。为提高连接强度和精度，中立柱上端与顶盖纵梁的焊接处常常在内部设有增加强度的芯板。为了上下车方便，中立柱的上端向内、向后略微倾斜。

（3）后立柱

四门轿车中，后立柱（C 柱）一般由后上立柱和后下立柱焊接而成，形成中部车身侧围框架梁的后部支承构件，其中后上立柱兼作后风窗立柱，用来固定后风窗玻璃。因此其上设有后风窗玻璃的安装止口，以及与后车门的配合止口。

对于双门轿车，一般由后立柱、后翼子板、后侧围内板、后车轮罩和后风窗立柱（或后门立柱）等构件焊接为一体，形成车身侧围后部的整体支承部分，有些车型还在其上安装侧围的后窗。因此，双门轿车的后立柱也包括后风窗立柱或后门立柱（侧围框架梁式结构）。

由于紧接后立柱的后侧围附近大都布置有后悬架支承座，受力较复杂，为了使后部地板载荷能有效地传递到车身侧围结构上，一般轿车都在后立柱的底部焊有地板的加强横梁，并把后纵向加强梁也延伸过来。

（4）门槛梁

门槛梁是指支承车身侧围的前、中和后立柱的下边梁。承载式车身中，门槛梁一般独立制成并与地板焊合，为提高强度和侧面碰撞安全性，大都做成封闭断面，有时在门槛梁断面内还加设加强板。

在汽车侧面发生碰撞时，侧向撞击力只能由地板、顶盖和门槛来承受。对于侧面碰撞，尤其是高度较低的碰撞，门槛将直接接受侧向力，并通过门槛将侧向力传给底部各个横梁等构件，因此门槛梁一般要完成下面两种方式的传力：地板所承受的垂直载荷，需借助于门槛梁才可有效地传递到车身各部的结构件上；车身正面和侧面碰撞时产生的侧向力，也要借助于门槛梁传递到车身底部结构的构件上。

门槛梁通常被焊接到前侧围板、中立柱（在四门车辆上）和后侧围板上。当然，在承载式车身车辆上，门槛梁还要焊接在前纵梁上，并直接与地板焊接，形成坚固的地板结构，如图 1–1–17 所示。门槛板有时可与中立柱或风窗立柱一起视为一个总成，内、外门槛板可以单独更换或作为一个整体更换。

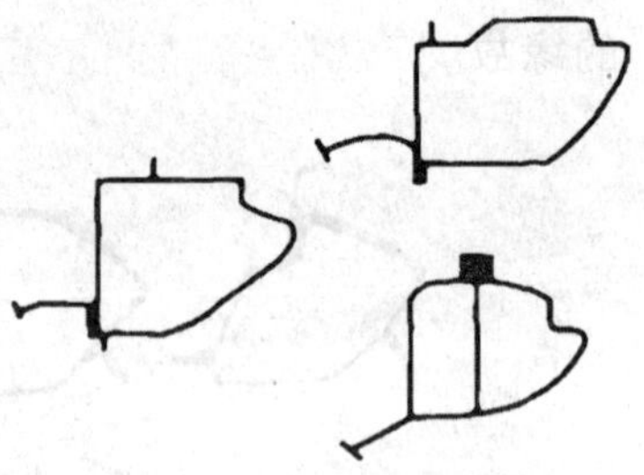
图 1–1–17　承载式车身门槛梁断面

（5）侧围顶梁

侧围顶梁（或称顶盖纵梁）处于车身侧围的顶部，是用以支承顶盖并连接车身顶部前、后部分的梁式构件；也是形成门上框并作为侧车身承受大面积碰撞时的承载梁。它具有较大的强度和抗弯及抗扭刚度。对于四门轿车，侧围顶梁、前立柱、中立柱、后立柱以及门槛梁等构件焊接在一起后，能大大加强中部车身在受到正面撞击时的抗变形能力。显然，它和门槛梁一样，既是中部车身的纵向加强梁，又是中部车身的纵向连接梁，在车身结构中起着重要的作用。

由于侧围顶梁的质量、弯曲和扭转刚度对整车的承载、抗弯曲和抗扭转能力影响很大，因此，侧围顶梁一般由强度较高的钢板冲压件焊接而成，其断面形式多为封闭的箱型结构。除此之外，考虑到车身的侧向视野、车身的造型、内部的头顶空间、上下车的方便性、结构密封和防腐等要求，侧围顶梁的断面结构又演化成如图 1–1–18 所示的几种断面形状。对于硬顶轿车，由于无中立柱支承，往往还要对侧围顶梁进行加强。

图 1–1–18　侧围顶梁的断面形状

3. 顶盖

顶盖是车厢顶部的盖板。对于轿车车身的总体刚度而言，顶盖不是很重要的部件，这也是允许在顶盖上开设天窗的原因。从设计角度来讲，重要的是它如何与前、后窗框及立柱平顺连接，以求得最好的造型和最小的空气阻力。

（三）车身后部结构

轿车车身后部是指乘客室后侧用于放置行李物品的那一部分。后部车身的作用：与前部车身、中部车身共同完成整个车身的造型，形成完美的车身流线，减小行车阻力；装载行李物品，并封闭整个车身；承受来自后悬架等各个方面的载荷；当汽车发生追尾碰撞时保护中部车身及车内乘客的安全。

因此，车身后部的结构必须满足以下要求：有足够的强度和刚度；密封严实；较大的空间以及合理的内部结构布局；与整车协调一致的外形轮廓表面；在被追尾碰撞时，有一定的吸收撞击能量的功能。

一般而言，车身后部的结构形式可按与车身中部的连接关系分为两种：行李舱与乘客室合为一体的贯通式结构，如图 1–1–19 所示，这是两厢式轿车特有的结构形式；行李舱与乘客室分开的隔开式结构，如图 1–1–20 所示，这是三厢式轿车常见的结构形式。

后部车身一般由后侧围板、地板、行李舱盖、后保险杠等组成。

图 1–1–19　贯通式车身后部结构

1—背门板件　2—车顶内侧围板　3—后车轮罩内板件　4—后车轮罩外板件　5—后内围板
6—后侧围板　7—背门底端板件　8—后地板　9—后部底端围板

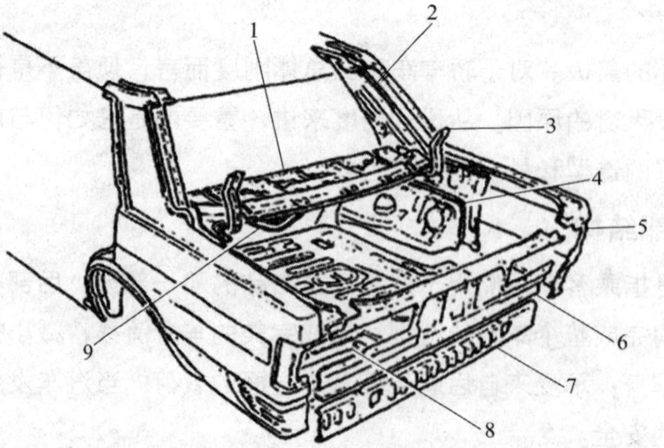

图 1-1-20　隔开式车身后部结构

1—后围上盖板　2—车顶内侧围板　3—行李舱盖铰链臂　4—后车轮罩板件
5—后侧围板　6—后下围板　7—后裙板件　8—后地板　9—后座椅支承架

三厢式车身的后部结构较两厢式车身复杂，其还包括后窗框板、后围上盖板、后挡板、后围板及各种连接板和加强板等。

1. 后侧围板总成

后侧围板总成是指从后门立柱、门槛板和顶盖一直延伸到车身尾部的侧面部分，分左、右对称的两块，形成后部车身的两个侧围。典型的后侧围板总成由以下零件组成：外板件、后窗侧板件或顶盖延伸板、内板件、后车轮罩外板、后车轮罩内板以及各种加注口、延伸件、角板和加强件，如图 1-1-21 所示。

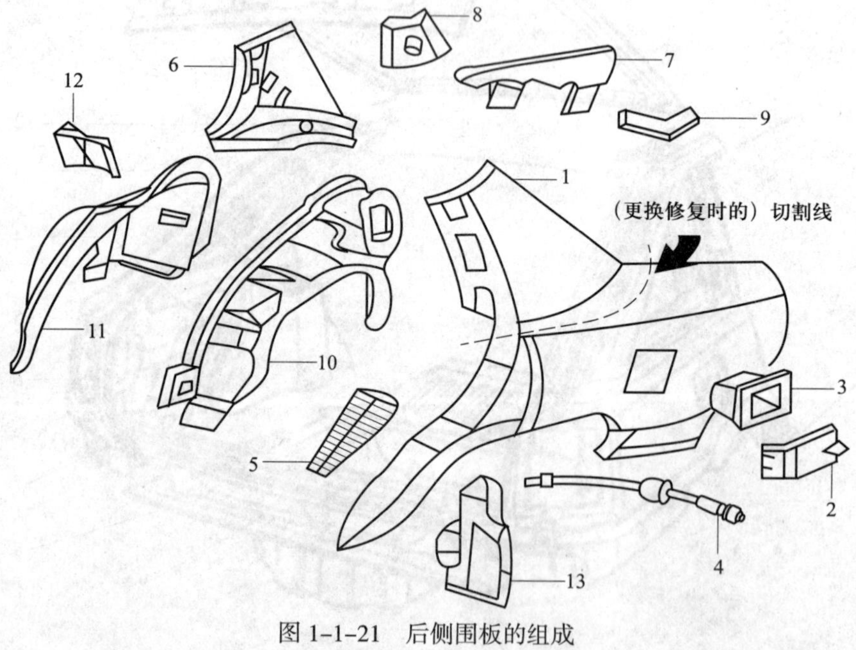

图 1-1-21　后侧围板的组成

1—后侧围外板　2—加油口盖　3—加油漏斗　4—电动锁执行机构　5—泄压通风口
6—内侧上板件　7—内侧隔板　8—内侧隔板托架　9—外侧隔板托架
10—后车轮罩外板　11—后车轮罩内板　12—后车轮罩填料　13—油箱输油管护板

（1）外板件

外板件也叫后侧围板总成上的外侧板件，是后部车身侧表面的装饰板件，它由面板以及一些附件构成，其形状和附件随车型而异。

在有单独后门立柱的车辆上，外板件被焊接在门槛板、顶盖纵梁、后门立柱、后地板延伸件、窗框和后窗立柱、后车轮罩等上面，以便在外板件损坏时能按照厂家所给的接缝拆开，予以修复或更换。在没有单独后门立柱的车辆上，外板件或后车轮罩以其边缘形成车门门框，提供关门时与门的接触表面。

外板件的表面通常制有各种筋和型线，下部做成环状凸起，与车轮外廓相适应，从而与整车的艺术美感协调。其中一侧外板件还制有燃油加注口的安装凸起（实际上是内凹），有些车型的外板件上部还开有后角窗，以增加车内的视野，而且一般还留有用于车内通风的出风口。

一些车辆的后侧围板有后延伸板。后延伸板在有车架的车身中非常普遍，但在承载式车身车辆中不多见。这些小板件通常用螺栓固定在外板件上，填充后外板件和后车身板件的空隙有时可作为尾灯的安装面。后延伸板通常由印模压铸的白合金、玻璃纤维、塑料组成。

（2）内板件

在一些车辆上，除外板件外，还有内板件。在这些车辆上，内板件被焊接在外板件（无单独后门立柱的，与外板一起形成后门立柱）、后门立柱、后车轮罩和地板上。内板件也是乘客室和行李舱的支承板。如果车辆有可移动的后侧窗，则调节器、槽和手柄都安装在内板件上。内板件通常被汽车内饰板件所覆盖。

（3）后车轮罩

后车轮罩为后轮提供防护，保护后侧围板后侧边和行李舱免受路面飞溅物的损伤，同时构成行李舱的一侧。后车轮罩通常由两个板件组成：后车轮罩内板和后车轮罩外板。后车轮罩内板焊接在后车轮罩外板、后窗框、后地板和顶盖纵梁上。后车轮罩外板焊接在后车轮罩内板和外侧板上，不可拆卸。

2. 后围上盖板

后围上盖板也是后座椅支承架的盖板，与后窗框组合后，形成连接车身左、右侧后立柱或侧围内壁的横梁，并与后座椅支承架、后挡板和后车轮罩内板共同组成乘客室后面的隔壁。它不仅用于隔断乘客室和行李舱，还用来保证车身后部结构的扭转刚度，安装和支承行李舱盖。因靠近后窗常被称为后窗台，在安装行李舱盖铰链处还设置有加强板等构件，并设置有流水槽结构且与行李舱盖保持良好密封。

3. 行李舱盖

行李舱是装载物品的空间，由行李舱组件与车身地板钣金件构成，位于汽车车身的后部。图 1–1–22 所示为行李舱盖结构，行李舱盖通常由上外板、下外板、内板所构成。

4. 地板及纵梁

后部车身的地板主要用于装载行李物品、承受重力，以及承担来自后悬架等的载荷，并在汽车发生追尾碰撞时保护中部车身的安全。

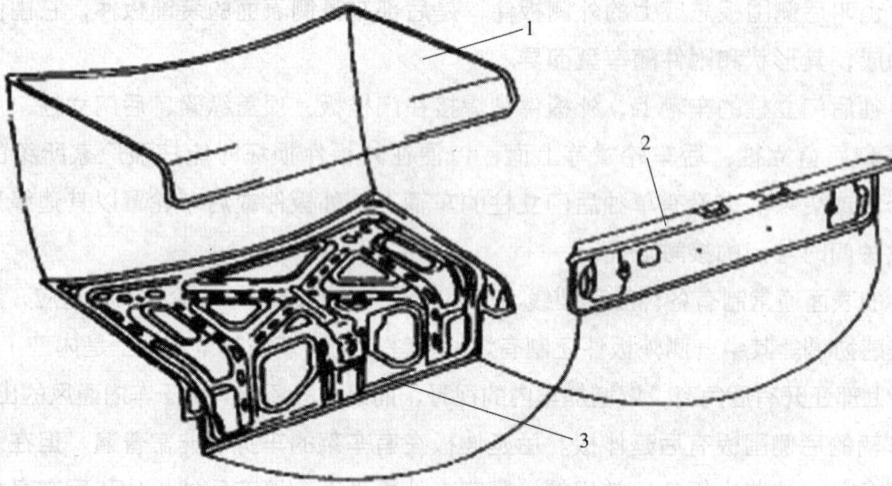

图 1–1–22 行李舱盖的结构

1—上外板 2—下外板 3—内板

由于悬架摆臂、拉杆、轴总成、油箱、制动器和输油管等都安装在车身地板上，因此，后部车身地板的强度和刚度要求很高。为确保后部车身的强度，往往在地板上焊接加强梁，尤其是纵梁，其焊接方式是纵梁的前部焊接到车身地板上，由中部车身径直向后延伸，到相当于后桥部再形成拱形弯曲。这样既保证了后部车身的刚度，又不至于使后桥与车身发生干涉。而且，当车身后部受到追尾碰撞时，还能瞬间吸收部分冲击能量，实现对乘客的有效保护。

后部车身的地板及其加强梁、附件数量虽然不多，但各个构件的形状较复杂，如图 1–1–23 所示。这些复杂的形状一般出于提高刚度、强度和焊装的需要。这些构件的连接大都是用点焊相连的。

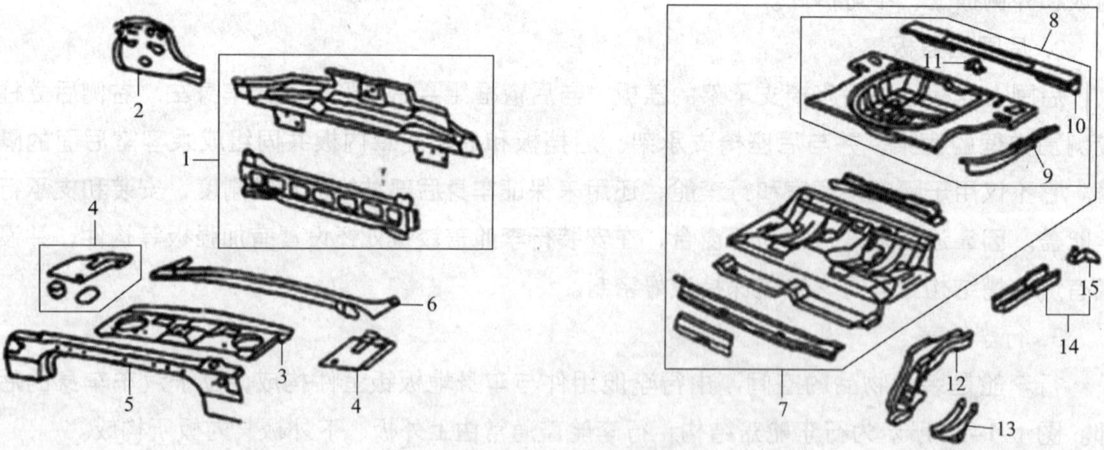

图 1–1–23 后部车身的地板及其加强梁、附件

1—后车身板 2—后板件延伸板 3—行李舱板 4—行李舱板延伸件 5—行李舱板加强件 6—后风窗板件 7—行李舱板件总成 8—后地板总成 9—隔热板 10—后板件 11—支承板 12—地板前纵梁 13—后悬架支架 14—地板后纵梁总成 15—地板后纵梁加强件

5. 后部车身的其他构件

后部车身除了上述介绍的后侧围板总成、后围上盖板、行李舱盖、地板及纵梁，还有后围板、上后车身板以及相应的附件等部件。

后围板通过后围板加强板与地板结构连接，左、右两端与后翼子板的尾部连接，其上常冲压出尾灯的安装结构。

上后车身板位于后风窗底边和行李舱盖之间，焊接在后侧围板上。在一些车辆上，上后车身板是行李舱盖的一部分。一些车辆还有精加工板件安装在上后车身板的外侧。除了上述的一些构件，后部车身还有其他许多附件，在此就不一一介绍了。

技能训练

实训　车身结构认知

◆ 实训准备

1. 安全操作规范

（1）实训时应注意安全。

（2）打开车门、舱盖时防止夹伤。

（3）实训过程中，严禁嬉戏打闹，严禁进入白车身内。

2. 实训工具准备

（1）设备：不同类型白车身若干。

（2）工具：常用拆装工具一套。

（3）劳保用品：工作服、劳保鞋、护目镜、耳塞、防尘口罩等。

◆ 实训步骤

1. 车身结构的整体认知

根据提供的白车身，结合理论知识，按步骤完成下面的车身结构整体认知，由教师检查是否正确。

（1）请指出实训车身属于哪种类型（承载式、非承载式），为什么？

（2）请指出车身前部、中部、后部，并说明如何进行“分界”的。

（3）车身前部有哪些部件？请用贴纸写出，粘在车身上。

（4）车身中部有哪些部件？请用贴纸写出，粘在车身上。

（5）车身后部有哪些部件？请用贴纸写出，粘在车身上。

2. 不同类型的车身结构对比

以实训车身为例，对比与其不同的车身类型的优缺点。

3. 车身部件功能的认知

结合实训车身，按要求说出车身部件的功能。

（1）车身上有哪些吸能部位？分别叫什么名称？

（2）车身上哪些地方进行了加强？分别叫什么名称？

（3）前围挡板上较大的孔洞各有什么作用？

4. 车身连接方式的认知

结合实训车身，指出车身上常见的连接方式。

（1）可拆卸连接：螺栓螺母连接、卡扣连接、铰链连接等。

（2）不可拆卸连接：焊接、粘接、铆接等。

5. 总结点评

实训完成后，教师对实训过程进行总结点评。

6. 5S 整理

完成实训后，对实训场地进行 5S 整理。

任务评价

表 1-1-1　　技能考核评分表

序号	项目	操作内容	规定分	评分标准	得分
1	劳保用品	劳保用品穿戴	15 分	工作服、劳保鞋、护目镜、耳塞、防尘口罩，每少一项扣 3 分	
2	车身结构的整体认知	对车身前、中、后部进行分类	30 分	区分车身前、中、后部，分界线错误扣 10 分，部件名称错误每个扣 3 分，扣完为止	
3	不同类型的车身结构对比	对比承载式车身与非承载式车身的区别	20 分	对比承载式车身与非承载式车身的区别（结构），每错一项扣 10 分，扣完为止	
4	车身部件功能的认知	阐述车身部件的功能	30 分	能正确阐述车身吸能区、加强区等，每错一项扣 5 分，扣完为止	
5	5S 整理	场地整理	5 分	未对场地进行 5S 整理扣 5 分	
总分			100 分		

任务 2　汽车车身覆盖件

任务目标

1. 能描述保险杠、前翼子板、发动机舱盖、行李舱盖及车门等覆盖件的作用。
2. 能描述保险杠、前翼子板、发动机舱盖、行李舱盖及车门的类型和结构。
3. 能使用工具对车身覆盖件进行拆装。

任务导入

现有一车辆因碰撞事故导致前保险杠损伤，需要将该损伤的前保险杠从车身上拆卸下来。请运用所学知识进行相应的拆装操作。

任务分析

汽车车身覆盖件由塑料件或薄钢板制成。汽车车身覆盖件的拆装是汽车车身修复人员常见的工作任务。不同类型覆盖件的特性存在一定的差异。本任务主要了解汽车车身覆盖件的种类、特性，并能对其进行拆装。

知识储备

汽车车身覆盖件是指覆盖发动机、底盘，构成乘客室、车身的金属薄板所制成的表面或内部零件。在车身维修中覆盖件特指覆盖在车身表面的部件，如保险杠、发动机舱盖、车门等。

一、保险杠

汽车一般在前、后最外端装有保险杠。其主要功能：当汽车的前、后部位与其他物体相撞时，能有效地保护车身，减轻对被撞物体（或人）的损害程度；同时作为外部装饰，美化汽车的外形。

保险杠的结构类型因汽车的档次、厂家、型号的不同而千差万别，一般按部件的数量和组成方式，分为整体式和组合式两类。就目前常见的车型而言，除了一些经济和老旧的车型，多数轿车配用的都是组合式保险杠。这种保险杠基本由保险杠横梁、保险杠面罩、吸能装置及其他附件组成。当然，这些组成部分会依保险杠的具体类型不同而有所取舍。图 1–2–1 所示为某车型的组合式保险杠结构。

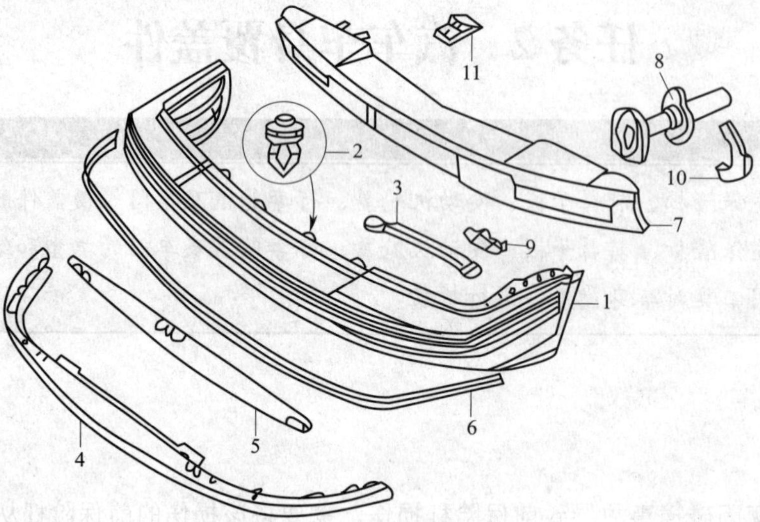

图 1–2–1　组合式保险杠的结构

1—保险杠面罩　2—推入式锁扣　3—保险杠面罩支架　4—保险杠面罩导流板
5—散热器空气导流板　6—保险杠面罩模件　7—保险杠　8—碰撞吸能器
9—钢板及嵌钉　10—吸能器垫片　11—牵引钩缓冲垫

保险杠的另一种分类方式是按功能特性分类，包括普通式和能量吸收式两种类型。

由于普通式保险杠结构简单、质量轻，在普通汽车上的应用比较广泛；能量吸收式保险杠则因增加了具有吸收冲击能量功能的结构，大幅度地提高了保护效能，多为高级汽车所采用。

（一）普通式保险杠

普通式保险杠也称刚性保险杠。所谓刚性是指相对于能量吸收式保险杠而言，刚性保险杠有较大的刚性，但其本身也并非十分坚固。

大多数普通式保险杠由面罩和支架组成，形成两件组合式保险杠。常见的支架材料有用薄钢板冲压而成的或采用铝制和塑料压制的。其中，具有塑料支架的称为塑料保险杠。塑料保险杠大都装备在普通轿车上。具有用薄钢板冲压而成的或用铝制的支架的称为钢制或铝制保险杠。钢制和铝制保险杠一般配备在一些紧凑型轿车上。图 1–2–2 所示为普通式保险杠（两件组合式）的基本构造。

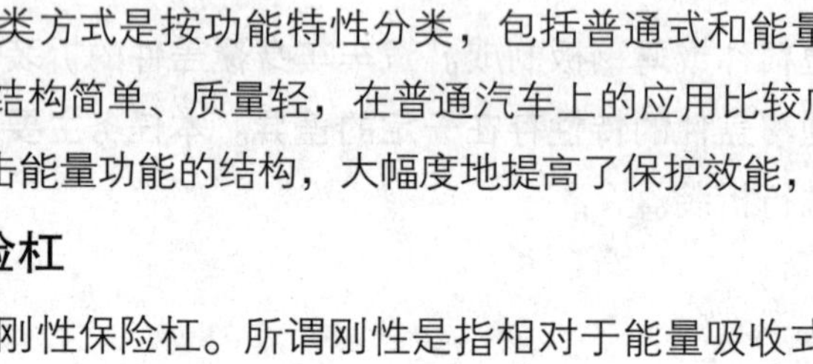

图 1–2–2　普通式保险杠（两件组合式）

钢制保险杠用支架以刚性连接方式装配在车身纵梁的前、后端。用薄钢板等冲压而成的支架板和塑料面罩等零件，同样具备吸收冲击能量的功能。

（二）能量吸收式保险杠

普通式保险杠用螺栓固定在车身上，它在抵抗碰撞时的冲击力、降低车身在碰撞时的损坏程度的同时，却将绝大部分冲击能量直接传递到车身和车内乘客身上，对乘客的保护有限。因而，当前大多数高端汽车都装备了具有吸能性能的保险杠。这些保险杠，有的自身具有吸能特性，有的另外附加吸能器，并将吸能器安装在保险杠面罩与前杠或保险杠横梁与车身之间，以更多地吸收和衰减冲击力。这种保险杠可以有效地减少汽车发生碰撞或追尾事故时造成的损失。

能量吸收式保险杠依其能量吸收方式的不同分为以下三种类型。

1. 直接吸收式

图 1–2–3 所示为直接吸收式保险杠的典型构造，靠车身一侧为高强质比（强度 / 质量）的钢制保险杠后支架板，将合成泡沫塑料或多孔橡胶等吸收冲击能量效果好的材料填充于支架板与面罩之间，就构成了具有一定能量吸收功能的、三件组合的保险杠。

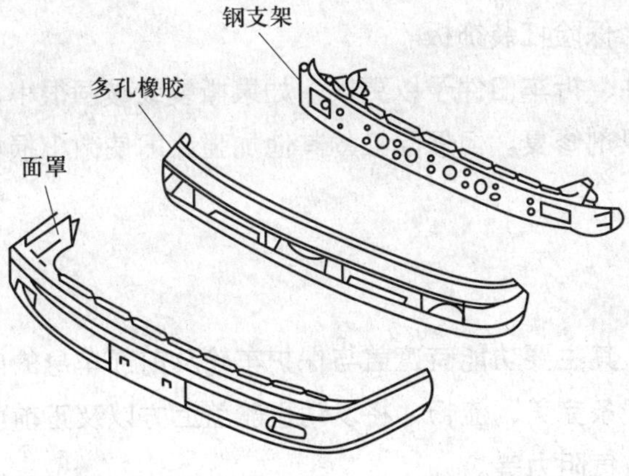

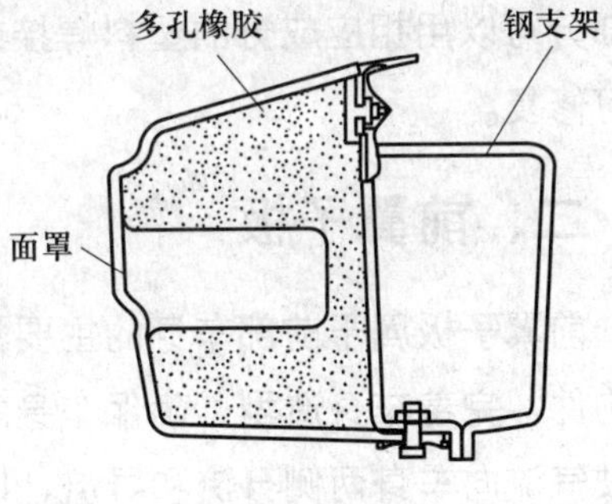

图 1–2–3 直接吸收式保险杠（三件组合式）

a）直接吸收式保险杠 b）直接吸收式保险杠的断面

当汽车受到轻度的冲击时，依靠填充材料受冲击、压迫时的瞬间变形，直接吸收冲击能量。由于这种类型的保险杠具有自身质量轻、受冲击时整体位移小等优点，所以成为能量吸收式保险杠的主流结构而被广泛应用。

2. 缓冲弹簧式

缓冲弹簧式保险杠由厚壁弹簧钢制成，为有美化效果，其表面经过镀铬。利用弹簧被压缩时吸收冲击能量的原理，将弹簧钢安装在车身的前端，从而形成缓冲弹簧式镀铬弹簧钢保险杠。带有保险杠面罩的缓冲弹簧式保险杠，保险杠不外露，因此表面不一定镀铬。正常情况下，弹簧处于释放状态；碰撞过程中，弹簧处于吸收冲击能量时的变形状态。

这是较为传统的、整体式保险杠的一种，现在仍被用于高级轿车、箱式汽车和货车上。

3. 具有外挂吸能器的保险杠

这种保险杠的外挂吸能器与保险杠分体制作。外挂吸能器装在保险杠与车身之间，其作用类似于底盘悬架装置中的减振器。当发生碰撞事故，保险杠受到冲击时，主要依靠外挂吸能器吸收冲击能量，从而达到减少碰撞损失的目的。与悬架装置中的减振器不同的是，保险杠需要在吸能器的弹性元件的恢复作用下复位。吸能器损坏后，保险杠也就无法复位。

（三）保险杠面罩

保险杠面罩安装于保险杠的最外侧，起导流作用并兼作车身饰件。

有的保险杠面罩是保险杠的一部分，如上面所述的两件组合式和三件组合式。但大部分保险杠面罩与保险杠是分离的。保险杠面罩常用合成树脂材料制成，这些塑料可以是氨基甲酸酯、聚合碳纤维或合成材料，且可以着漆，使之与汽车其他装饰相匹配。

一些汽车的保险杠面罩制有导流板，以便向散热器或车底引导气流，有的在保险杠面罩上装了指示灯、牌照等，还有的在保险杠面罩上装有与车身侧围防擦条颜色与形状一致的装饰条，以起到装饰与美化作用。多数汽车往往将保险杠面罩、散热器格栅、前装饰板和下导流板集成为一体，而这种集成部件则被称为保险杠装饰板。

塑料保险杠面罩损坏时，可以用原厂件、拆车旧件予以更换。如果撕裂或破洞很小，损坏部分可以用相应成分的塑料焊接或用修复剂修复。但保险杠的其他加强件即使微小损坏也不可修复。

二、前翼子板

前翼子板属于前部车身的主要覆盖件，其主要功能有遮盖与保护车轮及前部车身的内部结构件，完善车身造型，确保车身的造型线条完美、流畅；将发动机舱盖上方以及正前面的行驶气流向车身两侧分流和导流，以减小空气阻力等。

翼子板大多由冷轧钢板经拉延制成，但以玻璃纤维和塑料为材质的翼子板也有较多应用，近年的高级轿车上也出现了铝合金的翼子板。

前翼子板表面是非常复杂的空间曲面组合，为造型的需要，一般都制有与车门腰线和装饰条走向一致的造型线和装饰灯安装座。例如，上部做成圆滑过渡体现前部车身棱线的弯角，下部做成显示车轮轮廓的部分环状凸起，最下边又制成与门槛梁一致的形状。在下边的车轮罩处还采取了翻边式边缘，以安装车轮罩内衬。

前翼子板分左、右两个，互成对称结构，分装于车身的两个前角处。每个前翼子板的前部和上部分别与前围护板及发动机舱盖相接；后缘则与车门面板相邻；下部罩住前轮的上半部，里端装有左、右两个车轮罩内衬，起到挡住前轮行驶过程中带起的泥水等作用。前翼子板形状和所带附件依车型的不同而异。

一般而言，前翼子板采用螺栓固定在前部车身的内部结构件上，与发动机舱盖、前围护板和保险杠总成一起形成车身前端的外表面轮廓。图 1-2-4 所示为典型的前翼子板附件及其分解图。

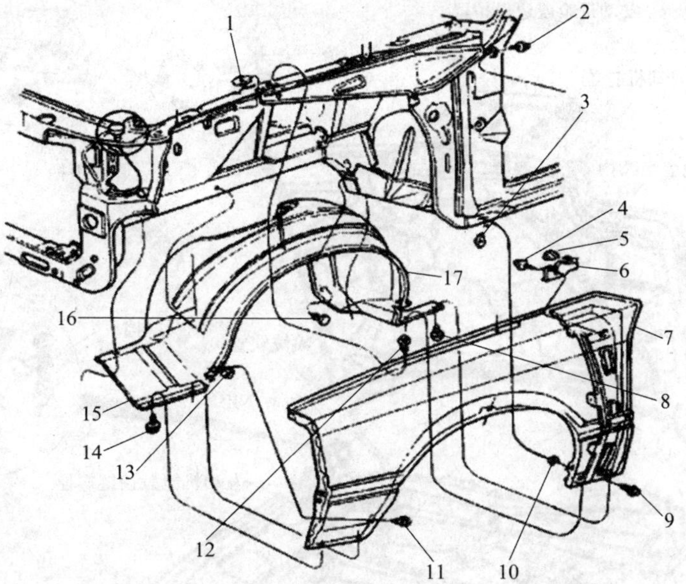

图 1-2-4　典型的前翼子板附件及其分解图

1、3、5、13—U 形螺母　2、4、9、12、16—螺栓和垫片总成　6—后上固定托架
7—前翼子板总成　8—螺栓　10—垫圈　11—圆头螺栓（需 3 个）
14—螺栓（需 3 个）　15、17—挡泥板

三、发动机舱盖

发动机舱盖是发动机舱的一个组成部分，位于发动机舱顶部并处于两侧前翼子板之间，主要用于保护发动机免受灰尘、杂物和水汽侵袭；作为前部车身的表面覆盖件，完成整车的造型；作为车身前部的导流板，减小行车时的空气阻力。

由于发动机舱本身就是一个共鸣箱，平时维修发动机时要经常性地开闭，加之处于风窗玻璃的前面，碰撞时会对驾驶员构成较大威胁，因此要求发动机舱盖既轻薄又有较好的密封性和安全性，同时还要具备隔音、减振、吸收发动机噪声的功能。

（一）组成结构

如图 1-2-5 所示，发动机舱盖通常由内板、外板、铰链及其他附件（支承架、支杆、锁扣等）组成。

发动机舱盖通常由冷轧板材制成。现代车辆上多用高强度钢板，也有用铝制玻璃纤维和塑料的。因为它是一个较大的覆盖件，为了在减轻自重的同时增加强度和刚度，一般都设有内加强板，形成具有内板、外板的双板式结构，并将内加强板冲压成交叉形的网状骨架贴靠在外板轮廓部分。为安全考虑，内板上设有 1 ~ 2 道压制的沟槽，以便在受到撞击时产生折叠变形，保护驾驶室。外板多是厚度为 0.8 ~ 1.2 mm 的蒙皮，其强度较差，铝外板要厚些。

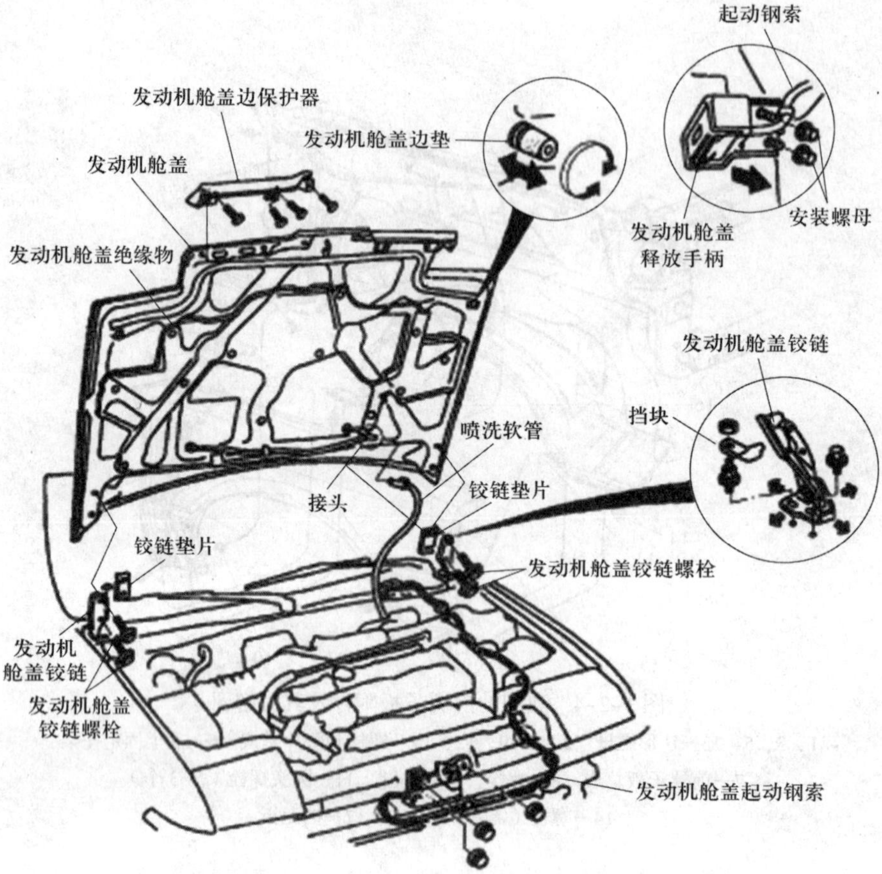

图 1-2-5 发动机舱盖组成及与车身的铰链

外板上大都设有两个用于安装喷水嘴的凸起孔。外板外部边缘通常进行翻边。

许多发动机舱盖内侧涂有降噪层，或粘有隔音垫。常用降噪层（或隔音垫）由人造纤维制成，用来减少发动机噪声，也隔绝发动机舱盖，免受发动机舱内的高温。发动机舱盖配备许多嵌条、车标、进气口、装饰条等。

（二）发动机舱盖的铰链

铰链是用来固定发动机舱盖并通过它与前部车身本体相连接的一个装置，也是发动机舱盖的开闭机构。一般要求铰链开闭轻便，灵活自如，有足够的开启角度（一般开度在40°~50°为宜），在开启过程中不得有运动干涉，并要有足够的刚度和强度，可靠耐久和易于制造。

发动机舱盖铰链有外铰链与内铰链两种。外铰链虽然结构简单，但操作笨重，铰链外露，影响外观，增大空气阻力。轿车主要采用内铰链。内铰链有臂式铰链、合页式铰链及平衡式铰链等多种形式。配合铰链的开启，发动机舱盖上应设置支杆，有以下几种形式。

（1）普通合页式铰链与支杆联合使用

这种铰链结构简单，使用可靠，一般在普通轿车或吉普车上采用。例如，上海大众桑塔纳，依靠铰链使发动机舱盖开启一定角度，用一根一定长度的支杆支承，使发动机舱盖停留在固定的角度上。

（2）简单铰链与平衡机构联合使用

简单铰链与有平衡弹簧的机构联合使用，如图 1–2–6 所示，这种形式结构简单、易于制造、承受的负荷较大，适用于发动机舱盖自身质量较大的车型，但铰链与平衡机构分别装在两处，结构上显得不够紧凑。

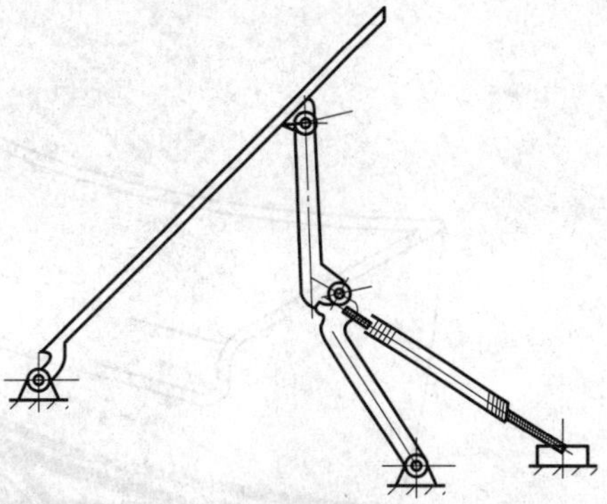

图 1–2–6　简单铰链与有平衡弹簧的机构联合使用

（三）发动机舱盖锁

发动机舱盖锁的功能是使发动机舱盖安全锁闭，并保证发动机舱盖与车身的相对位置，在行车中不会开启。发动机舱盖锁包括锁本体、内开机构和安全锁三部分。

四、行李舱盖和后舱背门

行李舱也称后备箱，是指轿车乘客室后侧用于放置行李物品的那一部分，通常也称为后部车身。三厢式轿车有与乘客室分开的行李舱，而两厢式轿车的行李舱则与乘客室合为一体成为相通的结构，如图 1–2–7 所示。无论属于哪一种形式都有一个宽大的行李舱盖或后舱背门，这是后部车身的薄弱环节，因此在结构上都是将开口周围（行李舱盖框架或后舱背门框架）制成刚性封闭式断面。

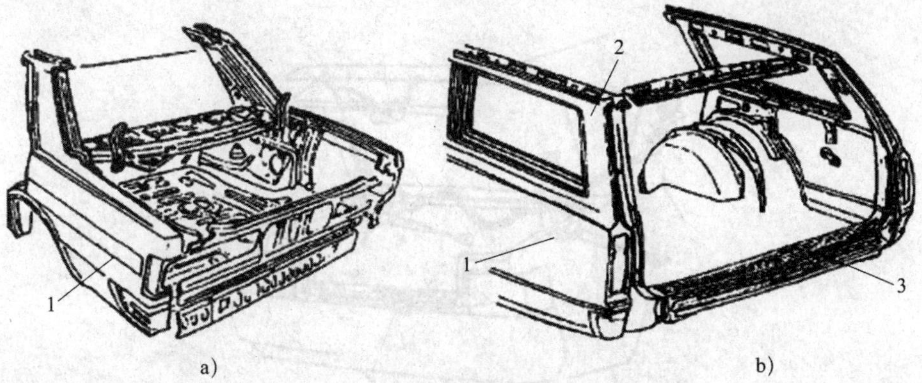

图 1–2–7　轿车后部车身

a）三厢式　b）两厢式

1—后翼子板　2—窗立柱　3—后舱背门门槛

（一）行李舱盖

行李舱盖由上外板、下外板、内板三块板制件构成，如图 1–2–8 所示，喷涂油漆后安装外装饰板。其内板的形状较复杂，既有纵向筋，又有横向筋，还有斜向筋和环状筋，以增强行李舱盖的刚度。

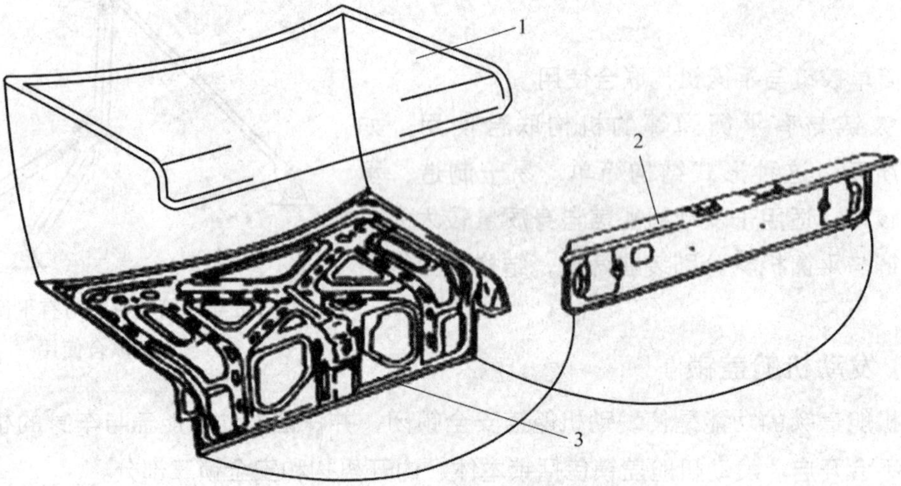

图 1–2–8 行李舱盖的构造

1—上外板 2—下外板 3—内板

为了适应行李放置时的需求，保证行李舱盖有大的开启角，应设置铰链及平衡支承杆。行李舱盖铰链常用臂式或四连杆式铰链，支承杆则用扭力杆式或空气弹簧减振支承杆。

因空气弹簧减振支承杆可减轻开闭时的冲击，近年来用此种支承杆的汽车日益增多，如图 1–2–9 所示。

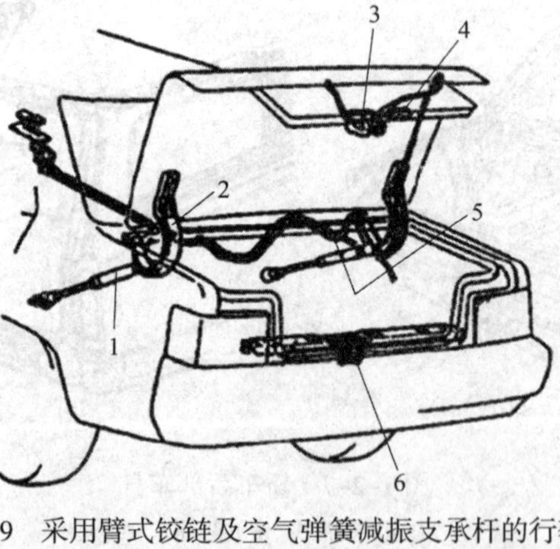

图 1–2–9 采用臂式铰链及空气弹簧减振支承杆的行李舱盖

1—空气弹簧 2—铰链 3—卡板锁 4—电磁铁 5—开启拉索 6—锁环

（二）后舱背门

后舱背门的结构总成如图 1–2–10 所示。

后舱背门多使用臂式铰链，铰链安装在较高的位置，因此支承杆是不可缺少的，支承杆多采用空气弹簧减振支承杆，如图 1–2–11 所示。

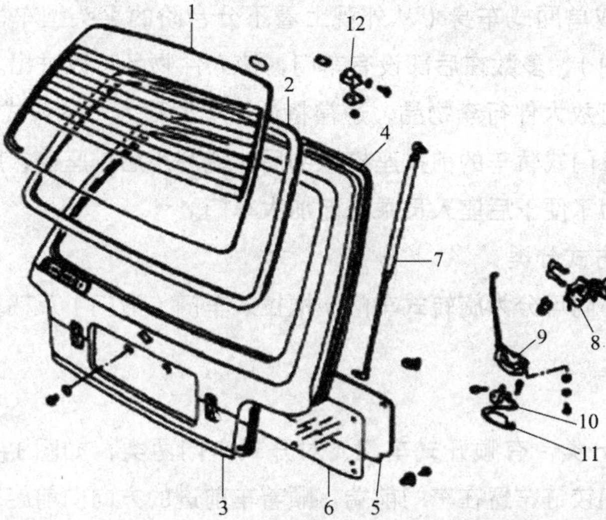

图 1-2-10 后舱背门的结构总成

1—背门窗玻璃 2—背门窗密封条 3—背门 4—背门洞密封条 5—背门装饰板 6—背门密封薄膜 7—背门支承杆 8—背门锁芯 9—背门锁销 10—背门锁闩眼 11—背门锁闩眼垫片 12—背门铰链

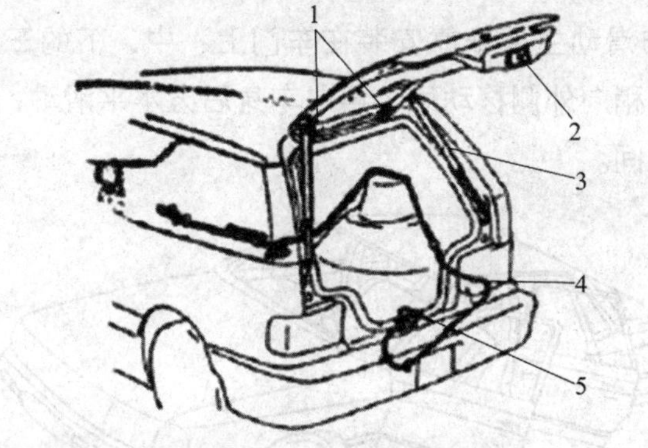

图 1-2-11 背门铰链结构

1—铰链 2—卡板锁 3—空气弹簧减振支承杆 4—开启拉索 5—锁环

五、车门

车门作为汽车车身的重要组成部分，可在乘客上下车或装卸货物时，打开车身壳体的内外联系，提供便利的通道；在汽车行驶时，封闭车身壳体，断绝车身壳体的内外联系，确保行车安全。

（一）车门的结构类型

1. 按车门的数量分类

车门的数量与轿车的用途和形式有密切关系，常见的有二门、四门，或三门、五门等。

二门、四门常用在折背式（三厢式）、直背式、舱背式、短背式等车身上，视车身的大小、允许乘员的多少决定车门的数量。

对于两厢式车身或单厢式车身（从外观上看不分台阶的平头型车，发动机舱、乘客室和行李舱同在一个厢内），多数在后部设有车门，使大件物品可以进出。如果将后排座椅叠起，那么后部的空间可放大件行李物品，通常将这一类型称为“掀背式”，也叫二门或五门式轿车。由于二门及三门式轿车的前排座椅掀倒后才能利用后排座椅，所以乘员超过两人后乘降很不方便，有时为了便于后座人员乘降而加大车门。

2. 按车门的开启方式分类

车门按开启方式不同可分为旋转式车门、推拉式车门（滑门）及飞翼式车门等，尤以旋转式车门应用较普遍。

（1）旋转式车门

按车门旋转方向分类，有顺开式车门、对开式车门两类，如图 1–2–12、图 1–2–13 所示。顺开式车门的车门铰链布置在车门前端，顺着车前进的方向向前旋转。这种车门布置比较安全，如果在轿车行驶中门锁失灵而使车门打开或乘员误开车门，不会因空气流动的作用而发生危险。对开式车门的后门铰链紧固在后立柱上，车门开启时向后旋转，这种布置便于三排座椅轿车的中排座椅和后排座椅上的乘员上下车。对开式车门现在应用较少。

（2）推拉式车门（滑门）

推拉式车门的支承与滑动主要依靠安装在车门上、中、下的三个导轨及与之配合的滚柱。在打开车门时，车门稍向外侧移动后，再向车身后方水平滑动，因此，车门占用面积很小，可以相应增大车内空间。

图 1–2–12　顺开式车门

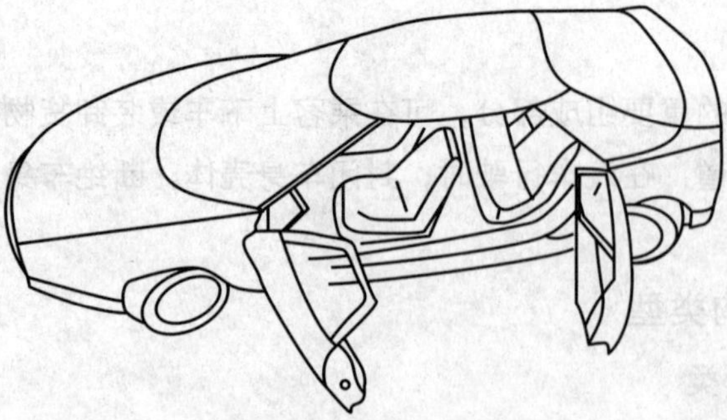

图 1–2–13　对开式车门

（3）飞翼式车门

如图 1–2–14 所示，飞翼式车门大多用于运动型轿车，这是一种车身低、流线型好、为了方便上下车而采用的结构。飞翼式车门向上方弹起，车门打开后的形态像正在飞翔中的海鸥翅膀，所以称为“飞翼式”。普通的铰链机构很难承受车门的质量，因此车门铰链部位采用封入高压气体的托杆，可利用气体的反弹力轻易地举起车门。开启车门的方法有两种：一种是将铰链装于车顶，车门横向打开；另一种是将铰链装于车门前方，车门向上打开。

图 1–2–14　飞翼式车门

3. 按车门有无窗框分类

大多数轿车的车门是有窗框的，如图 1–2–15 所示，有框式车门容易保证车门的刚性和密封性。无框式车门如图 1–2–16 所示，多用于敞篷车和所谓的硬顶车。在一辆轿车上前门没有窗框、后门有窗框的例子也是有的。

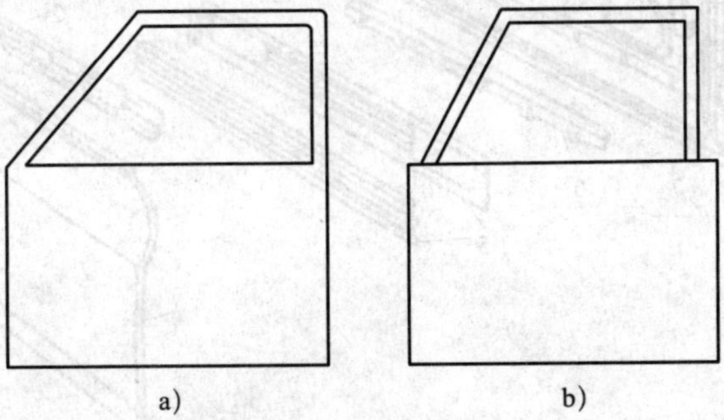

图 1–2–15　有框式车门

a）整体式　b）框架式

（二）车门本体

轿车车门由壳体、附件和内饰板三部分组成。轿车车门多采用框架式结构，图 1–2–17 所示为轿车框架式车门壳体的分解图，框架式车门的玻璃窗框大多是滚压成形的。

车门附件包括车门铰链、车门开度限位器、带有内外操纵手柄的门锁、定位器、车门密封条等，在车门内、外板之间还装有玻璃、玻璃导槽和导轨及玻璃升降器等。

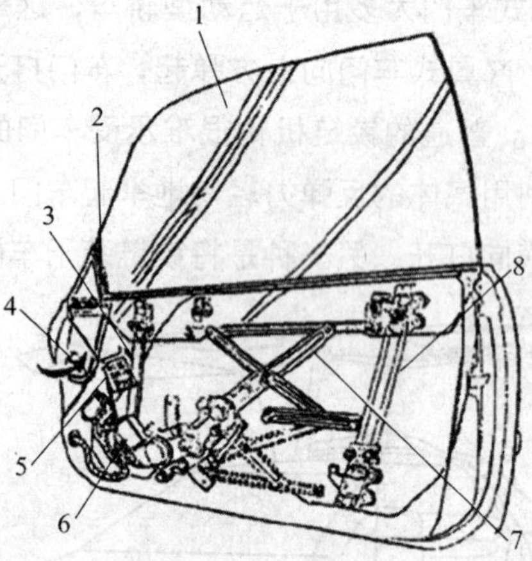

图 1-2-16 无框式车门

1—车门玻璃 2—侧面防雾装置 3—前导轨 4—防雾装置通风口
5—主开关 6—电机 7—X 形双臂式玻璃升降器 8—后导轨

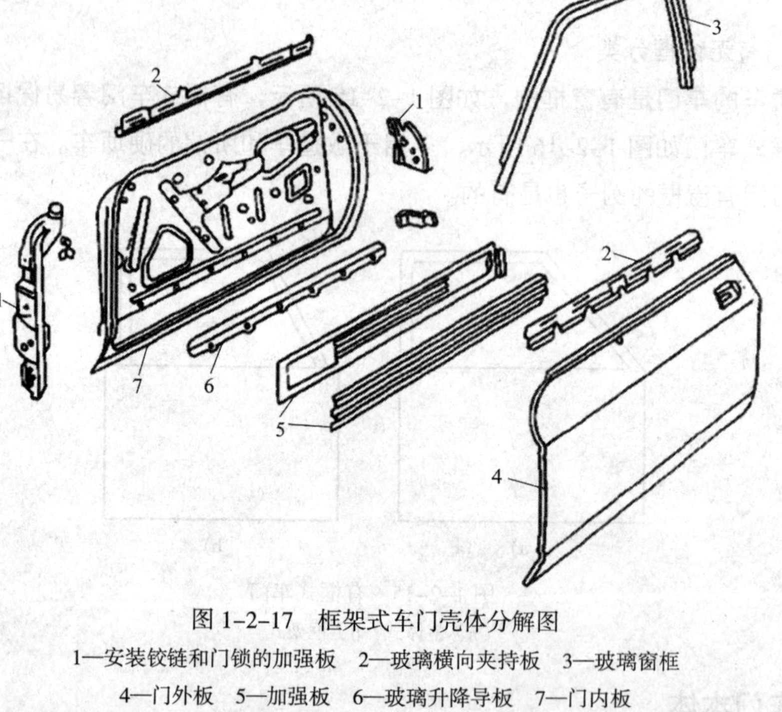

图 1-2-17 框架式车门壳体分解图

1—安装铰链和门锁的加强板 2—玻璃横向夹持板 3—玻璃窗框
4—门外板 5—加强板 6—玻璃升降导板 7—门内板

车门与车身之间必须留有一定的缝隙，以弥补零件制造和装配误差，同时避免车身产生扭转变形时把车门挤住。车门是靠两个铰链锁舌及定位器来定位的；车门与门框之间的缝隙则用固定在门框上的软橡胶（或海绵）密封条来密封。车门开度限位器用来限制车门的最大开度，以防止门外板与车体相碰，并保证车门停留在最大开度，不致自动关闭。缓冲器有时与定位器组成一体，固定在门框上，并在车门的边缘加设橡胶块，用以减轻关门或行车时车门对门框的冲击。

（三）车门铰链

车门铰链是车门总成的一个附件，车门附件还包括玻璃升降器、门锁、内外操作手柄、门锁控制机构、车门开度限位器等。其中，车门铰链是决定车门与车身间相对位置、控制车门开闭运动的装置，它由门铰链和销轴构成。

车门铰链可分为内铰链（也叫隐铰链）和外铰链。现在大部分轿车都使用内铰链；在某些特殊车身结构中也有外铰链的形式。

1. 内铰链

车门内铰链通常采用合页式，在铰链机构中，除了应有将车门与车身进行铰接的合页外，还应有车门在任意开度的阻尼和车门开度限位器。此外，也有将铰链与车门开度限位器功能分离的，在上、下铰链之间装上杆式开度限位器，将铰链与车门开度限位器的功能分离，在轿车中这种形式应用较多。

2. 外铰链

外铰链一般也采用合页式结构，如图 1-2-18 所示，合页的回转侧向外突出，用两个螺栓固定在车门上（阳侧），铰链支承部位为阴侧，插入车身的立柱，也用两个螺栓固定。外铰链的结构与功能较简单，结构暴露于车门外表，有碍外观，因而现代轿车应用很少。

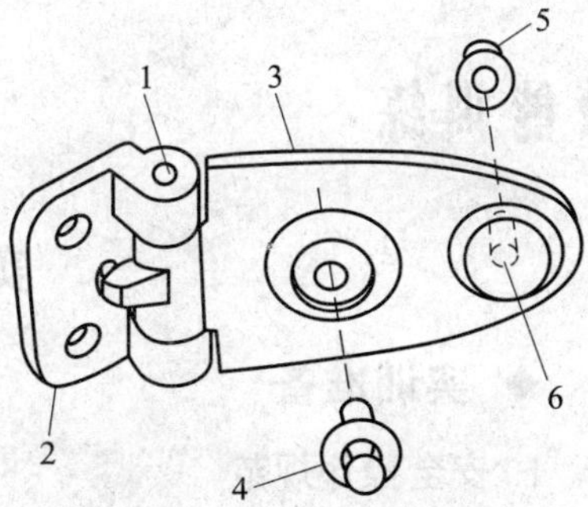

图 1-2-18　外铰链

1—铰链销　2—阴侧　3—阳侧　4—螺栓　5—螺母　6—双头螺柱

3. 四连杆型铰链

在车门侧与固定立柱侧的铰链座之间增加两级连接杆，即构成四连杆型铰链。

这种铰链机构的特点是使车门相对于立柱的运动不是单纯的圆周运动，而是绕两个支点的复杂运动。正是由于四连杆型铰链使车门相对于立柱的转动是绕两个支点的复杂运动，因而车门在开启过程中，可避让车身上拱形的挡泥板。而且车门上、下铰链的连接杆长度不相等（上侧长、下侧短），使车门开启呈外倾形态，这使乘员肩胸部位的乘降空间比较宽敞，有利于乘降的舒适性。

（四）门锁

门锁是汽车车身重要且使用最频繁的安全部件，一方面直接关系到汽车行驶时乘客的安全，另一方面也是汽车的防盗安全装置。为此，对门锁在操作性、安全性、可靠性、强度、装饰性等诸多方面均有一定要求。

常见的门锁有以下几种形式。

1. 手动门锁

手动门锁即机械式门锁，如舌簧式、钩簧式、卡板式、齿轮齿条式、凸轮式等。在各类机械式门锁中，卡板式（又叫叉销式）门锁受力平稳、冲击性小，零件多为钢板冲压、加工后装配而成，结构紧凑，生产工艺性、可靠性、耐久性和维修性均好，强度高、定位准，锁体部件也可用增强树脂制造，既轻巧，启闭噪声又低，可适用于各种类型的汽车，并逐渐取代其他类型的门锁，而占据了门锁结构的主导地位。

2. 自动门锁

现代轿车，特别是中、高级轿车采用了自动门锁，由驾驶员集中控制，即当一个车门上锁后，所有车门同时锁紧。

3. 防盗门锁

防盗门锁又称遥控门锁，是将声、光、电、磁等现代技术应用于防盗门锁。例如，警报指示器式防盗门锁就是其中一种，当用非本车门的钥匙开锁时，蜂鸣器就会鸣响、报警。

技能训练

实训 1　前保险杠拆装

◆ 实训准备

1. 安全操作规范

（1）穿戴干净整洁的工作服。

（2）遵守场地安全规定，注意用电安全。

（3）拆卸前应确认车辆已熄火、驻车制动器处于制动状态、车轮挡块安装稳固。

2. 实训工具准备

（1）设备设施：整车。

（2）工量具：常用拆装工具，车辆防护工具等。

（3）耗材：卡扣等。

（4）劳保用品：工作服、线手套、护目镜、耳罩、防尘口罩、劳保鞋等。

◆ 实训步骤

1. 前保险杠拆卸

前保险杠拆卸如图 1–2–19 所示。

（1）拆下释放杆

如图 1–2–20 所示，释放杆 1，用旋具 2 将其分开，并从连接锁上拆下。

（2）导向装置的调整

如图 1–2–21 所示，滑块 2 在导向件 1 上应这样调整：使滑块 2 在车灯 4 和导向件 1 的上边缘形成一个 2 mm 的间隙，然后使用专用工具 3 进行检查与调整间隙。

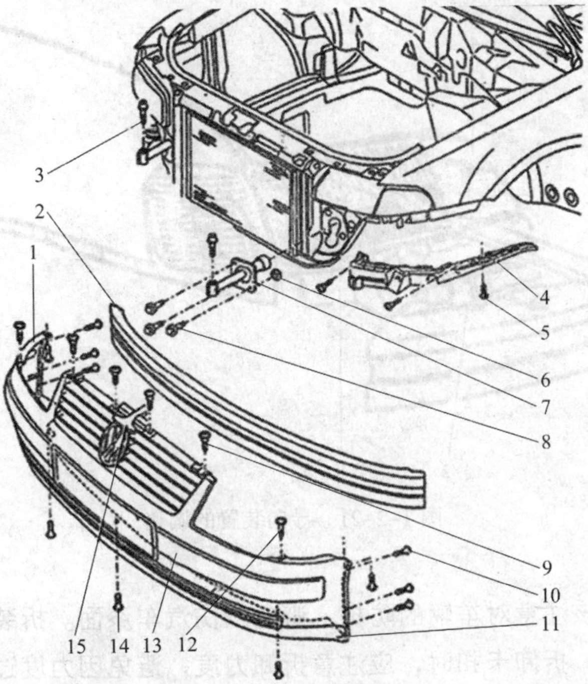

图 1-2-19　前保险杠拆卸

1—保险杠面罩　2—保险杠骨架　3—螺栓　4—导向装置　5—螺栓　6—六角螺母
7—缓冲装置　8—螺栓　9—螺栓　10—螺栓　11—导流板　12—螺栓
13—保险杠嵌条　14—快速连接螺栓　15—释放杆

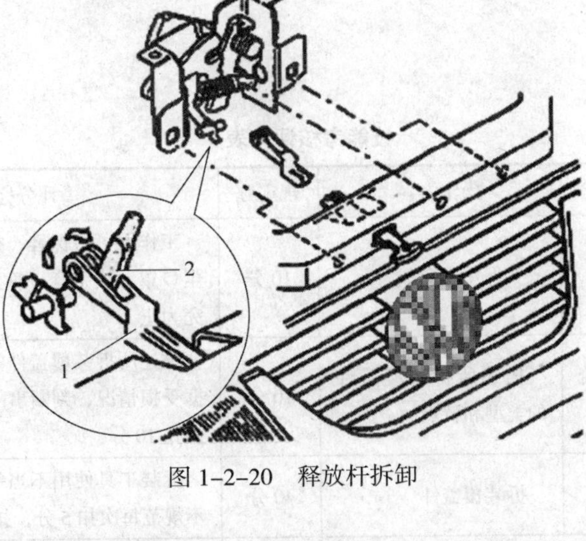

图 1-2-20　释放杆拆卸

2. 前保险杠安装

按照保险杠拆卸的相反顺序将保险杠装上。

用螺栓固定保险杠后，必须进行调整，使保险杠边缘与翼子板和前格栅的距离相等，顶部间隙必须均匀。调整装配螺栓，装配托架，允许保险杠可上可下、可左可右、可进可出。如果需要，在保险杠和托架之间加设填隙片以调整保险杠。

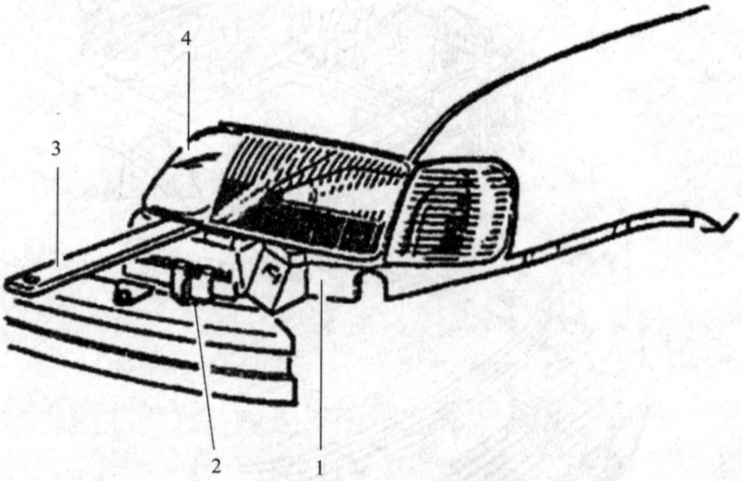

图 1-2-21　导向装置的调整

3. 拆装小结

拆装过程中，应该注意对车辆的防护，避免剐伤汽车漆面。拆装时应使用适当的工具对前保险杠进行拆装；拆卸卡扣时，应注意拆卸力度，避免因力度过大造成前保险杠零部件不必要的损坏。将前保险杠从车上拆下前，应确认前保险杠与车身的螺栓、卡扣连接已全部拆卸。

4. 5S 整理

对实训场地、实训车辆等进行 5S 整理。

任务评价

表 1-2-1　　技能考核评分表

序号	项目	操作内容	规定分	评分标准	得分
1	劳保用品	劳保用品穿戴	10 分	工作服、劳保鞋、护目镜、耳罩、防尘口罩、线手套，每少一项扣 2 分，扣完为止	
2	描述所拆装覆盖件的类型和特点	描述所拆装覆盖件的类型和特点	10 分	描述所拆装覆盖件的类型和特点，根据受损情况，判断事故车受损类型，错误扣 10 分	
3	拆装覆盖件	拆装覆盖件	40 分	拆装工具使用不当每次扣 5 分，拆装不规范每次扣 5 分，扣完为止	
4	拆装质量检查	拆装后质量检查	30 分	每漏一个零件（螺栓、卡扣）扣 5 分，拆装的覆盖件间隙不均匀（过大、过小）每处扣 10 分，扣完为止	
5	5S 整理	场地整理	10 分	未对场地进行 5S 整理，扣 10 分	
总分			100 分		

实训 2　车门附件的拆装

◆ 实训准备

1. 安全操作规范

（1）穿戴干净整洁的工作服。

（2）遵守场地安全规定，注意用电安全。

（3）拆卸前应确认车辆已熄火、驻车制动器处于制动状态、车轮挡块安装稳固。

2. 实训工具准备

（1）设备设施：整车或车门总成。

（2）工量具：常用拆装工具，车辆防护工具等。

（3）耗材：卡扣等。

（4）劳保用品：工作服、线手套、护目镜、耳罩、防尘口罩、劳保鞋等。

◆ 实训步骤

1. 拆卸内饰板

如图 1–2–22 所示，拆下车门内饰板与车门本体的连接螺栓，将这几颗螺栓取下来后，可以将车门内饰板与车门本体分离。在分离时还要注意车门内饰板与车门本体有一条电源线连接在一起，这时需要另一个人将电源线与车门内饰板分离。

2. 拆卸车门开度限位器

如图 1–2–23 所示，检查并调整车门开度限位器和门锁。将车门开度限位器与车身的连接螺栓拆下，接着将车门开度限位器与车门本体的连接螺栓拆下，然后检查车门开度限位器是否完好，检查完毕后将车门开度限位器正确地安装在车门本体上面。若要拆卸车门开度限位器，把车门开度限位器车门侧的螺栓拆下即可。

图 1–2–22　拆下车门内饰板

图 1–2–23　检查车门开度限位器连接情况

3. 拆装门锁

先按照如图 1–2–24、图 1–2–25 所示的顺序将锁体与车门的连接螺栓拆下，注意拆卸螺栓时应按照对角分次的方法拆卸。然后将车门外把手的卡销与门锁分开，这样就可以将门锁取下来进行检修。检修好后就可以按照拆下的相反顺序将门锁重新装在车门上。

图 1-2-24　拆除门锁连接螺栓

图 1-2-25　拆除门锁控制拉索

4. 调整铰链

将门锁安装好后，对铰链进行调整，这里要注意的是应该按照对角分次的方法拧紧螺栓，调整好铰链的位置后再用相应的套筒扳手将其拧紧，这样就完成了铰链的调整。

5. 安装其他部件

按照相反的顺序安装车门的其他部件。

6. 调整

将车门部件安装好后，要对车门与车身之间的缝隙进行调整。

7. 质量检验

完成以上工作后要对车门密封性的几个参考位置进行检验，看车门关闭时的缝隙是否均匀以及缝隙的宽度是否符合要求，车门的棱线与翼子板、同侧另一车门的棱线是否对齐，车门是否关闭紧密不透风，如图 1-2-26 所示。

a)　　b)

图 1-2-26　前车门的密封性检查

a）前车门与前翼子板之间密封性检查　b）前车门与中立柱之间密封性检查

8. 5S 整理

对实训场地、实训车辆等进行 5S 整理。

任务评价

表 1-2-2　　技能考核评分表

序号	项目	操作内容	规定分	评分标准	得分
1	劳保用品	劳保用品穿戴	10 分	工作服、劳保鞋、护目镜、耳罩、防尘口罩、线手套，每少一项扣 2 分，扣完为止	
2	描述所拆装覆盖件的类型和特点	描述所拆装覆盖件的类型和特点	10 分	描述所拆装覆盖件的类型和特点，根据受损情况，判断事故车受损类型，错误扣 10 分	
3	拆装覆盖件	拆装覆盖件	40 分	拆装工具使用不当每次扣 5 分，拆装不规范每次扣 5 分，扣完为止	
4	拆装质量检查	拆装后质量检查	30 分	每漏一个零件（螺栓、卡扣）扣 5 分，拆装的覆盖件间隙不均匀（过大、过小）每处扣 10 分，扣完为止	
5	5S 整理	场地整理	10 分	未对场地进行 5S 整理，扣 10 分	
总分			100 分		

项目二　车 身 焊 接

项目概述

汽车车身的焊接是指当汽车受损部位被切割下来后，新部件安装与焊接连接的过程。汽车维修过程中常用的焊接方式有电阻点焊、气体保护焊。

本项目将重点介绍电阻点焊、气体保护焊的原理，及焊接所使用的设备与相应的技能操作方法。

任务1　电 阻 点 焊

任务目标

1. 能描述电阻点焊的工作原理。
2. 能描述电阻点焊的设备组成、结构及特点。
3. 能结合具体的电阻点焊点分析电阻点焊焊接缺陷。
4. 能进行电阻点焊操作。

任务导入

某车更换后翼子板时，需要使用高质量焊接技术（电阻点焊）将该翼子板焊接在车身上。请使用电阻点焊将后翼子板与车身正确连接。

任务分析

汽车车身装配过程基本使用电阻点焊，电阻点焊能快速地将板件连接在一起，且热影响小。本任务主要从电阻点焊的原理与特性、电阻点焊设备、电阻点焊的操作及相应参数的影响等方面展开学习。

知识储备

电阻点焊是目前汽车制造企业用到的最重要的焊接方式。电阻点焊用在它们的组装线上，完成承载式车身上的许多原厂焊接工作。钢制承载式车身结构件中有90%～95%的原厂焊接采用的是电阻点焊，所以在修理车身时，原厂采用电阻点焊的地方，应尽量采用电阻点焊。

一、电阻点焊的工作原理和特性

（一）电阻点焊的工作原理

电阻点焊的工作原理如图2-1-1所示，两电极臂将焊件夹紧，以保证大电流集中为一点通过所需焊接位置。通电后，电流经电极臂流过焊件接合处，因接合处的电阻较大，使其迅速升温，使焊件接合处被熔化，焊件表面上的热量很容易被铜电极臂带走。显然，加热最强的地方不在电极臂与焊件之间，而是在两个焊件相接触的部位。冷却后，熔核处形成固化的圆点即焊接点。

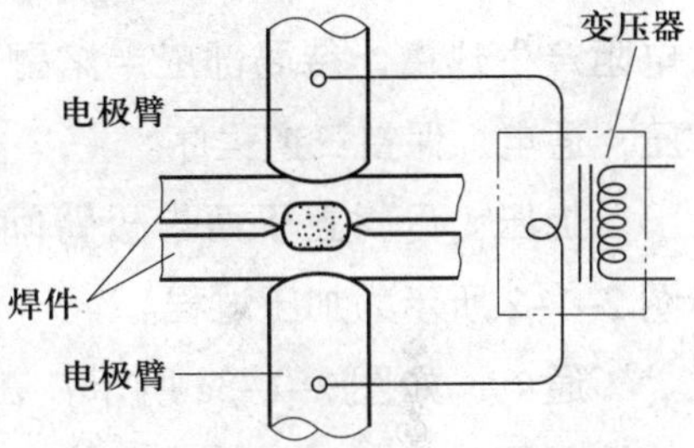

图2-1-1　电阻点焊的工作原理

（二）电阻点焊的特性

电阻点焊有以下特性。

（1）焊接成本低。焊接时无须焊剂或气体保护，也不需使用焊丝、焊条等填充金属，便可获得质量较好的焊接接头。

（2）由于热量集中，加热时间短，故热影响区小，变形和应力也小。通常焊接后不必考虑校正或热处理工序。

（3）操作简单，操作者不需要很熟练的经验。

（4）因为需要大电流，电缆直径较大，所以电阻点焊机较重。

（5）因为是在母材的重叠面接合，所以很难以外观判断接合状况的好坏。

二、电阻点焊机的结构

电阻点焊机由变压器、控制器、电极臂组成。

（一）变压器

变压器将低电流高电压（220 V 或 380 V）转变为安全的高电流低电压（2～5 V），避免操作者触电的危险。变压器可以和电极臂做成一体，或远距离安装并通过电缆与电极臂相连，远距离安装的变压器由于有电缆造成的电流损失，所以应使用较大的焊接电流以补偿这种损失。当使用加长型电极臂时，由于有电流损失也应相应调高电流强度。

（二）控制器

控制器用来调节焊接电流的大小和精确的焊接时间。焊接电流的大小与工件的厚度、电极臂的长短等因素有关，通常工件较厚、电极臂较长时应使用较大的电流。

（三）电极臂

电极臂用来对工件施加压力并接入焊接电流。用于承载式车身修理的电阻点焊机带有全范围的可更换电极臂，能够实现车身上各个部位的焊接作业。电极臂的选用应根据所需焊接的位置而选择，原则是尽量选择最短的电极臂。

三、电阻点焊的焊接过程

电阻点焊属于压力焊中的电阻焊接类，是以大电流通过叠加的金属板，利用金属本身的电阻产生热量，待局部成半熔融状态并加压、冷却后即合成一体。由此可知电阻点焊有加压、通电、保持三道程序。

加压：母材置于两电极臂间，在通电前先加压，使大电流能集中由某一小区域通过，图 2–1–2 所示为加压过程。

通电：如图 2–1–3a 所示，在电极臂上通以大电流，当电流流经两片母材时，接合部位（此处电阻最大）产生焦耳热，使该部位的温度急剧上升；再继续通电，使母材的接合部位熔化并在电极臂压力下合成一体，如图 2–1–3b 所示。

保持：当停止通电时，仍保持加压一定时间，过程中母材的接合部位将逐渐冷却，然后形成焊点，如图 2–1–4 所示。

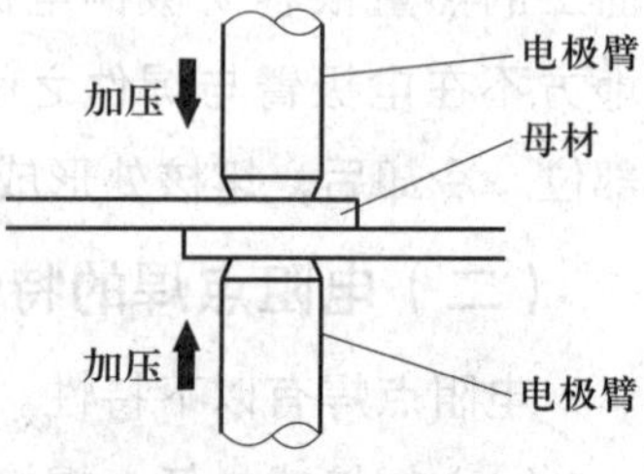

图 2–1–2 加压

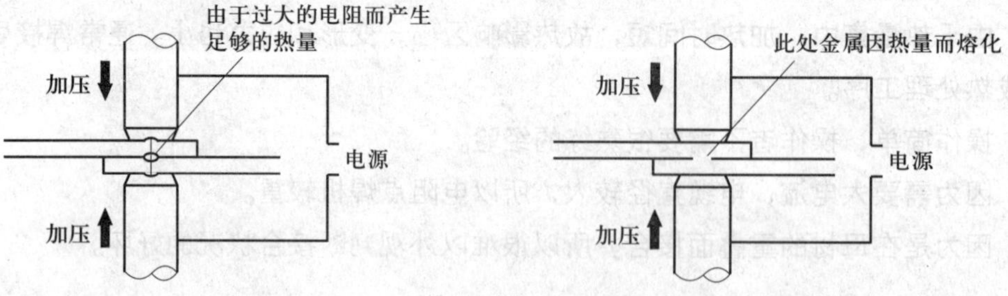

图 2–1–3 通电

a）通电 b）熔化

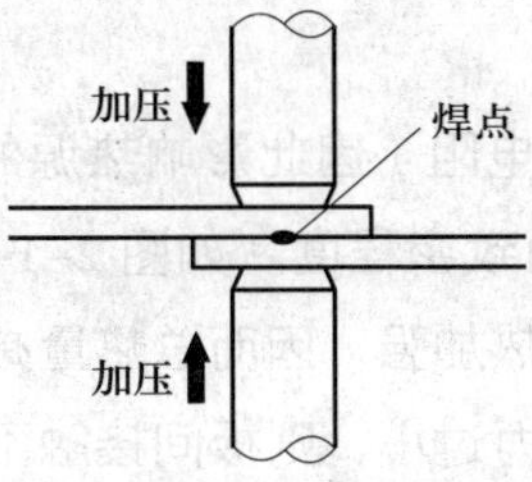

图 2–1–4　保持

四、电阻点焊的工艺参数

为了得到良好的焊接效果，须注意许多因素，其中以焊接电流、电极臂压力、焊接时间的影响最大，而其他因素则有电极臂和母材的状况等。

（一）焊接电流

焊接电流是影响热量大小的主要因素，热量与电流的平方成正比。随着焊接电流增大，熔核的尺寸或焊透率将增加，如图 2–1–5 所示。在正常情况下，焊接区的电流密度应有一个合理的上下限。低于下限，热量过小，不能形成熔核；高于上限，加热速度过快，会发生飞溅，同样造成焊点质量下降。需要注意的是当电极臂压力增大时，产生飞溅的焊接电流上限值也增大。

在生产中，当电极臂压力给定时，通过调整焊接电流，使其略低于飞溅电流值，便可获得最大的点焊强度。

可以通过观察焊点部位的颜色变化判断电流的大小，电流正常时，焊点中间电极臂触头接触部分的颜色不会发生变化，与未焊接之前的颜色相同；电流过大时，焊点中间电极臂触头接触部分呈蓝色。

通过焊点的压痕深度也可以判断电流的大小，在电极臂压力正常的情况下压痕深度不能超过板件厚度的一半。当电流较大时，由于飞溅较多，压痕很深；电流较小时，熔化的金属较少，压痕较浅。

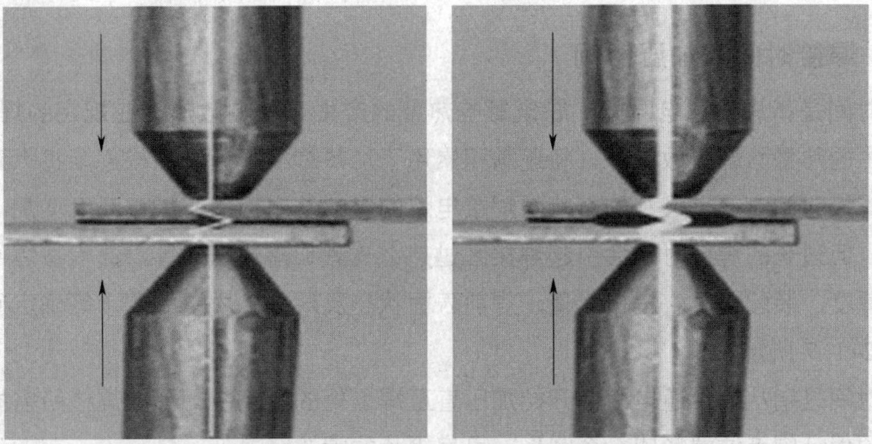

a）　　　　b）

图 2–1–5　焊接电流对焊点的影响

a）焊接电流小，焊点小　b）焊接电流大，焊点大

（二）电极臂压力

电极臂压力既影响焊点的接触电阻（因此影响热源的强度与分布），又影响电极臂散热的效果和焊接区塑性变形及核心的致密程度。如图 2–1–6 所示，当其他参数不变时，增大电极臂压力，则接触电阻减小，散热加强，因而总热量减少，熔核尺寸减小，特别是焊透率降低很快，甚至虚焊；若电极臂压力过小，则板间接触不良，接触电阻虽大却不稳定，甚至出现飞溅和烧穿等现象。

电极臂压力取决于被焊接材料种类、厚度和操作规范。若被焊接材料的高温强度大，则必须加大电极臂压力；若材料的厚度增大，则必须加大电极臂压力；若选择的材料太硬，塑性变形困难，同时为防止飞溅，也必须加大电极臂压力。

在一般情况下，若电阻点焊机容量足够大，就可以在增大电极臂压力的同时，相应地也增大焊接电流，以提高焊接质量的稳定性。

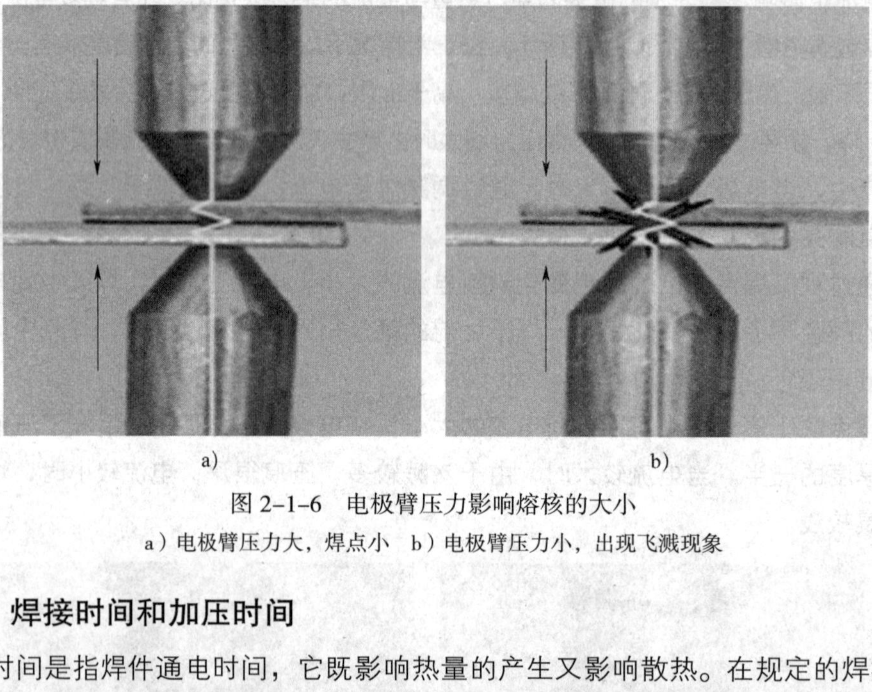

a)　　　b)

图 2–1–6　电极臂压力影响熔核的大小

a）电极臂压力大，焊点小　b）电极臂压力小，出现飞溅现象

（三）焊接时间和加压时间

焊接时间是指焊件通电时间，它既影响热量的产生又影响散热。在规定的焊接时间内，焊接区产生的热量除部分散失外，将逐渐积累用于加热焊接区，使熔核逐渐扩大到所需的尺寸。所以焊接时间对熔核尺寸的影响与焊接电流的影响基本相似，焊接时间增加，熔核尺寸随之扩大，但过长的焊接时间会引起焊接区过热、飞溅和搭边压溃等。通常按焊件材料的物理性能与厚度、装配精度、焊机容量、焊前表面状态及对焊接质量的要求等确定通电时间长短，如图 2–1–7 所示。

加压时间是指从焊件通电之前开始加压直至焊点处的金属冷却形成焊核所需的时间，在此期间必须保证焊点位置形成一个圆形、呈扁平状的焊核。

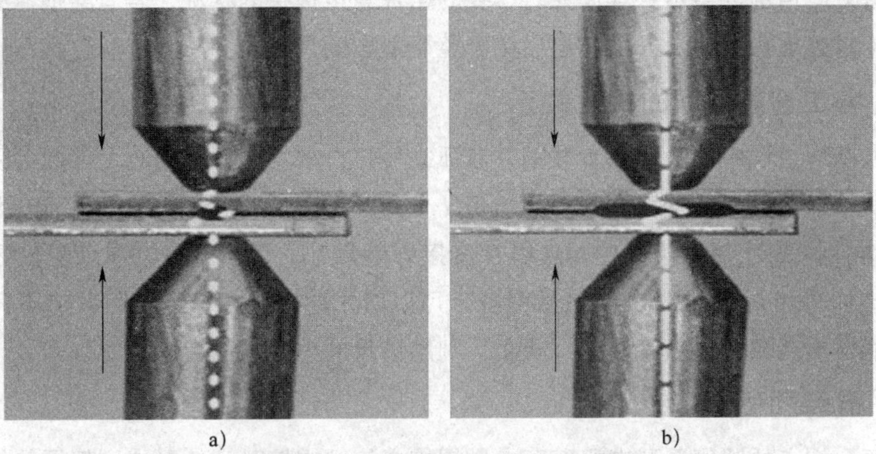

图 2-1-7　通电时间长短影响熔核的大小

a）通电时间短，焊点小　b）通电时间长，焊点大

（四）电极臂工作面的形状和尺寸

电极臂工作面（电极头）和电极臂本体的结构形状、尺寸及其冷却条件影响着熔核几何尺寸与焊点强度。对于常用的圆锥形电极臂，电极头的圆锥角 α 越大，则散热越好。但若 α 角过大，其端面不断受热磨损后，电极头的直径 D 迅速增大；若 α 过小，则散热条件差，电极头温度高，更易变形磨损。为了提高点焊质量的稳定性，要求焊接过程中电极头直径 D 的变化尽可能小。为此，α 角一般在 90°～150° 范围内选取。电极头直径 D=（2 T+3）mm，如图 2-1-8 所示。

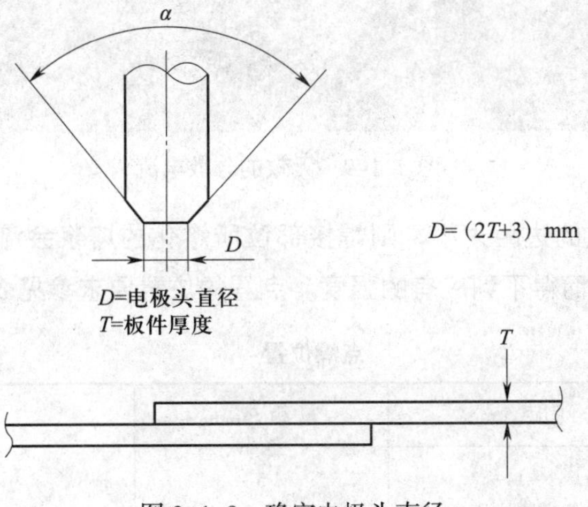

图 2-1-8　确定电极头直径

在点焊实施期间，电极头的表面会产生烧损和脏污的现象，若过度脏污，则电极头和母材之间的电阻将会变大，而无法供给熔化母材所需要的电流。

若电极头在该状态下继续使用，不但会因过热而使电阻增大，而且会提早磨损（如变形），而无法得到良好的焊接强度。

为了避免此情况，实施点焊作业时，要时常注意电极头的状况，若有磨损，必须使用电极头刮刀（修整电极头的工具）将电极头修整至适当的尺寸。

（五）各工艺参数间的相互关系

实际上点焊过程中的各工艺参数间并非孤立变化，常常变动其中一个参数会引起另一个参数的改变，彼此相互制约。改变焊接电流 I 、焊接时间 t、电极臂压力 F、电极头直径 D，都会影响焊接区的发热量。其中，F 和 D 直接影响散热，而 t 和 F 与焊点塑性区大小有密切关系。增加 I 和 t，降低 F，使热量增多，可以增大熔核尺寸，这时若散热不良（如 D 过小）就可能发生飞溅、过热等现象；反之，则熔核尺寸小，甚至虚焊。

（六）点焊的位置

虽然每个焊点的强度受到电极臂压力、焊接电流、焊接时间的影响，但是整体焊接强度是受到点焊间距（两焊点之间的距离）和边距（焊点至母材边缘的距离）的影响。

点焊的间距越小，其焊接强度越强。但当间距小于某个限度时，焊接强度将不会增加，这是因为有部分电流流向前一个焊点，称为“分散电流”，如图 2–1–9 所示。因此点焊的间距必须大于某个距离以防止分散电流的产生。

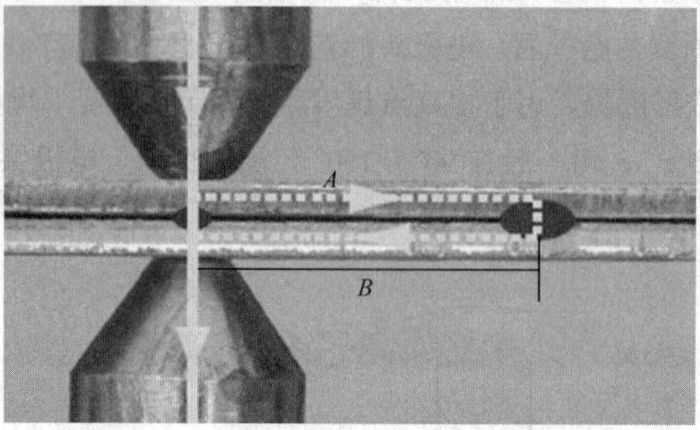

图 2–1–9　无效的分散电流

同时，若焊接位置的边距太小，则焊接部位所熔化的熔浆会流到母材外面造成母材穿孔，或使焊接部位变薄而得不到应有的强度。点焊的位置要求参见表 2–1–1。

表 2–1–1　　**点焊位置**

板厚 T/mm	间距 S/mm	边距 P/mm	
0.6	11	5	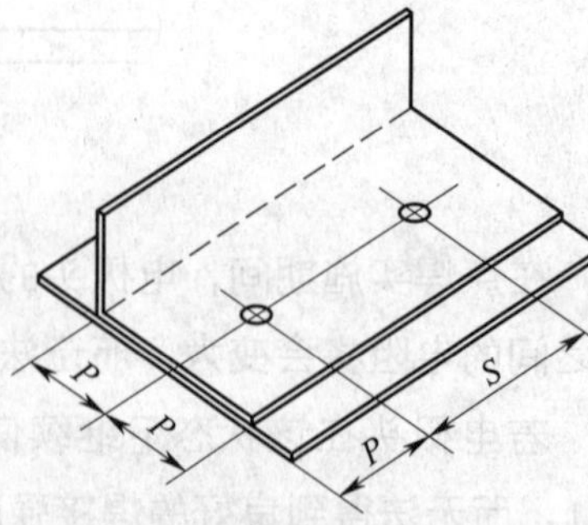
0.8	14	5	
1.0	18	6	
1.2	22	7	
1.6	29	8	

（七）母材的状况

影响焊接效果的最主要因素就是母材的状况，主要表现在母材与母材之间的间隙和母材的表面状况。通常加压时，母材之间若没有接触，电流将无法通过，而不能完成焊接；若母材之间的接触面积过小，也不能获得良好的焊接效果。母材的表面状况也是同样的道理，若电极臂与母材的接触区域面上存在旧漆膜、锈渍、污渍等，就无法通过焊接所需要的电流，因而得不到良好的焊接效果，如图 2–1–10 所示。

图 2–1–10　母材的表面状况

五、电阻点焊质量检验

焊点质量的检验可采用外观检验（目测）或破坏性试验。外观检验是通过外观判断焊接质量，而破坏性试验则用于检验焊接的强度。

（一）外观检验

外观检验是通过肉眼观察和用手触摸来检验焊接处的表面质量，包括下列几项。

（1）焊接位置

焊点的位置应在板件边缘的中心，不可超过边缘，还要避免在原有焊接过的焊点位置进行焊接。

（2）焊点数量

焊点的数量应大于汽车制造厂焊点数量的 1.3 倍。例如，原本制造厂点焊的焊点数量为 4 个，则新的修理焊点数量应为 4 的 1.3 倍，即大约为 5 个。

（3）焊点间距

修理时的焊接间距应略小于汽车制造厂的焊接间距，焊点应均匀分布。间距的最小值，以不产生分散电流为原则。

（4）压痕（电极头压痕）

焊接表面的压痕深度不应超过金属板厚度的一半，电极头不应焊偏产生电极头孔。

（5）气孔

不能有肉眼可以看见的气孔。

（6）溅出物

用纱手套在焊接表面擦过时，不应被刮住。

（二）破坏性试验

将完成焊接的板件固定在台虎钳上，用钢丝钳将其中一块板以扭曲转动方式取下，取下后在其中一个板件上留有一个孔径大于焊点直径的孔，如图 2–1–11 所示。如果留下的孔过小或没有孔，说明焊点的焊接强度太低，需要重新调整焊接参数，如图 2–1–12 所示。

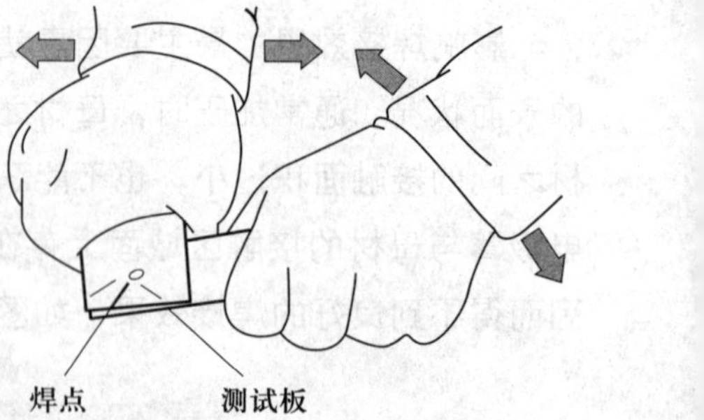

图 2–1–11　破坏性试验

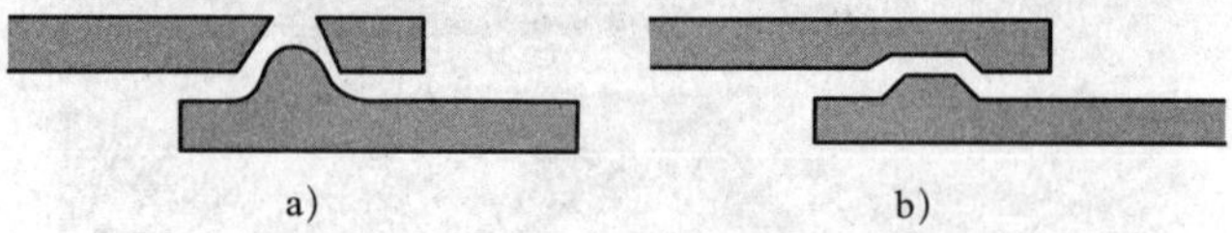

图 2–1–12　破坏性试验结果

a）合格　b）不合格

破坏性试验只能在样板上进行，严禁在车身上操作。因此试验的结果只能作为调整焊接参数的参考依据。

（三）非破坏性试验

在一次点焊完成后，可用錾子和锤子按下述方法检验焊接的质量。

（1）将錾子插入焊接的两层金属板之间并轻敲錾子的端部，如图 2–1–13 所示，直到在两层金属板之间形成 2 ~ 3 mm 的间隙（当金属板的厚度参考值大约为 1 mm 时）。此时焊点部位仍保持正常没有分开，则表明此焊接合格。这个间隙值由点焊的位置、凸缘的长度、金属板的厚度、焊接间距和其他因素决定，这里给出的只是参考值。

（2）如果两层金属板的厚度不同，操作时两层金属板之间的间隙应控制在 1.5 ~ 2 mm 范围内。如果进一步錾开金属板，将会变成破坏性试验。

（3）检验完毕后，一定要将金属板上的变形处进行修正敲平。

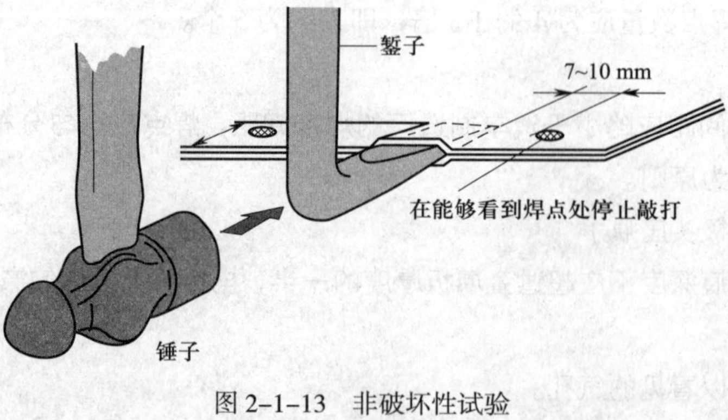

图 2–1–13　非破坏性试验

技能训练

实训　电阻点焊

◆ 实训准备

1. 安全操作规范

（1）操作前应正确穿戴防护用品。

（2）进行点焊时应佩戴防护面罩，周围人员也应佩戴防护面罩。

（3）进行焊接质量检验时，应注意安全，避免划伤。

2. 实训工具准备

（1）设备：电阻点焊机、焊接工作台（带台虎钳）、单作用打磨机等。

（2）耗材：焊接钢板、锌喷剂等。

（3）劳保用品：工作帽、工作服、护目镜、防护面罩、手套（线手套、皮手套）、耳塞、劳保鞋等。

◆ 实训步骤

1. 安全防护

穿戴安全防护用品：工作帽、工作服、护目镜、防护面罩、手套、耳塞、劳保鞋等。

2. 焊接前准备

（1）去除焊接区域的旧漆膜

把焊接区域的旧漆膜打磨掉，以使电流能够顺利通过钢板，如图 2–1–14 所示。

注意：应打磨所有焊接面的旧漆膜，即焊接区域正面、背面的旧漆膜都应去除。

（2）焊接区域内侧防锈处理

因焊接部位的接触面在焊接完成后不易喷涂漆层，所以焊接前必须实施防锈处理。防锈处理可以喷锌喷剂，也可施涂点焊专用漆。

注意：使用的防锈材料应导电，否则施涂后将不能进行点焊操作。图 2–1–15 所示为施涂点焊专用漆。

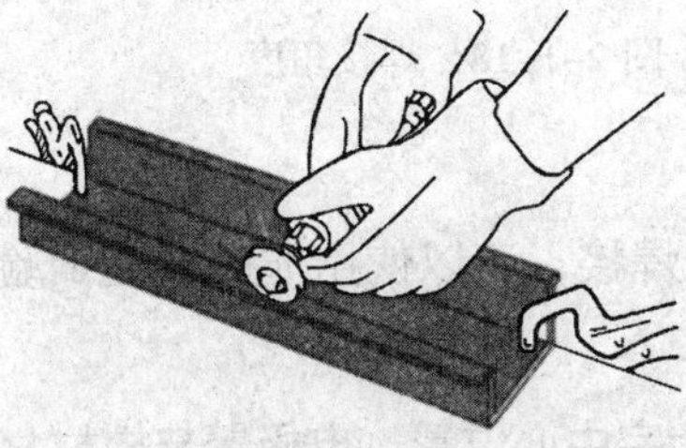

图 2–1–14　去除旧漆膜

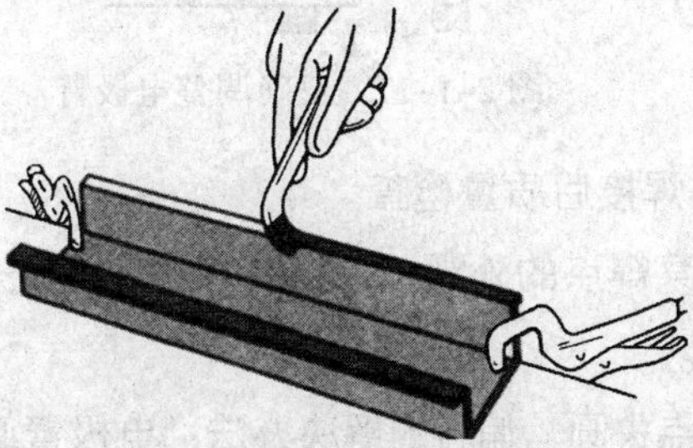

图 2–1–15　防锈处理

（3）钢板定位

将所需焊接钢板（焊接板件）定位好后使用大力夹钳将其固定，如图 2–1–16 所示。在车身维修中，钢板定位必须根据车辆上钢板相互之间的尺寸，然后再检查钢板安装时的相互位置。

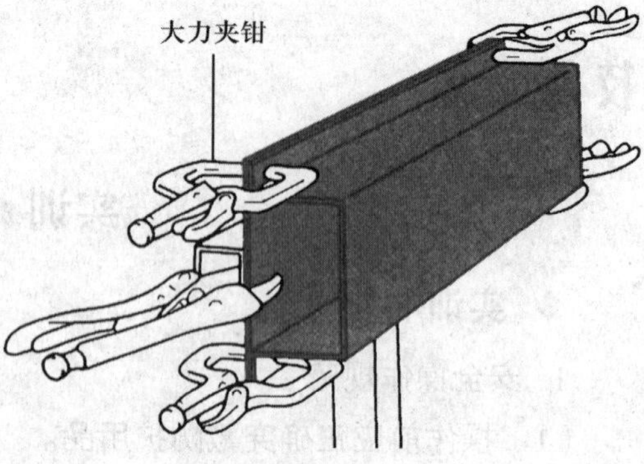

图 2–1–16 钢板定位

3. 调节焊接参数及试焊

（1）选择电极臂

正确地选择电极臂的长度和形式，以使电极臂能正确地压紧钢板。

（2）调整电极臂

当压紧钢板时，两个电极臂必须在同一直线上。电极臂必须保持平顺和清洁，以获得适当的焊接强度，如图 2–1–17 所示。

（3）调整焊接参数

查阅电阻点焊机操作手册，根据钢板的厚度和材料调整焊接电流和焊接时间。

注意：若使用全自动焊接，则无此步，焊机能自动识别钢板的厚度。

（4）试焊

以相同材质、厚度的试板进行试焊。

（5）破坏性试验

按照要求进行破坏性试验，并检验焊接质量。若焊接质量不达标，则需调整参数后再次试焊，直到达标为止。

4. 焊接

焊接时，电极臂与钢板表面必须保持垂直，如图 2–1–18 所示。

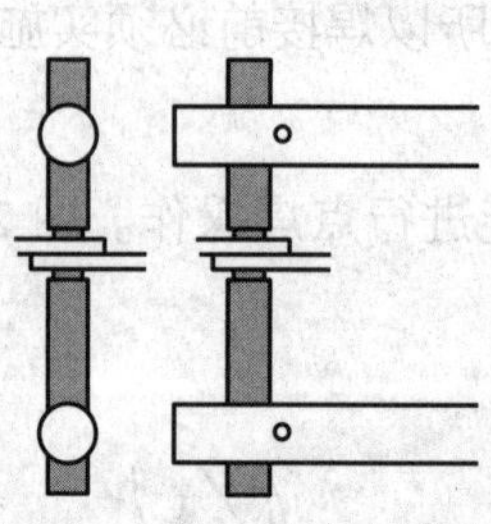
图 2–1–17 正确调整电极臂

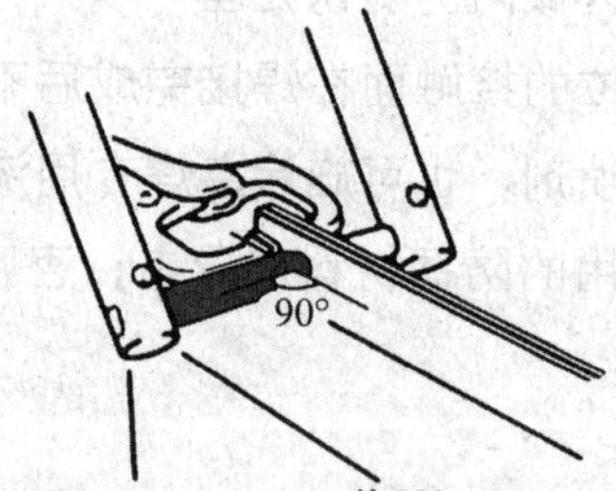

图 2–1–18 焊接角度

5. 焊接后质量检查

观察焊点的外观，评估焊接的完整性。若在车身上焊接，可以使用非破坏性试验检查焊接质量。

焊点失圆、偏斜的解决办法：电极臂必须对准画线十字中心位置，电极臂与板材之间尽量保持 90° 角，焊接过程中不要移动电极臂。焊点失圆、偏斜如图 2–1–19 所示。

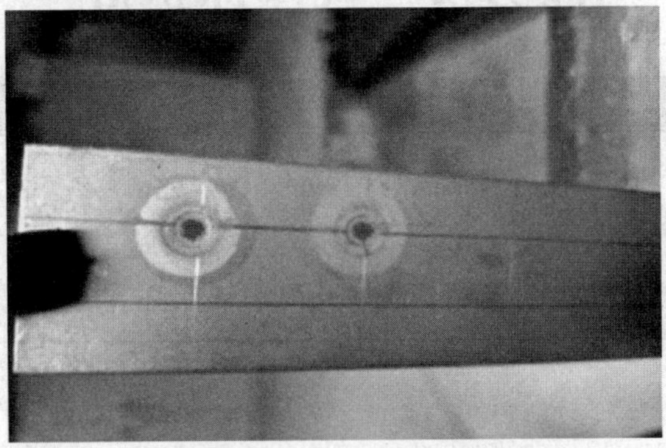

图 2-1-19 焊点失圆、偏斜

6. 5S 整理

对实训场地等进行 5S 整理。

任务评价

表 2-1-2 技能考核评分表

序号	项目	操作内容	规定分	评分标准	得分
1	劳保用品	劳保用品穿戴	10 分	工作帽、工作服、护目镜、防护面罩、耳塞、手套（线手套、皮手套）、劳保鞋，每少一项扣 2 分，扣完为止	
2	焊接前准备	去除旧漆膜（如有），防锈处理，钢板定位	20 分	未去除旧漆膜扣 5 分，未进行防锈处理扣 10 分，钢板未定位扣 5 分	
3	调节焊接参数及试焊	调节焊接参数，进行破坏性试验	20 分	未调节焊接参数扣 10 分，未进行破坏性试验扣 10 分	
4	焊接	焊接	10 分	焊接角度不规范扣 10 分	
5	焊接质量	焊接质量检查	35 分	焊点不符合技术要求每个扣 3 分，焊点失圆、偏离中心线每个扣 1 分，扣完为止	
6	5S 整理	场地整理	5 分	未对场地进行 5S 整理扣 5 分	
总分			100 分		

任务 2　气体保护焊

任务目标

1. 能描述气体保护焊的设备组成与结构、工作原理、特点和焊接工艺。
2. 能完成气体保护焊设备的日常维护工作。
3. 能利用气体保护焊机完成塞焊、连续点焊、连续焊。

任务导入

某车更换后翼子板时，需要使用气体保护焊将 C 柱与新的后翼子板连接处进行焊接，请使用气体保护焊进行焊接。

任务分析

二氧化碳气体保护电弧焊是利用二氧化碳（CO_2）作为保护气体的熔化极电弧焊，简称 CO_2 焊。由于 CO_2 是具有氧化性的活性气体，与惰性气体和以惰性气体为基础的混合气体保护电弧焊相比，其熔滴过渡、冶金反应等方面表现出许多特点。

知识储备

气体保护焊属于熔化焊。熔化焊是将被焊金属在焊接部位加热到熔化状态，并向焊接部位加入熔化状态的填充金属，冷凝后，两块被焊件形成整体的焊接方法。

一、气体保护焊的工作原理和特性

（一）气体保护焊的工作原理

气体保护焊的工作原理是以焊丝为电极（正极），使电极和母材之间产生电弧（放电），再利用电弧产生的热能将焊丝和母材熔化而结合成一体。作业时焊丝以一定的速度自动输送，所以气体保护焊又称为半自动电弧焊。另外，在作业中，气瓶会供应保护气体来隔绝焊接部位与空气接触，以防止氧化或氮化，如图 2–2–1 所示。

保护气体的种类由所需焊接的母材决定。大多数材料都可使用二氧化碳（CO_2）进行气体保护，或者使用 75% 的氩气（Ar）和 25% 的二氧化碳（CO_2）组成的混合气体，由于氩气比二氧化碳能产生更稳定的电弧，从而使焊缝更平整并减少了飞溅和烧穿现象，所以这种混合气体最适合焊接车身的高强度低碳钢薄板。而对于铝材，则根据铝合金的种类和材料的

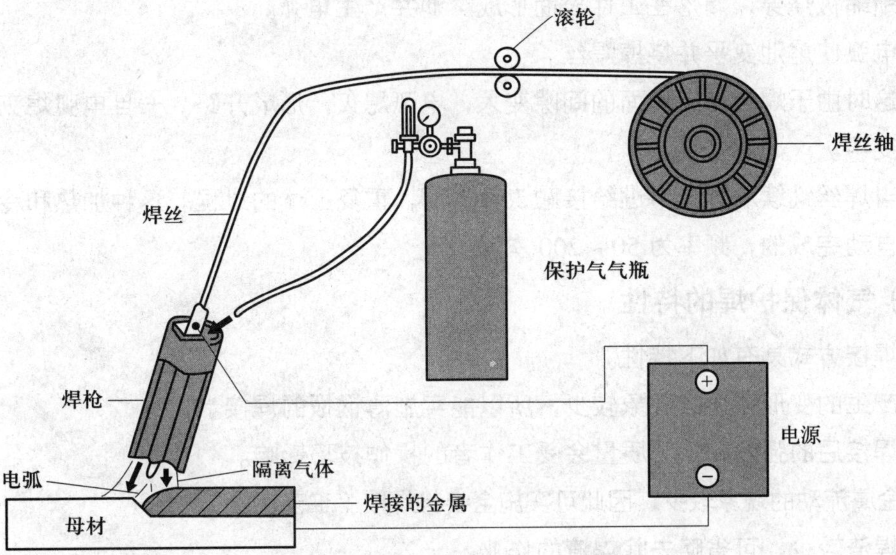

图 2-2-1　气体保护焊的工作原理

厚度，分别采用氩气或氩、氦混合气体进行保护。

准确地说，CO_2 气体不是惰性气体，而是一种半活性气体，CO_2 在焊接的高温作用下进行分解，产生强烈的氧化作用，可以使合金元素氧化烧损或造成气孔和飞溅。氩气或氩、氦混合气体才是完全的惰性气体。但是人们习惯上用惰性气体保护焊来称呼所有的气体保护电弧焊。

汽车车身钢板通常使用 75% 的氩气和 25% 的二氧化碳组成的混合气体进行焊接，采用短路电弧的方法，这是一种独特的将熔化的金属液体滴到母材上的焊接方法。其工作过程如图 2-2-2 所示。

（1）在焊接点，焊丝接触到工件表面的瞬间产生短路，引发电弧，电弧加热焊丝和焊接点。

（2）随着热量的增加，焊丝开始熔化变细，然后产生颈缩。

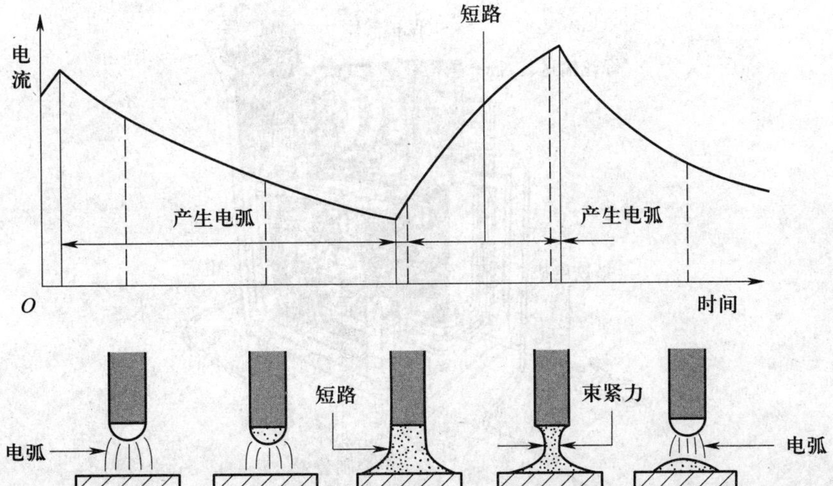

图 2-2-2　短路电弧方法的工作过程

（3）颈缩被烧穿，滴落在工件表面形成熔池并产生电弧。

（4）电弧使熔池变平并烧掉焊丝。

（5）这时由于焊丝与工作面的间隙变大，电弧熄灭，形成开路。一旦电弧熄灭，熔池就会冷却、变平。

（6）当焊丝继续从焊枪中进给接触工件表面，重复上述的过程。这种加热和冷却的循环过程都是自动完成的，频率为 50 ~ 200 次 /s。

（二）气体保护焊的特性

此种焊接方式具有如下特性。

（1）产生的变形和熔穿现象较少，所以能实施薄钢板的焊接。

（2）焊接后的强度和外观质量会受工作者的操作技巧影响。

（3）金属流动的现象较少，因此可实施全姿势焊接（工艺性好）。

（4）焊渣较少，可省略去除焊渣的作业。

（5）因为使用气体隔离，所以不适合在有风的区域或室外实施作业。

二、气体保护焊设备

在工作过程中使用气体保护焊机，维修人员只需操作焊枪开关，焊机会自动送丝、出气。气体保护焊机既可使用纯二氧化碳气体也可使用纯氩气或使用二者的混合气体，只需简单地更换气瓶和调压器即可。

焊接设备是由焊枪、焊丝输送装置、保护气体供给装置、控制装置和电源所构成的，根据这些装置组合方式的不同有多种形式的机型。在此将以图 2–2–3 所示的机型为例加以说明。

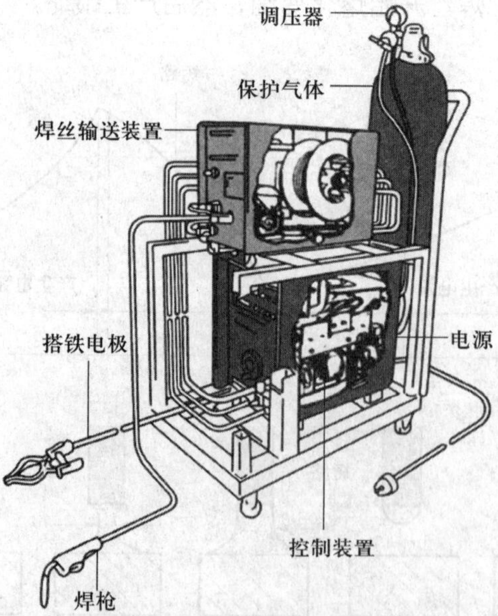

图 2–2–3　气体保护焊设备

（一）焊枪

焊枪又称焊炬，作用是将保护气体喷洒于焊接部位，同时输送焊接电流至焊丝而产生电弧。另外，在焊枪的手柄上附有一个开关，可使操作者控制焊接作业的开始与结束。

（二）焊丝输送装置

焊丝输送装置将焊丝输送到焊枪，而焊丝是根据所使用的焊接电流、电压以一定的速度输送的。

（三）保护气体供给装置

保护气体供给装置的作用是将气瓶中的保护气体送到焊枪，它是由调压器和电磁阀组成的。其中，调压器的作用是将气瓶中的高压气体减压并控制气体流速，电磁阀是控制气体流出的开关。

（四）控制装置

控制装置安装于电源内部。当控制装置接收到焊枪开关的信号后，控制焊丝输送装置的动作、焊接电流的开启与关闭、保护气体的供给与停止。其中，最重要的是控制焊丝开始输送至停止输送，并且依照电流和电压来调整焊丝的送丝速度，使电弧的长度控制在一定的范围内。

（五）电源

电源为提供产生电弧所需电能的装置。

（六）奔腾气体保护焊机的调节

图 2-2-4 所示为奔腾气体保护焊机的控制面板。

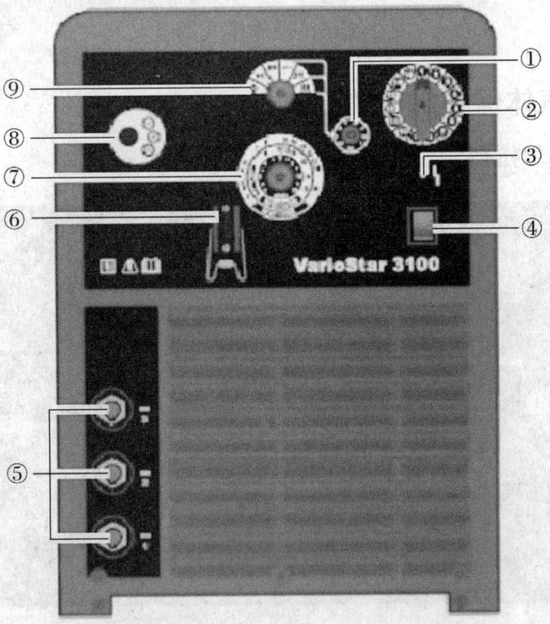

图 2-2-4　奔腾气体保护焊机的控制面板

奔腾气体保护焊机控制面板上按钮的含义如下。

①焊接间隔时间或点焊时间调节：根据选择的模式有不同的功能，选择 2 步间隔模式、4 步间隔模式时调节焊接间隔时间（推荐工作范围：0.1 ~ 1.5 s）；选择点焊模式时调节点焊时间或 MIG（熔化极惰性气体保护焊）/MAG（熔化极活性气体保护焊）燃弧时间（设置范围：0.1 ~ 5.0 s）。

②挡位转换开关：分为开路和焊接电压范围或焊接功率范围，共有 1 ~ 6 挡，通常选择 2 ~ 3 挡，但应根据具体情况选择。

③异常指示灯：亮则焊机主机过热；闪烁则有异常。

④电源开关：电源开 / 关。亮为工作状态。

⑤ 1/2/3 挡焊接电流插座、接地线缆插座：通过连接不同的插座，控制输出电流的大小，从而产生最适宜的焊接电流。连接选择可参照左面板里面的表格参数。

⑥控制线插座：连接焊枪控制线插头。

⑦送丝速度调节器：可调节送丝速度，单位为 m/min（CSA 为 ipm）。刻度盘上标志每个挡位开关，作为调节时使用。为了匹配不同直径的焊丝，对照左面板里面的相关设置表，一起调整送丝速度。

⑧焊枪连接器：连接焊枪。

⑨操作模式选择器：可选择操作模式。操作模式的含义如图 2-2-5 所示。

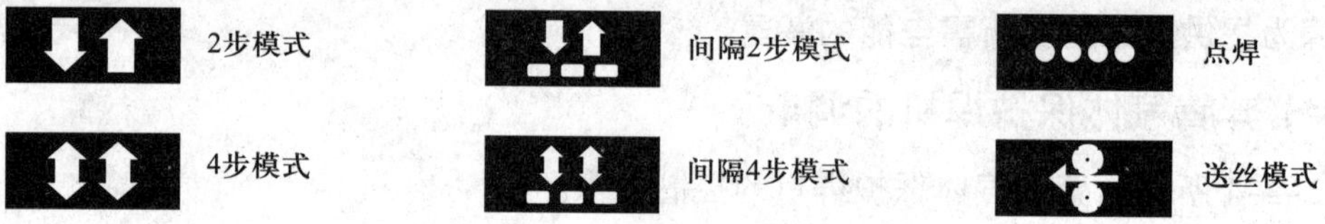

图 2-2-5　操作模式的含义

（七）卡尔拉得气体保护焊机的调节

图 2-2-6 所示为卡尔拉得气体保护焊机的控制面板。

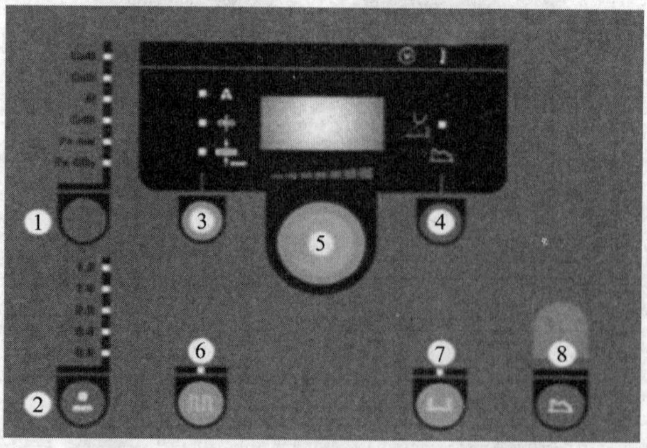

图 2-2-6　卡尔拉得气体保护焊机的控制面板

卡尔拉得气体保护焊机控制面板上按钮的含义如下。

①焊件材料的选择：按此按键直到需要选择的金属材料的 LED 灯点亮。

②选择焊丝直径：按此按键直到需要选择的焊丝直径的 LED 灯点亮；复位功能，长按此按键 5 s LED 灯闪烁则选定的程序恢复到出厂设置。

③主参数：设置某个需要的主参数，包括焊接电流、送丝速度和工件厚度，将这些参数设定在机器上。

④弧长：弧长可以按照要求进行调节，按下符号下面的按键并旋转控制旋钮选取需要的弧长，调节范围为 −9.9 ~ +9.9。

⑤控制旋钮：用以调节焊接电流、送丝速度、工件厚度和弧长。如果激活二次参数，可以用此旋钮对二次参数值进行修改。

⑥脉冲焊接：MIG 脉冲焊接开启 / 关闭。

⑦选择触发模式：在双冲程（LED 指示灯关闭）和四冲程（LED 指示灯开启）之间切换。双冲程是在焊枪扳机被激活后焊接工艺开启，而在焊枪扳机被释放后焊接工艺结束。四冲程是在焊枪扳机被激活并释放后焊接工艺开启（直至焊枪扳机释放之时热启动程序开启），并且在焊枪扳机再次被激活后焊接工艺结束。

⑧二次参数：长按此按键直到参数显示在显示屏上。按③结束参数设置。

三、气体保护焊的工艺参数

影响焊接的参数有焊接电流、电弧电压、保护气体的流量、电极与母材间的距离、焊枪角度、焊接方向和焊接速度等。其中焊接电流、电弧电压和保护气体流量三个参数必须按操作手册来调整。

（一）焊接电流

焊接电流对于母材的熔池深度（在焊接作业时母材熔入的深度）及焊丝的熔化速度有很大影响。另外，焊接电流对于电弧的稳定性和焊接时金属粒子产生的熔渣量亦有相对影响。焊接电流越大，熔池深度和熔池的宽度也越大，如图 2–2–7 所示。

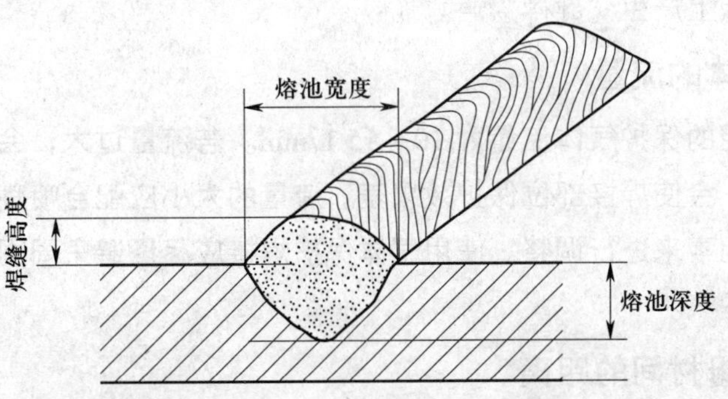

图 2–2–7　熔池深度、焊缝高度、熔池宽度

焊丝直径、板厚和焊接电流的关系见表 2–2–1。

表 2–2–1　　焊丝直径、板厚和焊接电流的关系

焊丝直径 /mm \ 板厚 /mm	0.6	0.8	1.0	1.2	1.6	2.3	3.2
0.6	20 ~ 30 A	30 ~ 40 A	40 ~ 50 A	50 ~ 60 A			
0.8			40 ~ 50 A	50 ~ 60 A	60 ~ 90 A	100 ~ 120 A	
0.9					60 ~ 90 A	100 ~ 120 A	120 ~ 150 A

（二）电弧电压

高质量的焊接有赖于适当的电弧长度，而电弧长度是由电弧电压决定的，电压大则电弧长。在稳定焊接过程中，其他条件不变的情况下，随着电弧电压的增加，熔深和剩余金属高度减小，而焊缝宽度增大，如图 2–2–8 所示。

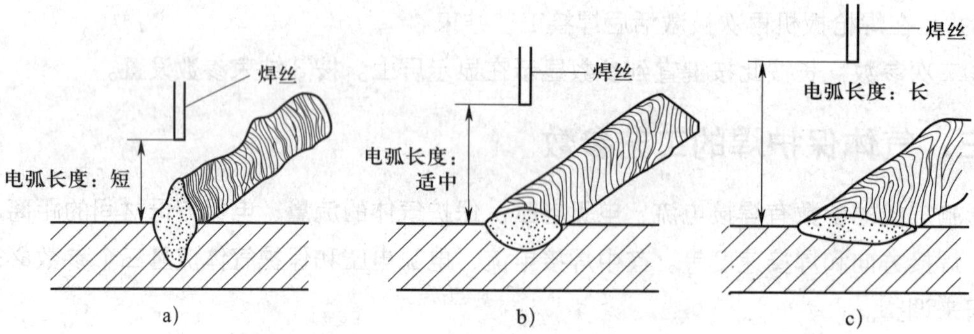

图 2–2–8　电弧电压对焊缝形状的影响

a）电弧电压：低　b）电弧电压：适中　c）电弧电压：高

当电弧电压适当时，会听到很流畅的“吱吱”声。若电弧电压太高，则电弧长度会变长，除了焊渣量增多外，“吧嗒”噪声亦会增多。若电弧电压过低，则焊丝将不会产生电弧，而使焊丝黏着在钢板上产生“砰砰”声。

（三）保护气体的流量

车身维修中常用的保护气体流量为 10 ~ 15 L/min。若流量过大，会产生涡流而降低隔离效果；若流量过小，会使焊接部位保护效果差。流量的大小应配合喷嘴至母材的距离、焊接电流、焊接速度等因素来进行调整。使用气体保护焊接应尽量避免周围有强风的环境，风会吹散钢板表面的保护气。

（四）电极与母材间的距离

电极与母材间的距离是另一个影响焊接效果的重要参数。一般标准的距离为 8 ~ 15 mm，若距离太大，则焊丝的熔化速度会变快，这是因为焊丝的凸出长度过长，而过长的部分产生预热，电流流通量将减少，减小熔池深度。同时，距离过大也会降低保护气体的隔离效果。如果距离太小，操作者将很难看到焊接区域，影响焊接质量，如图 2–2–9 所示。

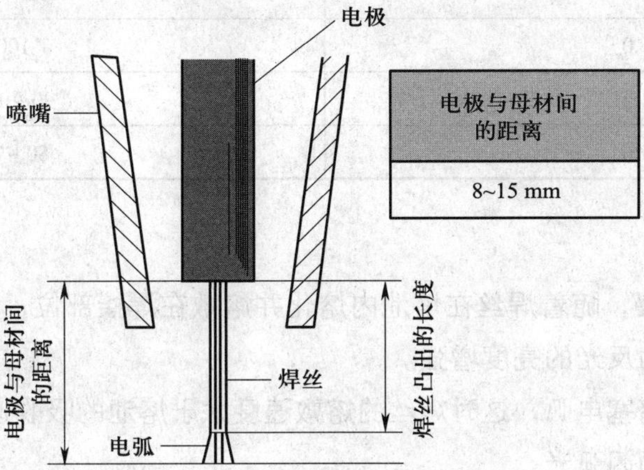

图 2–2–9 电极与母材间的距离

（五）焊枪角度和焊接方向

如图 2–2–10 所示，焊接有两种方向：前进法的熔池深度较浅且焊缝较高，后退法则有较深的熔池深度且焊缝较平。一般焊枪的角度为与母材垂直面成 10° ~ 30° 角。

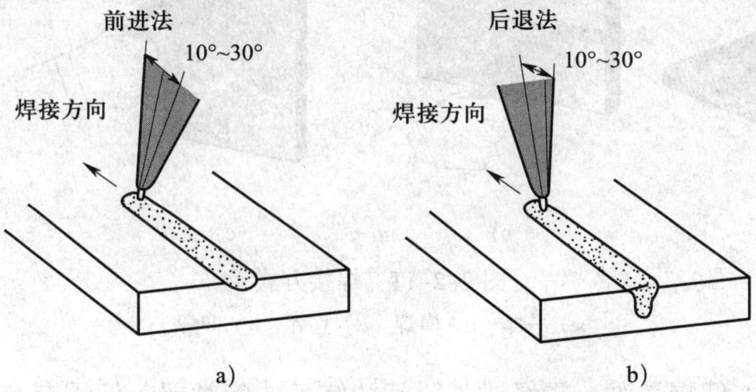

图 2–2–10 焊枪角度和焊接方向

a）前进法焊接 b）后退法焊接

（六）焊接速度

在实施焊接作业时，必须依照母材的厚度调整正确的焊接电流和焊接速度，才能得到良好的熔池深度和熔池宽度。

若焊接电流不变，增快焊接速度会减小熔池深度和熔池宽度而使焊缝凸出从而达不到焊接强度要求。

若焊接速度太慢，会使母材过热而产生熔穿现象。一般来说板厚 0.8 mm 的薄钢板，其焊接速度应为 105 ~ 115 cm/min。通常焊接的钢板越厚，焊接速度越慢。不同的板厚推荐的焊接速度见表 2–2–2。

表 2-2-2　焊接速度

板厚 /mm	焊接速度 /cm · min^{-1}
0.8	105 ~ 115
1.0	100
1.2	90 ~ 100
1.6	80 ~ 85

（七）送丝速度

如果送丝速度太慢，随着焊丝在熔池内熔化并熔敷在焊接部位，将可听到“嘶嘶”声。此时产生的视觉信号为反光的亮度增强。

送丝速度太快将堵塞电弧，这时焊丝的熔敷速度大于熔池的吸收速度，会产生飞溅。这时产生的视觉信号为频闪弧光。

（八）焊接方式

气体保护焊可以四种方式进行焊接：平焊、横焊、立焊和仰焊，如图 2-2-11 所示。

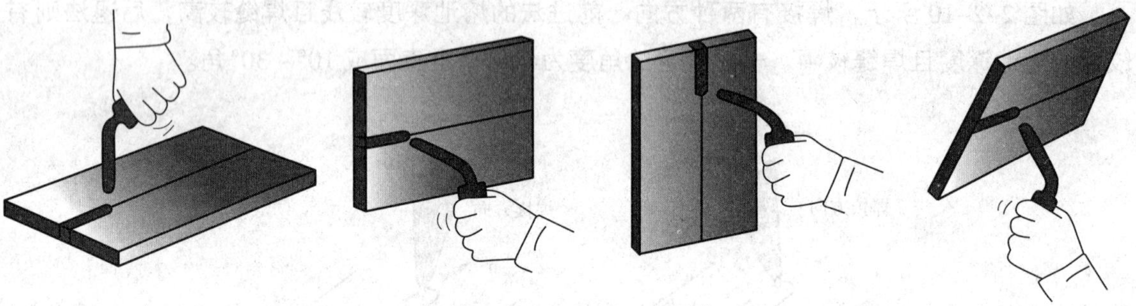

a)　b)　c)　d)

图 2-2-11　焊接方式

a）平焊　b）横焊　c）立焊　d）仰焊

平焊简单快捷，仰焊最难，需经过长时间的练习才能掌握。仰焊存在造成熔池过大的危险，而且一些金属熔滴会落入喷嘴而引起故障。因此在进行仰焊时，一定要使用较低的电压、较短的电弧和较小的熔池。操作时将喷嘴推向工件，以保证焊丝不会向熔池外移动，最好能沿着焊缝均匀地拉动焊枪。

四、气体保护焊 - 塞焊

（一）塞焊的作用

塞焊是指两板件相叠，其中一块开孔，然后在孔中焊接，填满两板所形成的孔形的焊接方法，如图 2-2-12 所示。

在车身修复过程中，塞焊用来代替汽车制造时所用的电阻点焊。塞焊应用广泛，焊接后的接头具有足够的强度来承受各结构件的载荷。塞焊还可用于装饰件的外部板件和其他金属薄板。

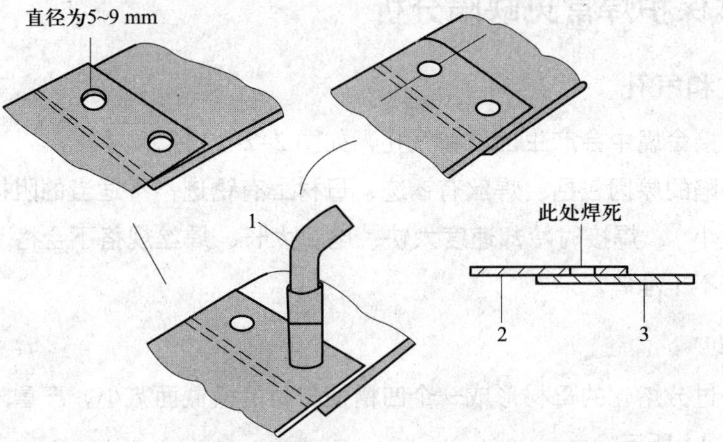

图 2-2-12 塞焊过程

1—焊枪 2—上层金属板 3—下层金属板

（二）塞焊的焊珠形成

塞焊是通过一个孔进行焊接的，塞焊前需要先在外侧焊板上钻出或冲出孔来。焊接时应将两焊板夹紧，焊枪应垂直于焊板正面，将焊丝伸入孔内，短暂地按下扳机开关激发电弧，然后松开扳机，使熔滴冷却凝固，也可以设定开关时间，以保证每个塞焊点熔池形成的焊珠均匀。

（三）塞焊注意事项

（1）一定要让焊接深入下面的金属板，在金属板下面的半球形隆起表明有适当的焊接熔深。

（2）间断的塞焊会在金属表面产生一层氧化物薄膜，从而形成气泡。如果发生这种情况，可用钢丝刷来清理氧化物薄膜。在进行一个孔的焊点塞焊时要求一次完成，避免二次焊接。

（3）塞焊过的部位应该自然冷却，然后才可以焊接相邻部位。不能用水或压缩空气对焊点周围进行强制冷却，应让其缓慢、自然冷却，以减少金属板的变形，并使金属板保持原有的强度。

（4）当使用塞焊将两个以上的金属板焊接在一起时，应在每一层金属板上冲一个孔（最下面的金属板除外）。每一层金属板的塞焊孔直径应小于最上层金属板塞焊孔的直径。采用塞焊法焊接不同厚度的金属板时，应将较薄的金属板放在上面，这样可以保证较厚的金属板能首先熔化。板厚与孔径的关系见表 2-2-3。

表 2-2-3 板厚与孔径的关系

板厚 /mm	孔径 /mm
1.0	不小于 5
1.0 ~ 1.6	不小于 6.5
1.7 ~ 2.3	不小于 8
2.4 以上	不小于 10

五、气体保护焊常见缺陷分析

（一）凹坑和气孔

气体进入焊接金属中会产生凹坑和气孔，如图 2-2-13 所示。

产生这种缺陷的原因包括：焊丝有锈迹、母材上有锈迹；不适当的阻挡（喷嘴堵塞、弯曲或气体流量过小）、焊接时冷却速度太快、电弧太长、焊丝规格不合格、气体被不适当地封闭、焊缝表面不干净等。

（二）咬边

咬边是由于过分熔化的母材形成一个凹槽使母材的横截面减小，严重降低了焊接部位的强度，如图 2-2-14 所示。

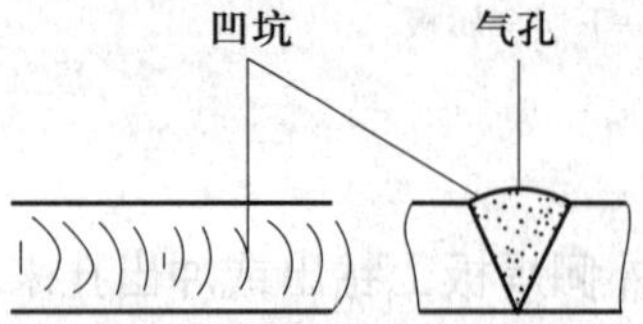

图 2-2-13　凹坑和气孔缺陷

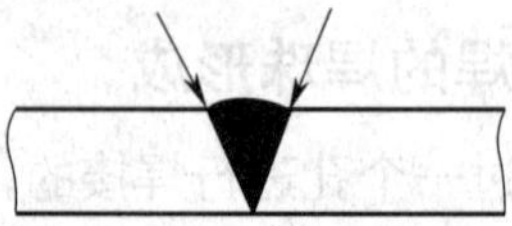
图 2-2-14　咬边缺陷

产生这种缺陷的原因包括：电弧太长、焊枪角度不正确、焊接速度太快、焊接电流太大、焊枪送进太快、焊枪角度不稳定等。

（三）熔化不透

熔化不透现象发生在母材与焊丝金属之间，或发生在两种熔敷金属之间，如图 2-2-15 所示。

产生这种缺陷的原因包括：焊枪进给不当、电压较低、焊接部位不干净等。

（四）焊瘤

角焊比对接焊更容易产生焊瘤，焊瘤会引起应力集中而导致过早腐蚀，如图 2-2-16 所示。

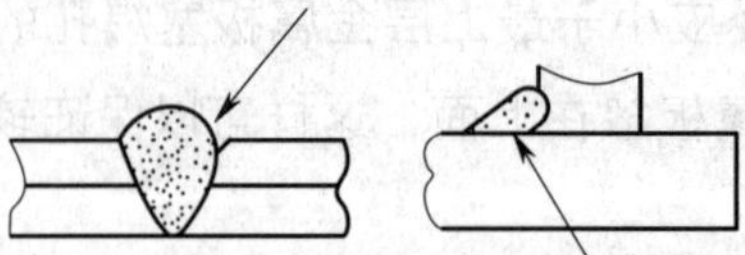
图 2-2-15　熔化不透缺陷

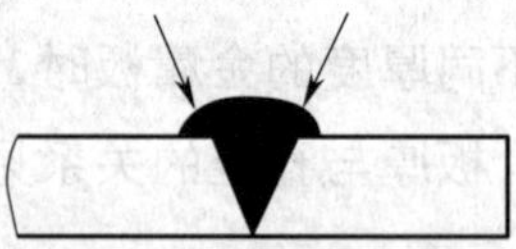
图 2-2-16　焊瘤缺陷

产生这种缺陷的原因包括：焊接速度太快、电弧太短、焊枪送进太慢、焊接电流太小等。

（五）焊接熔深不够

焊接熔深不够是由于金属熔敷不足而产生的，如图 2-2-17 所示。

产生这种缺陷的原因包括：焊接电流太小、电弧太长、焊丝端部没有对准两层金属板的对接位置；槽口太小等。

（六）飞溅物过多

过多的溅出物会在焊缝的两边形成许多斑点和凸起，如图 2–2–18 所示。

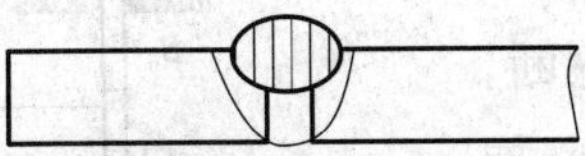

图 2–2–17　焊接熔深不够缺陷

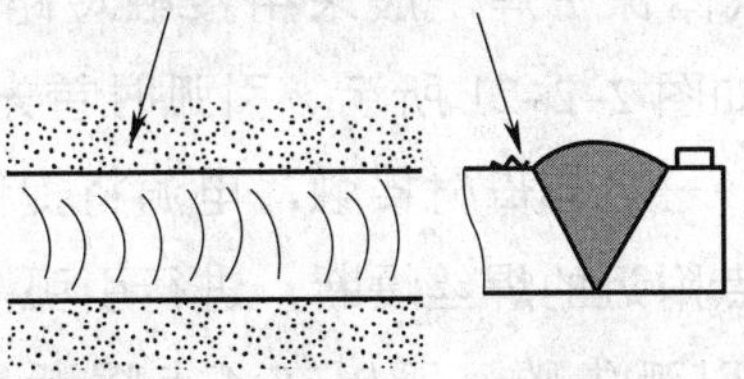

图 2–2–18　飞溅物过多缺陷

产生这种缺陷的原因包括：电弧太长、母材金属生锈、焊枪角度太大等。

（七）焊缝不均匀

焊缝不均匀现象是指焊缝不是均匀的线型，而是不规则的形状，如图 2–2–19 所示。

产生这种缺陷的原因包括：导电嘴的孔被损坏或变形，焊丝通过嘴口时发生振动；焊枪不稳等。

（八）烧穿

烧穿是指在焊接过程中，熔化金属自坡口背面流出形成穿孔，如图 2–2–20 所示。

产生这种缺陷的原因包括：焊接电流太大、两块金属板之间的坡口槽太宽、焊枪至母材间的距离太短等。

图 2–2–19　焊缝不均匀缺陷

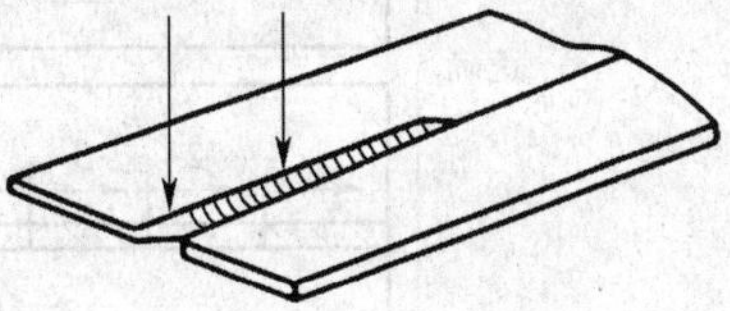

图 2–2–20　烧穿缺陷

技能训练

实训 1　连 续 点 焊

◆ 实训准备

1. 安全操作规范

（1）操作前应穿戴防护用品。

（2）进行焊接质量检验时，应注意安全，避免划伤。

2. 实训工具准备

（1）设备：气体保护焊机、大力钳、扁嘴钳、钢丝钳、钳工台、旋具等。

（2）耗材：80%Ar+20%CO_2 保护气体、钢板。

（3）劳保用品：工作服、手套、焊接面罩、耳塞、防尘口罩、焊接围裙、劳保鞋等。

◆ 实训步骤

1. 引弧及试焊

CO_2 气体保护焊一般采用接触短路法引弧，短路引弧法的原理如图 2-2-21 所示。引弧时首先送进焊丝，并逐渐接近母材。一旦与母材接触，电源将提供较大的短路电流，利用在 *A* 点附近的焊丝爆断，进行引弧。如果在 *B* 点爆断，则会导致引弧失败。所以在 *A* 点爆断是引弧成功的必要条件。

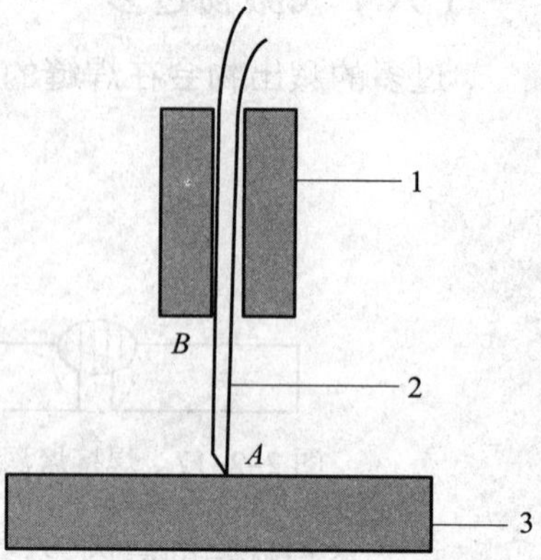

图 2-2-21　短路引弧法

1—导电嘴　2—焊丝　3—工件

2. 板件定位

使用大力钳定位焊接板件。将板件接缝对准，对焊接板件实施定点焊接。实施定点焊接应先使两片钢板定位，以减少焊接产生的热变形。焊点间距应为板厚的 15 ~ 30 倍。

3. 焊接

定点焊接的焊点将整个焊缝分成若干段，为防止焊接中产生热变形，应按分散热量的原则以合理的顺序焊接每段焊缝，如图 2-2-22 所示。

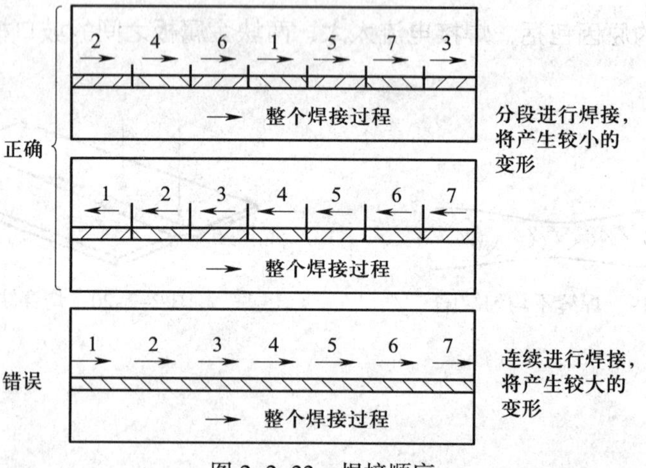

图 2-2-22　焊接顺序

采用直线移动运丝法焊接，可防止焊枪晃动。在焊接每段焊缝时，对准定点焊接的焊点末端，间断地按焊枪开关，以焊珠连接定点焊接的点，如图 2-2-23 所示。

焊接薄钢板时，必须采用连续点焊进行操作，如图 2-2-24 所示。

4. 熄弧

当焊接要结束时，不要立即熄弧，否则会在熄弧处留下弧坑，并且易产生裂纹、气孔等缺陷。熄弧时应在弧坑处稍作停留，待弧坑填满后再缓慢抬起焊枪，以使熔池金属在凝固前仍受到良好保护。

CO_2 气体保护焊的施焊过程（包括定位、焊缝的起焊、运丝方法、焊缝的连接以及焊缝的收尾等）参照项目二中电弧焊的规则要求进行。

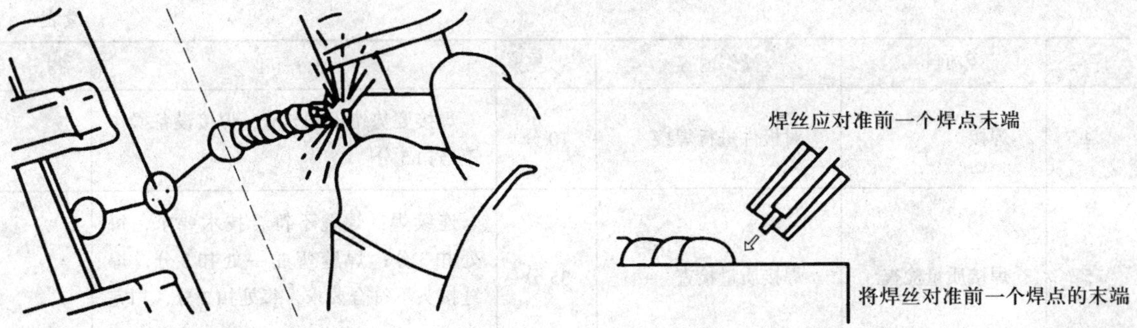

图 2–2–23　焊点的连接

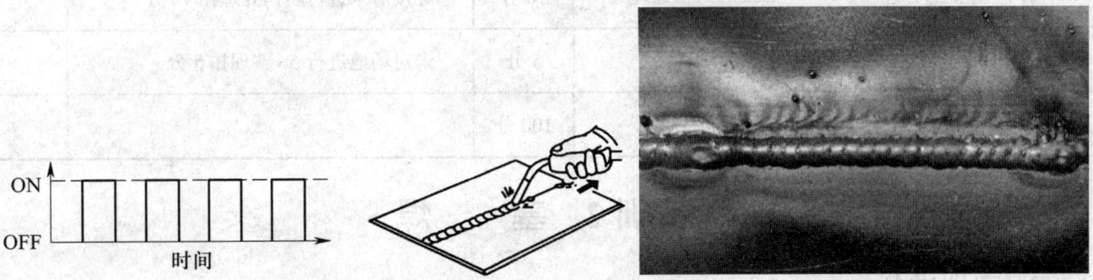

图 2–2–24　焊接薄钢板

5. 消除焊接应力

焊缝完成后，焊缝冷却的同时，对焊缝及周边区域进行锤击可减小焊接残余应力。锤击用的锤子质量一般为 0.5 kg 左右，锤的尖端带有 5 mm 左右的圆角，锤击力应保持均匀、适度，避免锤击过度产生裂纹。

6. 5S 整理

对实训场地、实训车辆等进行 5S 整理。

任务评价

表 2–2–4　　技能考核评分表

序号	项目	操作内容	规定分	评分标准	得分
1	劳保用品	劳保用品穿戴	10 分	工作服、手套、焊接面罩、耳塞、防尘口罩、焊接围裙、劳保鞋，每少一项扣 2 分，扣完为止	
2	板件定位	板件定位	10 分	未进行板件定位扣 10 分，连续点焊焊缝不符合要求扣 5 分，扣完为止	
3	焊接参数调整及试焊	调整焊接参数，进行试焊	20 分	未调整焊接参数扣 10 分，焊接参数调整每错一项扣 5 分，未进行试焊扣 5 分，扣完为止	

续表

序号	项目	操作内容	规定分	评分标准	得分
4	焊接	对板件进行焊接	10分	焊接姿势错误扣5分，焊接设备操作不当扣5分	
5	焊接质量检查	焊接质量检查	35分	连续焊：焊缝不符合技术要求，每处扣3分；焊缝弯曲一处扣2分；焊缝接头不符合要求，每处扣2分，扣完为止	
6	焊接后处理	焊接后防锈处理	10分	焊接后未进行防锈处理扣10分	
7	5S整理	场地整理	5分	未对场地进行5S整理扣5分	
总分			100分		

实训2 塞 焊

◆ 实训准备

1. 安全操作规范

（1）在进行一个孔的焊点塞焊时要求一次完成，避免二次焊接。

（2）塞焊过的部位应自然冷却。

（3）在操作中，应佩戴好相应的防护用品。

2. 实训工具准备

（1）设备：气体保护焊机、打孔器、钣金钳、扁嘴钳、钢丝钳、钳工台、旋具等。

（2）耗材：80%Ar+20%CO_2保护气体、直径5 mm孔塞焊钢板、直径8 mm孔塞焊钢板。

（3）劳保用品：工作服、手套、焊接面罩、耳塞、防尘口罩、焊接围裙、劳保鞋等。

◆ 实训步骤

1. 板件定位

（1）把更换的后翼子板装配到车身上，调整新板件与周围板件的配合，将新板件与车身原有板件这两块钢板叠加在一起并定好位置。

（2）从孔中观察两块钢板之间是否有间隙。如果钢板间有间隙，则使用锤子和顶铁修正钢板的变形或使用大力钳夹紧孔口周围，以防止产生任何间隙。

2. 试焊

试焊的过程中，可以采用破坏性试验来检验焊接质量。其试验检测标准：塞焊被扭曲破坏后，下层工件上必须有直径不小于10 mm的孔。

3. 塞焊

（1）将焊枪竖立起来，焊枪与板件的角度基本成90°，如图2-2-25所示。

（2）调整好焊接姿势，以确保能够斜向观察焊枪的末端，如图 2–2–26 所示，右手稳固地支承焊枪，眼能够斜向观察焊枪的末端。

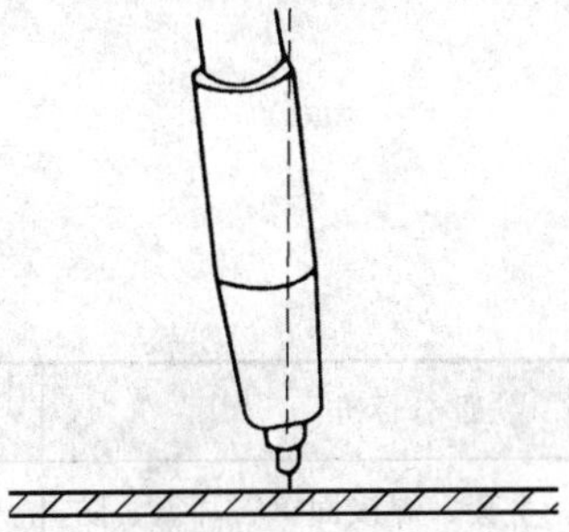

图 2–2–25 焊枪竖立

图 2–2–26 焊接姿势

（3）填满每个塞焊孔。平焊时，将焊丝对准孔的边缘，操作焊枪开关，沿孔口周围缓慢移动焊枪，填满孔口，松开焊枪开关，如图 2–2–27 所示。立焊时，起点在 1 点钟位置，如图 2–2–28 所示。

（4）焊接结束后，关闭电源和气源。

4. 焊接质量检查

对于直径 5 mm 孔的塞焊质量检查可参考以下标准：焊珠形状规则，无补枪操作；焊珠直径 6 ~ 8 mm、高度 1 ~ 2 mm、熔深 1 ~ 3 mm；无熔穿、无过多焊渣、无气孔。

对于直径 8 mm 孔的塞焊质量检查可参考以下标准：焊珠形状规则，无补枪操作；焊珠直径 10 ~ 12 mm、高度 1 ~ 2 mm、熔深 1 ~ 3 mm；无熔穿、无过多焊渣、无气孔。

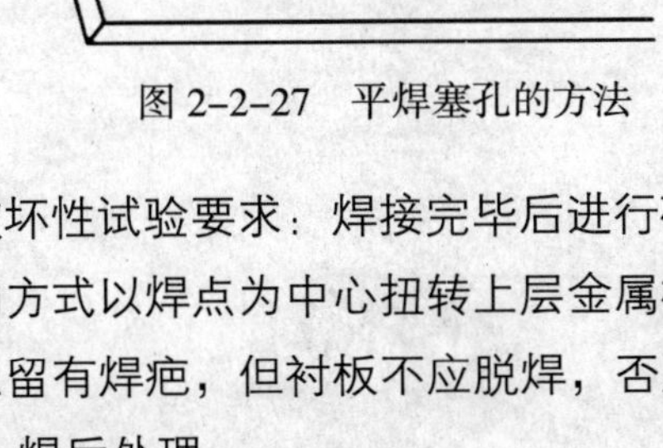

图 2–2–27 平焊塞孔的方法

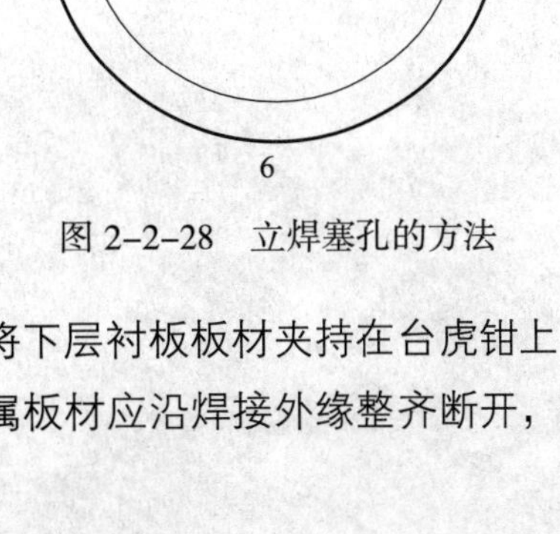

图 2–2–28 立焊塞孔的方法

破坏性试验要求：焊接完毕后进行破坏性试验，将下层衬板板材夹持在台虎钳上，采用扭转的方式以焊点为中心扭转上层金属板材。上层金属板材应沿焊接外缘整齐断开，在衬板板材上留有焊疤，但衬板不应脱焊，否则焊接不合格。

5. 焊后处理

打磨焊珠：利用带式砂轮机对焊珠进行打磨。焊珠打磨到与周围平齐为止，并根据需要做防锈处理。

6. 5S 整理

对实训场地、实训车辆等进行 5S 整理。

任务评价

表 2–2–5　　　　技能考核评分表

序号	项目	操作内容	规定分	评分标准	得分
1	劳保用品	劳保用品穿戴	10 分	工作服、手套、焊接面罩、耳塞、防尘口罩、焊接围裙、劳保鞋，每少一项扣 2 分，扣完为止	
2	板件定位	板件定位	10 分	未进行板件定位扣 10 分，塞焊点周围未夹紧扣 5 分，扣完为止	
3	焊接参数调整及试焊	调整焊接参数，进行试焊	20 分	未调整焊接参数扣 10 分，焊接参数调整每错一项扣 5 分，未进行试焊扣 5 分，扣完为止	
4	焊接	焊接	10 分	焊接姿势错误扣 10 分	
5	焊接质量检查	焊接质量检查	35 分	塞焊孔未焊接或不符合技术要求，每处扣 3 分；焊点有气孔、失圆、高度偏高，出现一次扣 1 分，扣完为止	
6	焊接后处理	焊接后防锈处理	10 分	焊接后未进行防锈处理扣 10 分	
7	5S 整理	场地整理	5 分	未对场地进行 5S 整理扣 5 分	
总分			100 分		

项目三　车身板件修复与更换

项目概述

车身板件修复是车身维修中最常见的工作内容之一。根据损伤位置及类型不同，可以使用手工修复和机器修复。对于损伤面积较大的车身板件，需要使用更换的方法进行维修。更换维修包括整体式更换及切割更换。

本项目将介绍面板手工修复、面板机器修复、车门面板更换以及车身后翼子板更换的相关知识。

任务1　面板手工修复

任务目标

1. 能描述车身板件损伤的类型。
2. 能选取合适的车身板件维修方法。
3. 能描述钢板损伤的修理步骤。
4. 能独立选用合适的工具对板件进行手工修复。

任务导入

在日常生活中，驾驶员由于粗心大意造成车门剐蹭，损伤较轻，现需要对车门剐蹭损伤部分进行维修。

任务分析

碰撞变形、剐蹭等是钣金技师日常修复较多的损伤。修复的基本工艺就是使用修复工具对板件进行整形。在修复时，可以使用的工具有锤子、顶铁等。对板件进行维修，需要了解板件损伤的类型，以及修复的基本方法。

知识储备

车身在发生碰撞后的损伤状况非常复杂，没有完全相同的损伤，但构件的损伤有一定的规律，即同种加强形式的构件其损伤类型通常是一样的。掌握构件的损伤类型和其正确的修理方法，对整个车身的整形修复工作具有指导意义。将整个车身的损伤分解为若干个小的损伤区域再分别修复，可以将整形工作化整为零，化繁为简，提高工作效率，并有利于减少维修造成的二次损伤，保证车身的总体强度。

一、板件损伤类型

作为车身维修工作人员，必须分辨车身损伤的类型，采取适当的维修工艺和方法。车身碰撞后的损伤可以分为直接损伤和间接损伤两种类型，对于这两种类型的损伤要采用不同的修理方式区别对待。对于板件和构件的具体损伤状况，根据其结构形式和加强形式，又有单纯铰折、凹陷铰折、单纯卷曲和凹陷卷曲四种类型，这四种类型要分别采取不同的修复方法。

（一）直接损伤和间接损伤

1. 直接损伤

直接损伤是指碰撞物与金属板损伤部位直接接触而造成的损伤，即碰撞点部位的损伤，如图 3–1–1 所示。

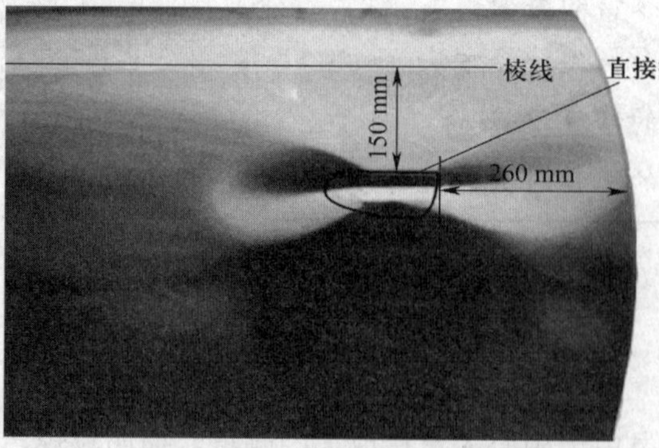

图 3–1–1 板件的直接损伤

2. 间接损伤

间接损伤是由直接损伤引起的，在直接损伤周围区域的折损和挤压变形，如图 3–1–2 所示。在所有的损伤类型中，间接损伤占所有损伤的 80% ~ 90%，所有非直接的损伤都可看成间接损伤，碰撞一般都会同时造成这两种损伤。各种构件所受到的间接损伤没有太大区别，总是产生同样的弯曲、同样的压缩，对间接损伤的修理方法也是相同的，只是由于受损伤部位的尺寸、硬度和位置不同，所用的修理工具有所不同。

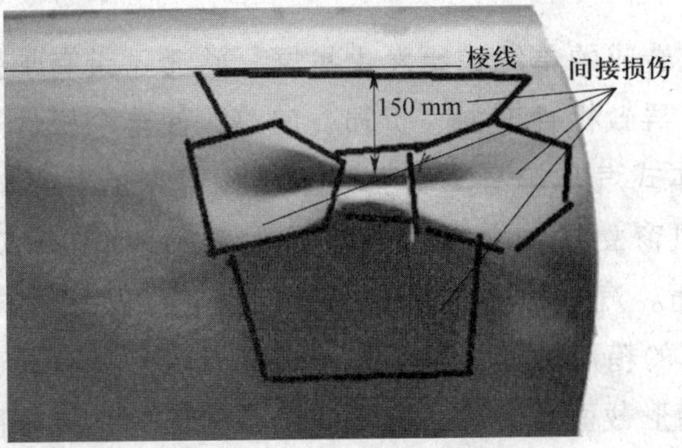

图 3–1–2　板件的间接损伤

（二）折损的类型

折损是金属的弯曲程度超过了其弹性极限的结果，超过弹性极限以后，弯曲的金属将不能恢复其原来的形状。这时如果要将金属弯回到原来的形状，将会产生加工硬化。间接损伤中的折损主要分为单纯铰折、凹陷铰折、单纯卷曲和凹陷卷曲四类。

1. 单纯铰折

单纯铰折的概念很容易理解，它的弯曲过程像一个铰链一样，沿着其整个长度均匀地弯曲，如图 3–1–3 所示。从图中可以看出，产生这种变形时，金属上部的表面受到拉力而产生拉伸变形，下部的表面被推到一起而产生压缩变形。由于上部受到拉伸而下部受到挤压，很显然，在金属的中间有一个未发生变形的区域。采用正确的修理方法可以校正金属的变形，铰折处可以完全恢复。如果修理方法不正确，将会对邻近的区域和折损处造成新的损坏。单纯铰折总是形成一条“直线”形的折损。

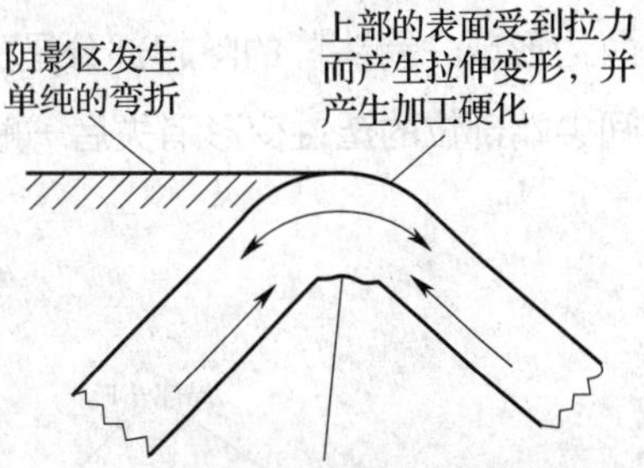

图 3–1–3　钢板单纯铰折

修理单纯铰折的正确方法是沿造成铰折的碰撞力的相反方向施加拉力将铰折大致展平，在保持拉力的情况下再在铰折部位加工硬化区域沿铰折线用锤子和顶铁做轻敲整形，如图 3–1–4 所示。

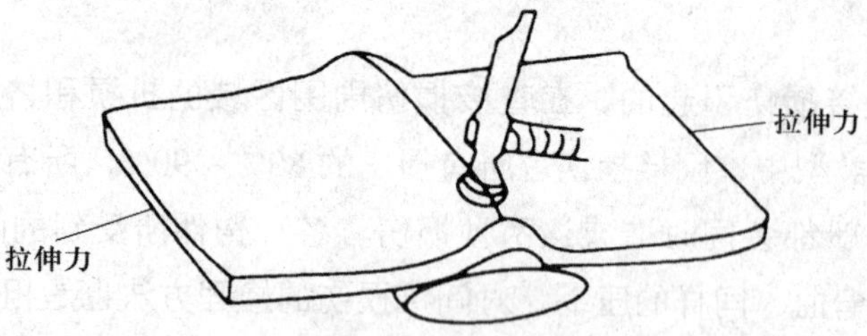

图 3-1-4　单纯铰折的修理

2. 凹陷铰折

当破坏力或冲击力造成的单纯铰折发生扩展，并通过带有加强翻边、边缝、褶皱和箱形截面的车身板件，导致板件弯曲、折损、凹陷，使整个板件长度尺寸变小时，就会形成凹陷铰折。在整体式汽车车身上，有许多结构复杂的箱形截面构件，其中包括箱形结构梁、门槛板、风窗立柱、中立柱、车顶梁等。任何被弯成一个角度的金属件都可看作是具有箱形截面。汽车板件中带有大量的隆起和凸缘，这些部位都产生了加工硬化，都被看成是局部的箱形截面，整个翼子板可看成是具有局部箱形截面的构件，如图 3-1-5 所示。局部箱形截面也会发生凹陷，两者凹陷的结果相同，两者折损的名称也相同，都是凹陷铰折。

3. 单纯卷曲和凹陷卷曲

当车身板件受到碰撞力产生的折损穿过隆起加强的板件表面时，所发生的折损与前面所述的两种类型又有不同。由于折损贯穿的是弧形的表面，所以产生的变形与凹陷铰折有类似的地方，都是顶面的金属被向下拉产生凹陷，但是因为隆起加强的表面是弧形的，随着折损的扩展，弧面对折损的抵抗就越强，于是在折损的两端尽头出现非常严重的挤压变形，形成两个像“箭头”样的损伤形状。“箭头”的尖端和两侧受到挤压而隆起并向下翻卷，“箭头”的下面受到拉伸而凹陷产生向上的翻卷，这种折损称为凹陷卷曲。“箭头”的尖端挤压最为严重，产生很强的加工硬化，两边形成“箭头”的隆起部分是受到压缩力和中间塑性变形的限制而形成的弹性卷曲变形，在中间尖端部位的塑性变形消失后一般可以恢复回弹，称为单纯卷曲，如图 3-1-6 所示。

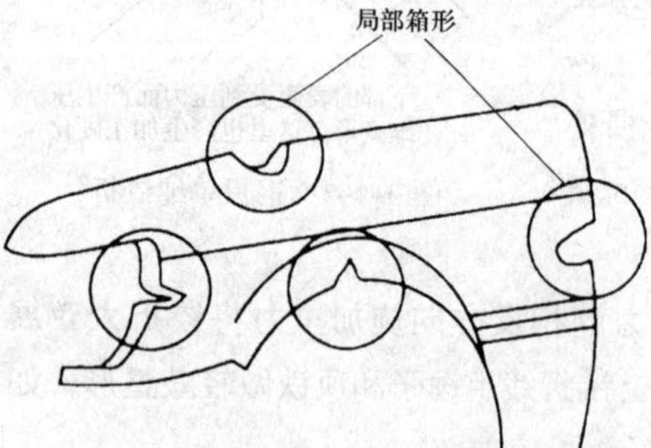

图 3-1-5　局部箱形截面

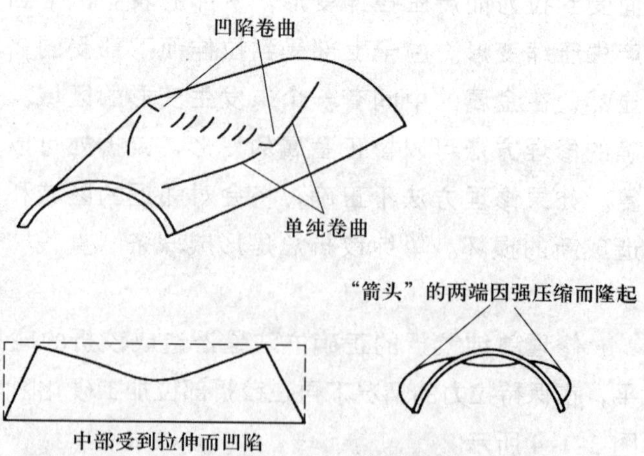

图 3-1-6　隆起表面产生凹陷卷曲和单纯卷曲

4. 金属板件损伤的“压缩”与“拉伸”

人们经常用“压缩”和“拉伸”来形容金属板件受损以后的状况，也可用“高点”和“低点”来描述。金属板件被推上去的部位称为“压缩区”，被拉下的部位称为“拉伸区”。如图 3-1-7 中，*A* 点处与 *B* 点处高于原轮廓，被称为“压缩区”或“高点”；*P* 处低于原轮廓，被称为“拉伸区”或“低点”。

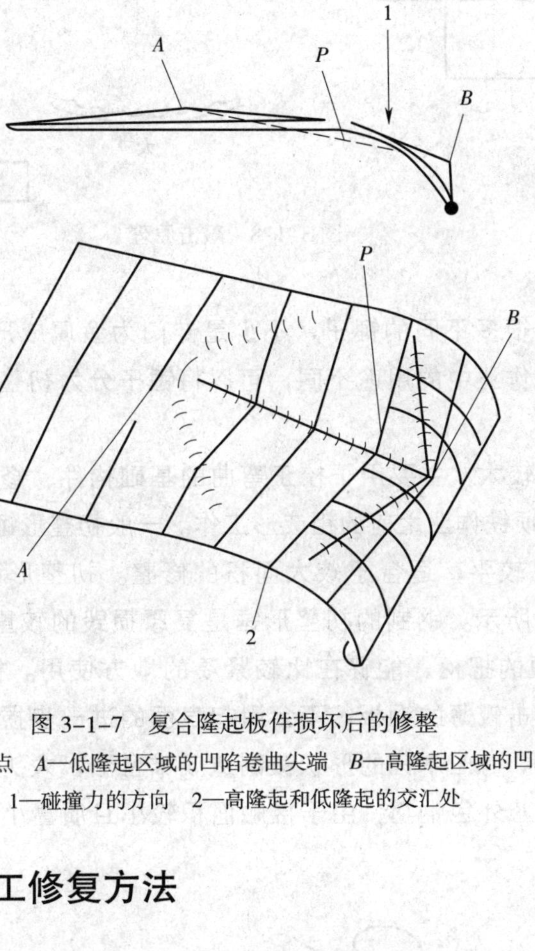

图 3-1-7　复合隆起板件损坏后的修整

P—作用力的作用点　*A*—低隆起区域的凹陷卷曲尖端　*B*—高隆起区域的凹陷卷曲尖端

1—碰撞力的方向　2—高隆起和低隆起的交汇处

二、车身钢板手工修复方法

（一）敲击原理

假如将一块平钢板置于底座上敲击，则钢板的两端将会如图 3-1-8 所示向两边翘曲。如果锤子表面的圆弧度大，此种翘曲的现象会越明显。观察敲击后的钢板可以发现，钢板被表面圆弧度大的锤子敲击后会产生较明显的凹陷和较深的凹痕，钢板表面会朝着凹痕的方向延伸和翘曲；反之，钢板被表面圆弧度较小的锤子敲击后产生的凹痕较小或没有凹陷。所以修理钢板时，通常使用表面圆弧度较小的锤子。

（二）工具的选择和使用

钣金修复使用的工具包括一些人们非常熟悉的普通金属加工工具和专门用于汽车车身修理的专用工具，其中最为常用的是锤子、顶铁以及专用于特殊场合的各种匙形铁等。

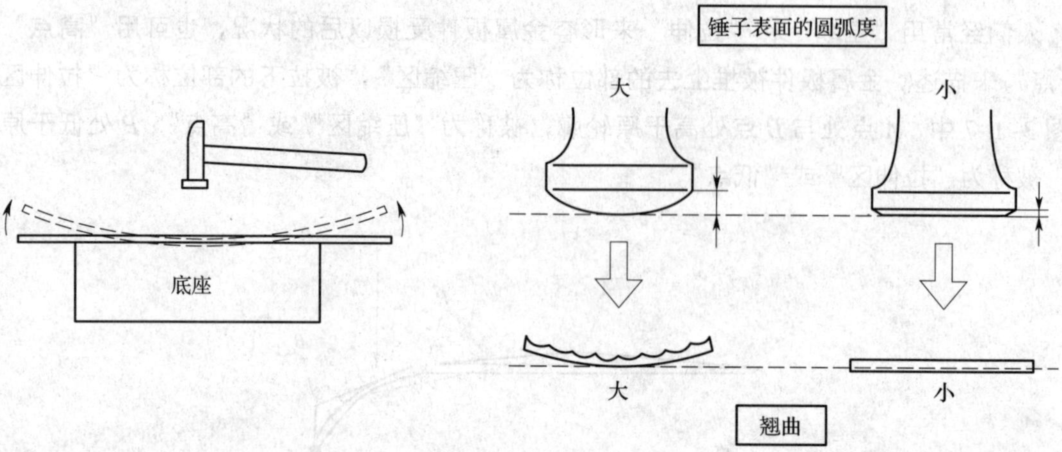

图 3-1-8 敲击原理

1. 锤子

钣金修理应用到很多不同的锤子，不少是专门为金属成形作业而制成特殊形状的。依据各种锤子在钣金作业中的用途不同，可以将锤子分为初整形锤、车身钣金锤和精修锤等。

初整形锤质量比较大，主要用于校正弯曲的基础构件、修平重规格部件以及在未开始使用车身钣金锤和顶铁作业之前的粗成形工作。一般初整形锤的质量多在 500 ~ 2 500 g 之间，锤面较大而且较平，适合于较大面积的修整。初整形锤的材质主要有钢、橡胶和木等，如图 3-1-9 所示。钢制的初整形锤是复原损毁的较重金属构件所必需的工具，质量较大且配以较短的把柄，能够在比较紧凑的地方使用。橡胶锤和木锤由于质地较软，多用于柔和地敲击较薄的钢板，不会引起表面的进一步损坏，适用于薄钢板上较大面积的损伤初步修复。有些木锤的形状被制造成锥台形，大头为纯木质，作用与橡胶锤相同，小头为木质锤芯外包钢箍，由于接触面积较小且质量小，也适用于金属薄板的精整形。

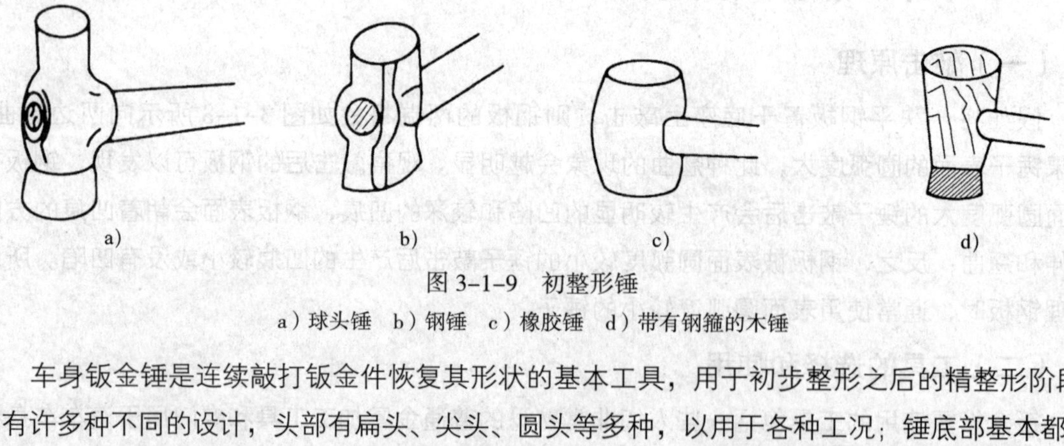

图 3-1-9 初整形锤

a）球头锤 b）钢锤 c）橡胶锤 d）带有钢箍的木锤

车身钣金锤是连续敲打钣金件恢复其形状的基本工具，用于初步整形之后的精整形阶段。它有许多种不同的设计，头部有扁头、尖头、圆头等多种，以用于各种工况；锤底部基本都是圆形且底部中央凸起而四周略低，这样有利于将力量集中于高点或隆起变形波峰的顶端。车身钣金锤的质量要比初整形锤小很多，多在 300 ~ 500 g 之间，这样的质量有利于进行精度较高的整形修复工作，同时对周围的二次损伤也较小。图 3-1-10 所示为常用的几种车身钣金锤。

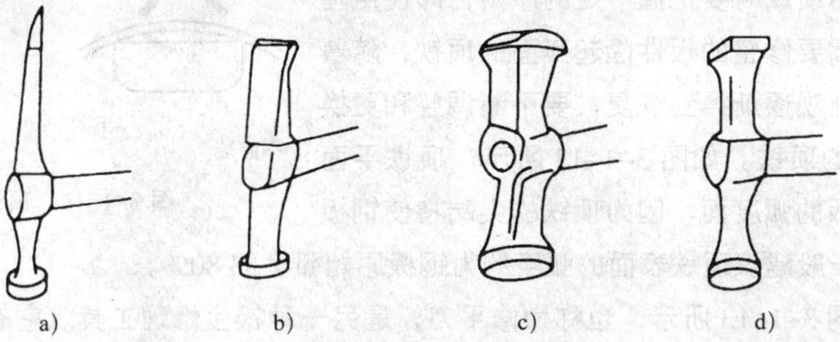

图 3-1-10　车身钣金锤

a）尖头锤（撬镐） b）扁头锤 c）球头弧面锤 d）普通钣金锤

尖头锤的尖端有的可以被制造得很长，兼有撬起凹陷部位的能力，也称为撬镐，其主要用途是利用尖端对小的凸起部分进行修平，并可以利用长长的尖部进行撬起整形；扁头锤的扁头对于制筋等部位的轮廓修整非常有用，常用来修整板件上的制筋轮廓边缘；球头弧面锤的球头曲率比较大，适用于很多高隆起加强的板件的内部；常用的上方下圆普通钣金锤方头一边接触面积较大，可以进行大面积整形，圆头的接触面积较小，多用于小范围的精整形操作。

精修锤与车身钣金锤在形状上没有太大的区别，只是质量上更小一些，适用于精度要求较高部位的修整。

2. 顶铁和匙形铁

顶铁是配合锤子进行钣金整形的常用工具，它的作用相当于一个小的铁砧，用手握持顶在需要用锤敲击的金属背面。用锤子和顶铁一起作业，使高起的部位下降，使凹陷的部位提升。顶铁有许多不同的形状，各个面的曲率也不同，分别用于特定的凹陷形式和车身板件外形。图 3-1-11 所示为常用的各种顶铁。

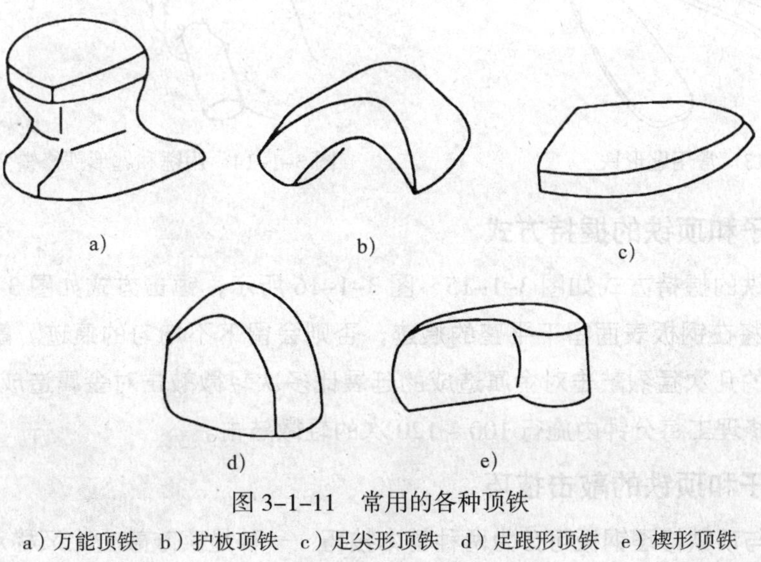

图 3-1-11　常用的各种顶铁

a）万能顶铁 b）护板顶铁 c）足尖形顶铁 d）足跟形顶铁 e）楔形顶铁

在选用顶铁时，顶铁使用面的曲率与面板外形的配合非常重要，如不匹配，在加工中会造成更大的缺陷。所以在选用顶铁时要把握一定的原则，即使用隆起弧面略高于需要修整的板件隆起弧面的顶铁，随着板件的修整其外观逐渐得到恢复，要不断调整和更换不同隆起弧面的顶铁。如图 3–1–12 所示，顶铁平面端不可置于钢板的弧度面，因为顶铁的尖端将使钢板面留下伤痕，一般建议顶铁表面的弧度约为钢板原始弧度的 80%。

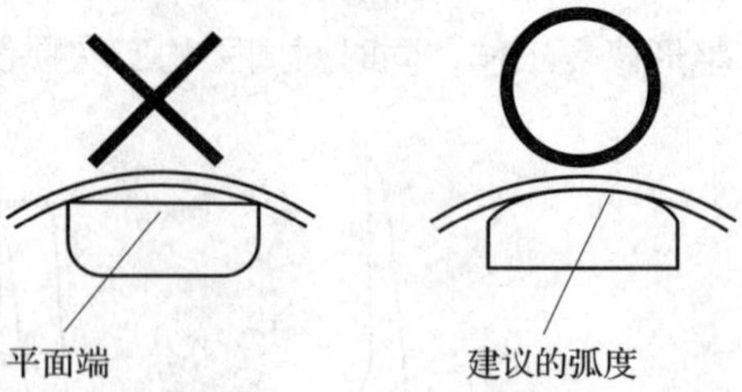

图 3–1–12　顶铁的选择

匙形铁如图 3–1–13 所示，也称为修平刀，是另一种钣金修理工具。它有时可以用来当锤使用，利用其宽大的平面将变形较大的薄板类构件拍平；有时可以当作顶铁使用，垫在需要整形的金属板背面，正面用轻整形锤敲击恢复板件形状；更多的时候是用匙形铁深入用手不能触及的地方撬起凹陷的结构，所以，匙形铁也称为撬板或拍板。

在选用匙形铁时，与选用顶铁一样，都要考虑到需要修整的表面的形状。平直表面的匙形铁可以将敲击力均匀分布到其宽大的表面上，在修整褶皱和隆起时非常有用，通常将匙形铁垫在需要修整的表面上，然后用锤敲击匙形铁来修复褶皱较大且板件厚度较小的部位，如图 3–1–14 所示。

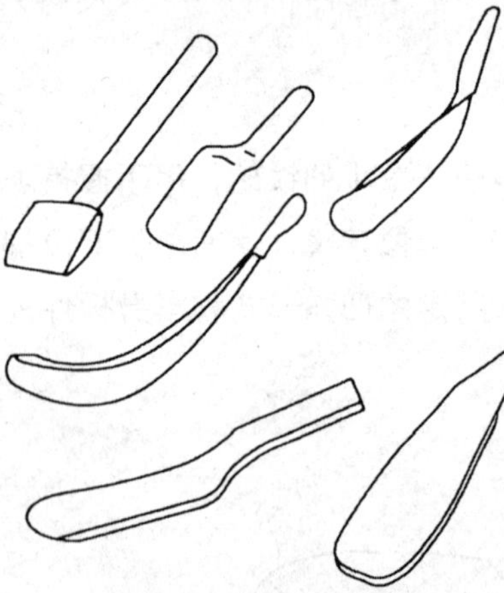
图 3–1–13　常用匙形铁

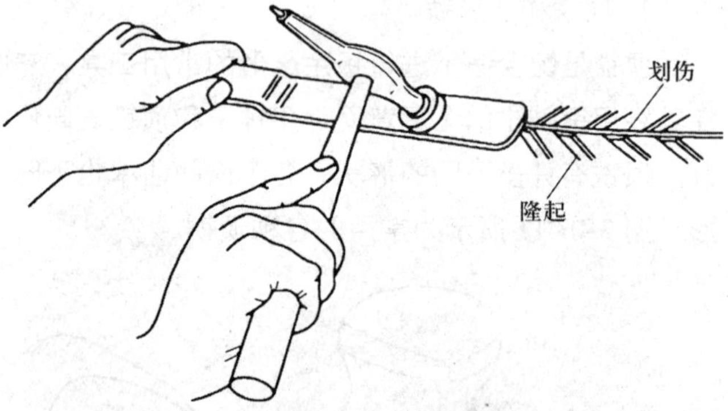

图 3–1–14　用锤和匙形铁修整变形部位

（三）锤子和顶铁的握持方式

锤子和顶铁的握持方式如图 3–1–15、图 3–1–16 所示，锤击方式如图 3–1–17 所示。正确握持和敲击将在钢板表面留下平整的痕迹，否则会留下不均匀的痕迹。敲击时，不得猛烈，因为很少的几次猛烈敲击对金属造成的延展比多次轻微敲击对金属造成的延展还要多。一名有经验的修理工每分钟内施行 100 ~ 120 次的轻微敲击。

（四）锤子和顶铁的敲击技巧

使用锤子与顶铁修理钢板可分为两种基本技巧：一种是实敲敲击（又称对位敲击或正托

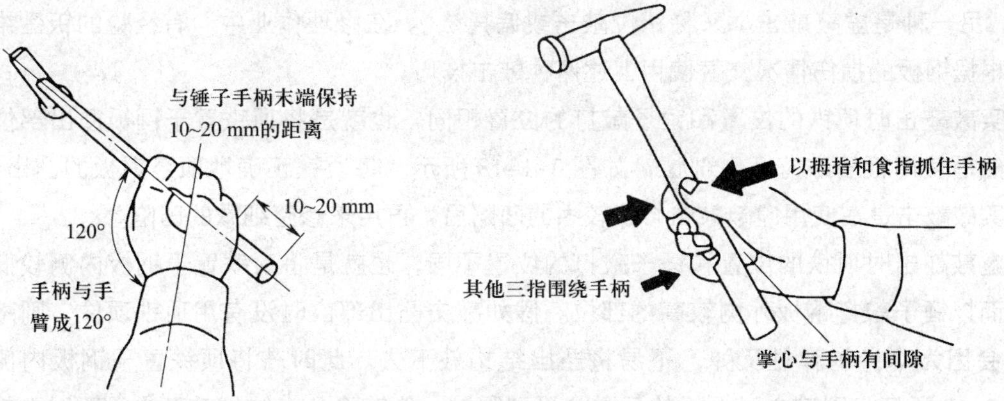

图 3-1-15　锤子的握持

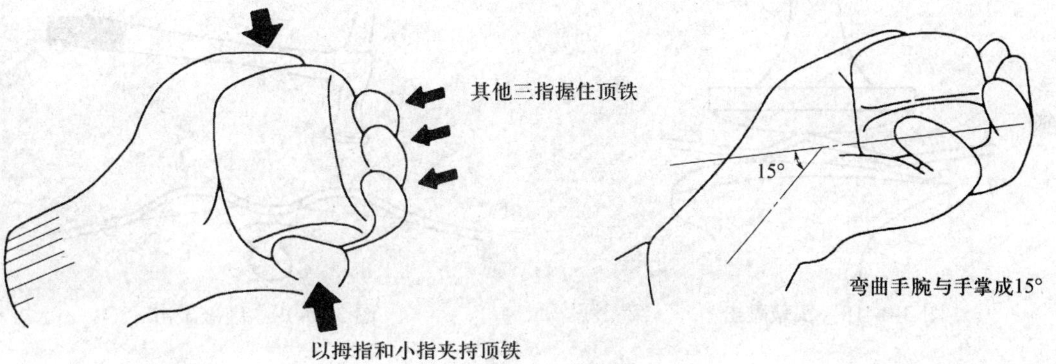

图 3-1-16　顶铁的握持

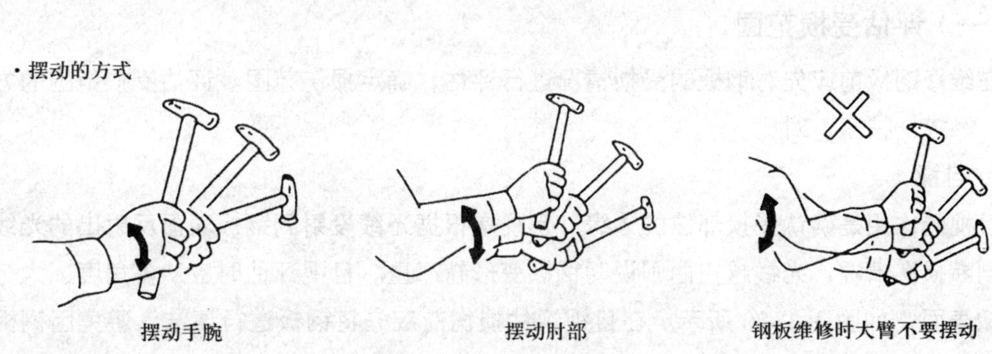

图 3-1-17　锤击方式

法），另一种是虚敲敲击（又称错位敲击或偏托法）。在修理作业中，有经验的钣金维修人员会根据钢板的损伤情况交替使用上述两种敲击技巧。

实敲敲击时顶铁的位置和锤子敲打的位置相同，也就是将顶铁置于钢板凸出部位的内侧，然后使用锤子敲打凸出部位，如图 3-1-18 所示，将顶铁正确地顶至钢板的凸出部位。一般实敲敲击是在使用虚敲敲击修正较大的凹陷后，再用来修整细微的凹陷。

虚敲敲击时顶铁的位置和锤子敲打的位置不同，也就是将顶铁置于钢板内侧较低的部位，而以锤子敲打钢板外侧较高的部位。假如敲击凸出部位时没有用顶铁顶住，则敲击时钢板会因为本身的弹性反弹，不易将凸出结构敲下去，此时若将顶铁置于钢板内侧，如图 3-1-19 所示，则敲击时钢板的反弹会受到限制，能够将凸出结构敲下去。所以虚敲敲击通常用于修理大区域的凹陷。

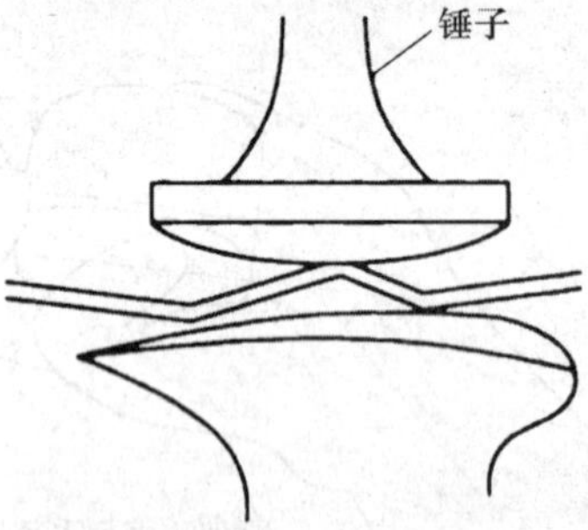

图 3-1-18　实敲敲击

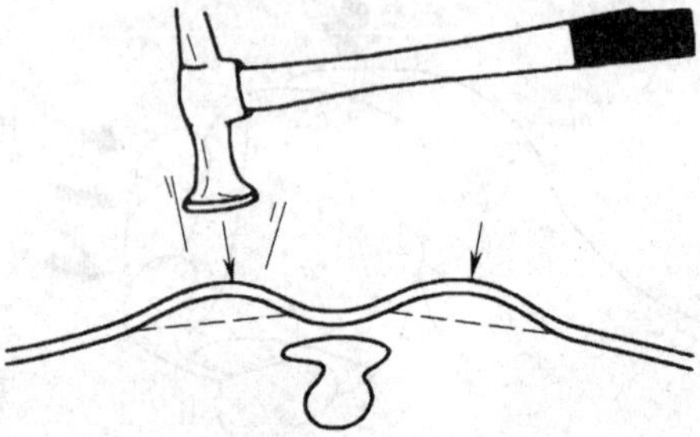
图 3-1-19　虚敲敲击

三、钢板损伤修理步骤

（一）评估受损范围

在维修钢板前应先对钢板的受损情况进行评估，确定损伤范围。评估受损范围的方法有目视、触摸、按压、对比。

1. 目视

目视的作用是确认受损部位的边缘。目视是根据光线投射到钢板表面反射出的光线扭曲程度判断损伤情况，光线越扭曲则说明钢板变形越严重。目视评估时应从多角度、大范围观察钢板表面，如图 3-1-20 所示。在目视评估损伤前应先将钢板进行清洁，避免因钢板表面的污渍影响损伤评估。

2. 触摸

触摸的作用是检查钢板的塑性变形、凹陷和凸起。触摸时应佩戴棉手套，避免受损钢板表面的毛刺或尖角对维修人员造成伤害。评估损伤时，应触摸受损和未受损表面，因为现在汽车车身形状各异，避免将出厂时本身的正常凸起误判为损伤。图 3-1-21 所示为触摸评估钢板损伤的方法。

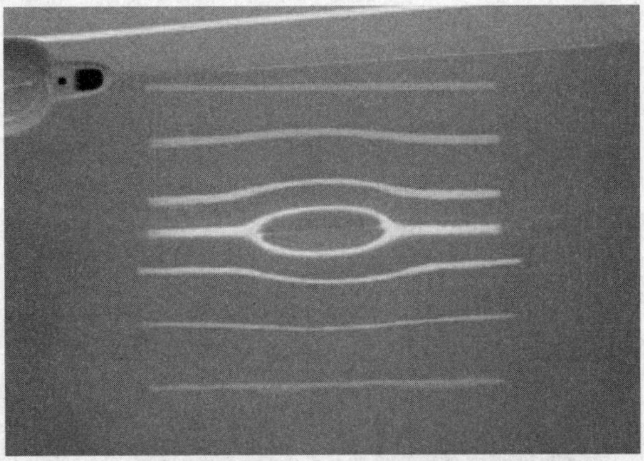

图 3-1-20　目视评估钢板损伤

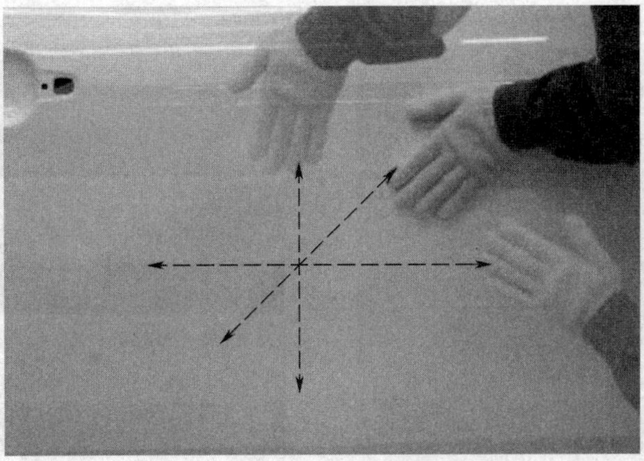

图 3-1-21　触摸评估钢板损伤

3. 按压

按压的作用是检查受损表面的张力。有些钢板发生碰撞后虽然外形未变，但钢板的张力却降低了。所谓张力降低，就是钢板发生蹦弹现象。维修后的钢板应确保其张力与未受损时的张力相同。按压时，应使用拇指按压，按压的力度应适中，力度过小不能检查钢板表面的张力；力度过大则会造成钢板变形。按压的力度使指尖变白即可。按压时应对比受损处与未受损处以及另一侧钢板的张力变化。按压评估钢板损伤时应检查整个钢板的张力。图 3-1-22 所示为按压评估钢板损伤的方法。

4. 对比

对比的作用是确保已标记高于未受损表面的部位。对比受损处与未受损处，标记出凸起部位。对比是通过移动直尺，根据直尺与钢板间的间隙判断受损范围，若为高点，则直尺两端悬空，直尺可以左右晃动；若为低点，则直尺与钢板间存在间隙，间隙越大说明低点越低。图 3-1-23a 所示为标示对比位置，图 3-1-23b 为对比的结果。从图 3-1-23b 中可以看出，C 是损伤最严重的位置。若钢板受损面积较大，为了准确评估受损范围则应使用另一侧钢板做对比。

图 3–1–22　按压评估钢板损伤

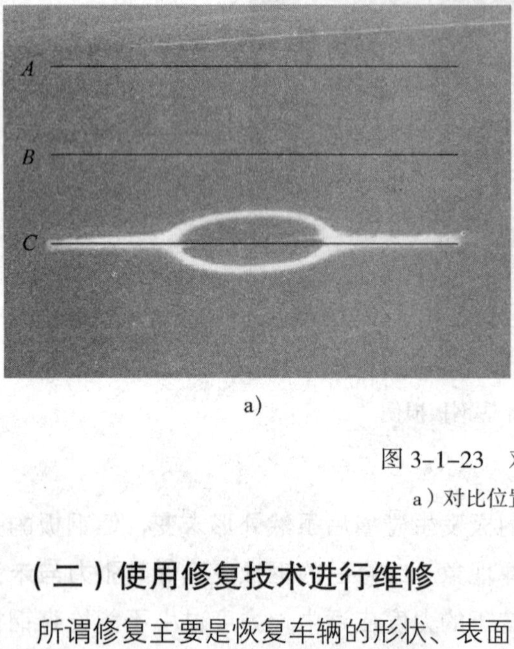

a)

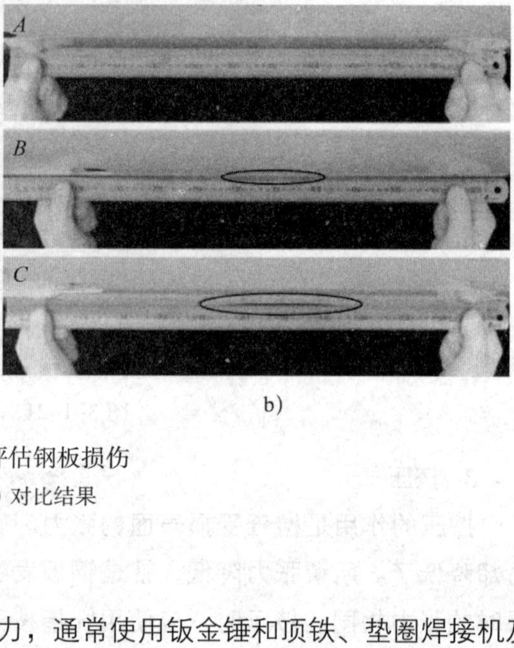

b)

图 3–1–23　对比评估钢板损伤

a）对比位置　b）对比结果

（二）使用修复技术进行维修

所谓修复主要是恢复车辆的形状、表面的张力，通常使用钣金锤和顶铁、垫圈焊接机及缩火技术进行维修。表 3–1–1 对以上几种修复方法的适用范围进行了对比。

表 3–1–1　　**几种修复方法对比**

钢板修复方法	钣金锤和顶铁	垫圈焊接机	缩火技术
适用范围	可以直接触及内侧的区域	不可以直接触及内侧的区域	钢板强度降低或高点部位
实例	前翼子板、后翼子板后段、后下围板、车顶钢板中段、行李舱盖	后翼子板轮弧部分，前、后车门外板，门槛板，前、中、后立柱钢板，车顶钢板的前、后及侧部，发动机舱和行李舱钢板	—

（三）评估维修后的钢板

钢板修复后要对其进行修复质量评估，主要从以下四个方面进行评估。

（1）恢复钢板外形。恢复钢板的外形是车身修复的重要任务。

（2）恢复车身线和钢板边缘。车身线是车身外观的重要标志，也是修复难度最大的地方，修复中首先应恢复车身线。

（3）恢复钢板的张力。恢复钢板的张力，使其具有较高的张力，避免高速行驶时发出异响。

（4）正确连接装配件。将拆卸后的部件正确装在车身上。

（四）防锈处理

钣金修复后的钢板其防腐层会被破坏，若不进行防锈处理，钢板会生锈，所以钣金件修复后必须对其进行防锈处理。防锈处理可以使用环氧底漆，也可以使用防锈蜡。

技能训练

实训　车门面板手工修复

◆ 实训准备

1. 安全操作规范

（1）钣金修复时，要求不能出现高点，低点不能低于原板件表面 1 mm。

（2）在实车上进行修复时，一定要断开蓄电池负极。

（3）穿戴干净整洁的工作服。

（4）遵守场地安全规定，注意用电安全。

（5）正确使用钣金手工修复的工量具。

2. 实训工具准备

（1）设备：面板有凹陷的车门若干、单作用打磨机。

（2）工具：直尺、锤子、钣金修复工具套装。

（3）耗材：车身防锈剂。

（4）劳保用品：工作服、劳保鞋、护目镜、防尘口罩、棉手套、防噪耳塞等。

◆ 实训步骤

有一受损车门，损伤情况如图 3-1-24 所示，现需对其进行修理。

1. 穿戴劳保用品

车门面板修复需要的劳保用品有工作服、棉手套、防尘口罩、护目镜、防噪耳塞、劳保鞋等。

2. 损伤评估

综合应用目视、触摸、按压、对比四种方法对受损钢板进行损伤评估并确认修复区域。

3. 使用撬棍修理

若凹陷较深可以先使用撬棍把一些损伤较深的地方撬出来再进行修复，如图 3–1–25 所示。在使用撬棍时，应将撬棍顶在凹陷最深处，再使用钣金锤敲击门板凹陷周围的高点。

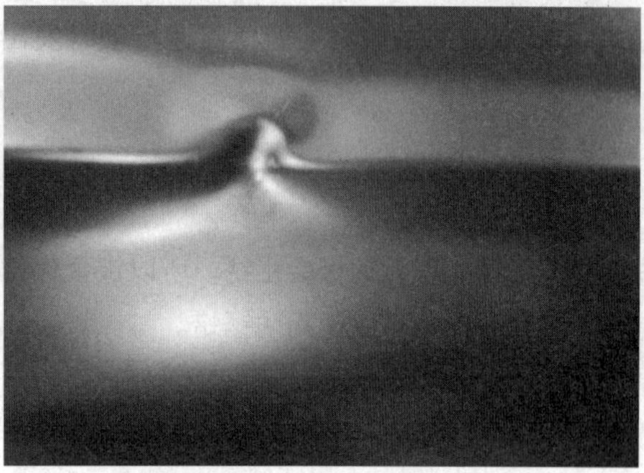

图 3–1–24　损伤门板

图 3–1–25　使用撬棍修理

4. 使用实敲、虚敲技术修理

使用撬棍修复出最深的凹陷后，再综合利用实敲与虚敲技术对钢板先修复低点再修复高点进行修复，如图 3–1–26 所示。

注意：实敲与虚敲的过程中敲击力不应过大，否则可能会导致钢板延展，增加修复难度。修复时，应先将车门上的筋线修出，再修理筋线上下的弧度。

如图 3–1–27 所示，使用实敲与虚敲的方法修复出门板大致形状，弧度应尽可能吻合。

5. 去除旧漆膜

待修复基本完成后，可以使用单作用打磨机或双作用打磨机，配合 80# 砂纸去除受损部位的旧漆膜。去除旧漆膜的面积应大于受损面积，如图 3–1–28 所示。

6. 精修

旧漆膜去除后，判断钢板的修复情况，可以根据修复情况再次进行精修。精修时敲击的力度应较小，主要针对面板的高、低点进行整平，如图 3–1–29 所示。

7. 确认修复结果

精修后，可以使用弧度规对门板的修复质量进行判断，如图 3–1–30 所示。使用弧度规时，弧度规两侧应轻放并与钢板贴合。修复部位不能出现高点，且钢板与弧度规的间隙最大处不超过 1 mm 即达到修复要求。修复完成后应对板件背部的区域进行防锈处理。

8. 5S 整理

对实训场地、实训车辆等进行 5S 整理。

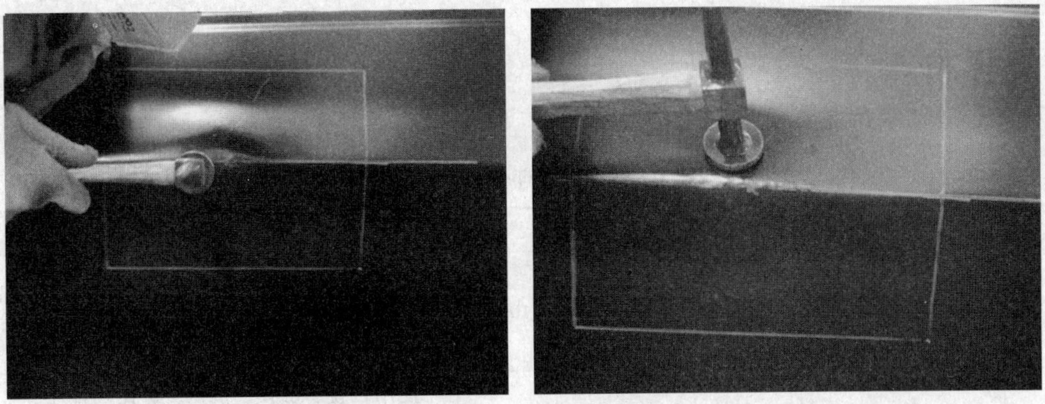

a)　　b)

图 3-1-26　使用钣金锤修理

a）虚敲修复　b）实敲修复

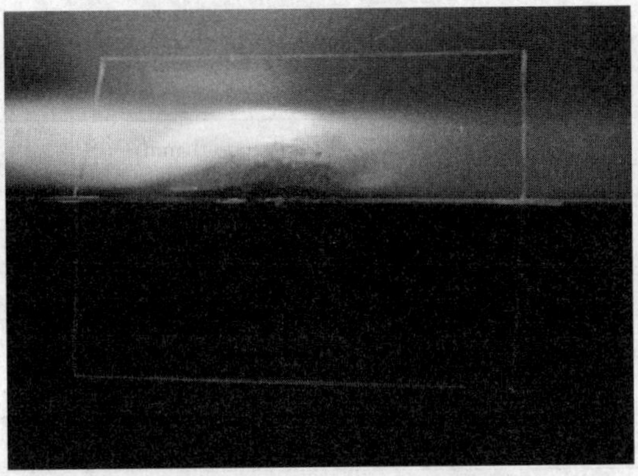

图 3-1-27　粗修理后的效果

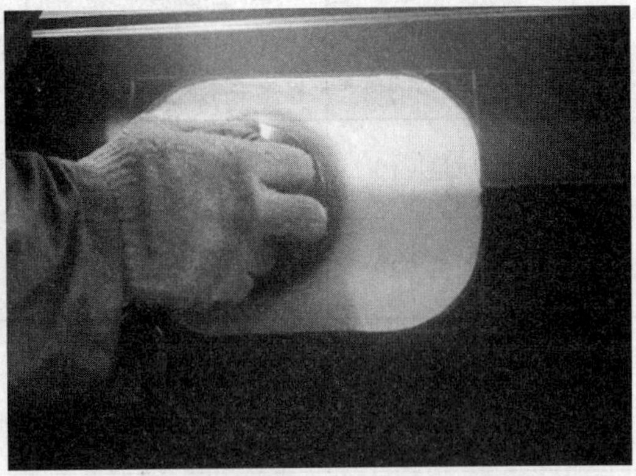

图 3-1-28　去除旧漆膜

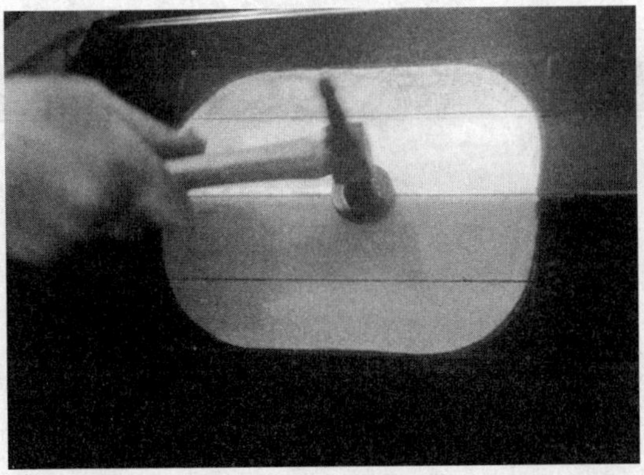

图 3-1-29　精修

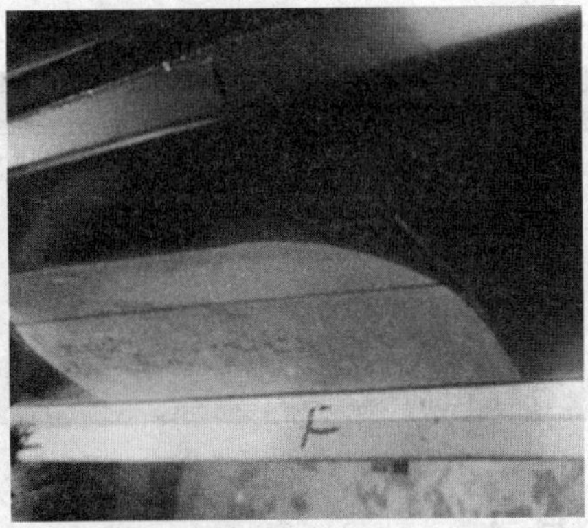

图 3-1-30　使用弧度规测量

任务评价

表 3–1–2 技能考核评分表

序号	项目	操作内容	规定分	评分标准	得分
1	劳保用品	劳保用品穿戴	10 分	工作服、护目镜、防尘口罩、棉手套、防噪耳塞、劳保鞋，每少一项扣 2 分，扣完为止	
2	修复过程（1）	损伤评估	10 分	使用目视、触摸、按压、对比四种方法对钢板损伤进行评估，每少一项扣 2 分，未标记出损伤范围扣 2 分	
3	修复过程（2）	修复方法	20 分	在修理过程中，使用正确修理方法得 10 分，钢板表面出现月牙痕每一处扣 2 分，扣完为止	
4	修复过程（3）	修复中的安全文明操作	5 分	修复中应能安全正确使用工具，每错一次扣 2 分，扣完为止	
5	修复质量（1）	板件低点	15 分	板件与弧度规间隙若超过 1 mm，每 10 mm 为一处，每处扣 5 分，扣完为止	
6	修复质量（2）	板件高点	30 分	板件若有高点，每 10 mm 为一处，每处扣 10 分，扣完为止	
7	修复质量（3）	整体美观	5 分	板件修复后的整体美观度，由小组内互评，取平均分	
8	5S 整理	场地整理	5 分	未对场地进行 5S 整理扣 5 分	
总分			100 分		

任务 2 面板机器修复

任务目标

1. 能描述拉拔法修复钢板的原理与方法。
2. 能描述钢板收缩的原理和方法。
3. 能使用机器修复钢板。
4. 能使用外形修复机进行缩火操作。

任务导入

小张在驾驶车辆时，不小心将右前门剐伤，造成右前门凹陷，他将车开到 4S 店进行维修，请对该车进行维修。

任务分析

对于不能用锤子、顶铁修复的损伤，可以使用外形修复机进行修复。本任务需要了解外形修复机的工作原理及工艺流程。

知识储备

所谓机器修复，即使用外形修复机对面板表面的凹陷进行修复。机器修复面板是车身维修的日常工作之一。

一、外形修复机拉拔法

现代车身的结构日趋复杂，许多车身板都由于受到焊接在一起的内部板件和车窗等结构的限制而难以触及它们的内部；或是因为损伤比较轻微且只局限于金属外板，内板没有损坏，如果拆卸内板或拆卸相关构件，生产效率大大降低。因此车身维修中使用专门方法应对上述情况，即将凹陷的金属用拉拔的方法抬高，在拉拔的同时，用钣金锤对高点进行敲击。这种方法有些类似于锤子和顶铁的虚敲敲击，如图 3–2–1 所示。

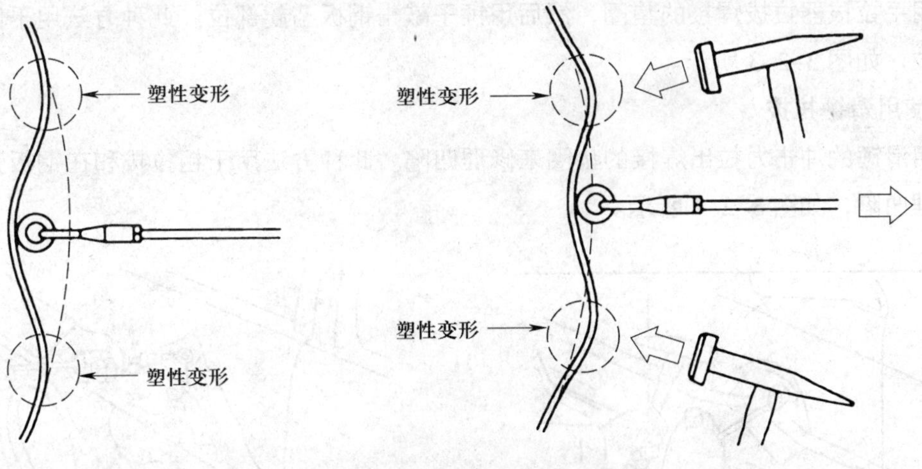

图 3–2–1　拉拔法修复钢板的原理

(一)焊接介子

采用拉拔法修复钢板需要在钢板表面焊接用于拉出的介子(垫圈)。垫圈焊接机利用夹于电极上的垫圈和钢板接触，再通以大电流，使其产生电阻热而将垫圈焊接于钢板上，如图 3–2–2 所示。

现在有很多车身维修设备制造厂商针对车身板件的拉拔操作设计、开发、制造了多功能的外形修复机，俗称介子机，集焊接介子(供拉拔用的介质)、拉拔操作、单面点焊、电加热收火等功能于一体，给车身的整形带来了方便。介子机可以焊接的介子形式有很多，常用的有普通垫圈、小螺钉和销钉等，可以根据惯性锤的头部结构更换。外形修复机的详细使用及注意事项请参见相应设备的说明书。

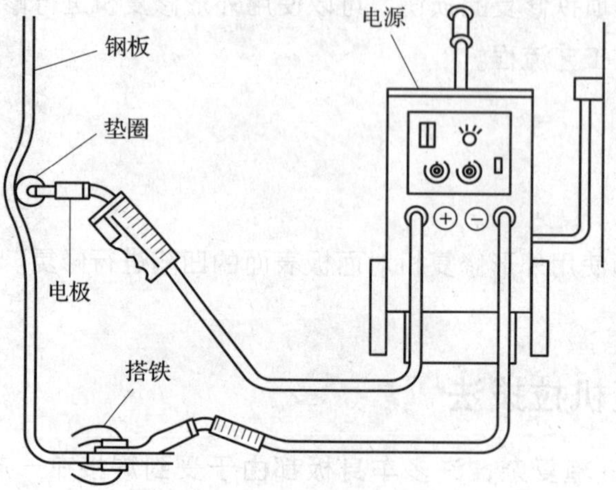

图 3-2-2 焊接介子（垫圈）

（二）拉拔的方法

将凹陷的金属拉拔出来的方法有很多，常用的拉拔方法有四种。

1. 使用手拉拔器拉拔

使用手拉拔器拉拔焊接的垫圈，然后用锤子敲击钢板凸起部位。此种方法用于修理小的凹陷部位，如图 3-2-3 所示。

2. 使用滑锤拉拔

利用滑锤的冲击力拉出焊接的垫圈来修理凹陷。此种方法用于粗拉拔和在钢板强度高的部位修理凹陷，如图 3-2-4 所示。

图 3-2-3 使用手拉拔器拉拔

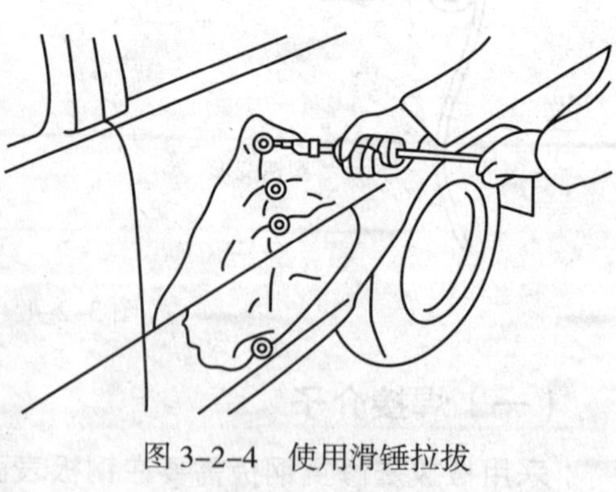
图 3-2-4 使用滑锤拉拔

3. 使用拉塔拉拔

拉塔拉拔用于修理大的凹陷，将众多的垫圈焊接于钢板上，并且用较大的力将垫圈一起拉出。此外，链条能够保持拉拔的状态，便于修理人员解放双手去执行其他作业，如敲击作业，如图 3-2-5 所示。

4. 使用具有焊接极头的滑锤拉拔

此种工具为一种包含有焊接极头的滑锤，焊接极头可焊接于钢板上，并将钢板拉出。使用此工具时，必须将焊接机的正极头接于滑锤的后侧，如图 3–2–6 所示。

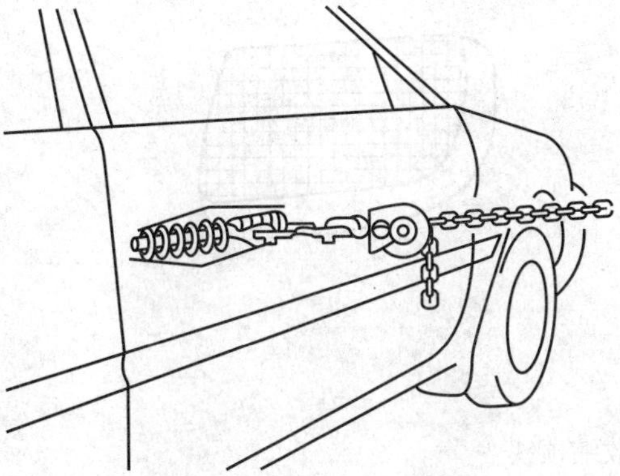

图 3–2–5　使用拉塔拉拔

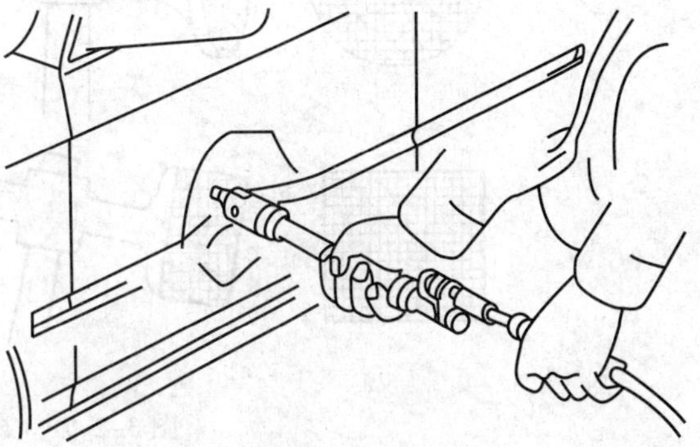

图 3–2–6　使用具有焊接极头的滑锤拉拔

二、收缩法

当金属受到碰撞而产生严重损坏时，在严重折损处通常会受到拉伸。同样的部位在校正过程中也会受到轻微的拉伸。在直接损坏部位的隆起处，槽和折损处的金属容易受到拉伸。当金属板上存在拉伸区时，一定要将拉伸区校正到原来的形状。

金属板上某一处受到拉伸以后，金属板变薄并发生加工硬化，可以采用收缩的方法将金属板恢复到应有的形状和厚度。收缩的目的是移动变形的金属，但不影响周围未受损伤的金属。

在进行任何收缩以前，必须尽量将损坏部位校正到原来的形状。然后，车身修理人员才可以准确地判断出损坏的部位是否存在受到拉伸的金属。如果存在，就要进行收缩。

（一）收缩锤和收缩顶铁的应用

用如图 3–2–7 所示的专用收缩锤和收缩顶铁，于膨胀隆起部位进行类似于敲平的锤击操作。为了适应车身覆盖件的形状，收缩锤与收缩顶铁的端面也有几种形状变化供实际操作时选用。

操作时，不允许将收缩锤与收缩顶铁同时使用，而应视实际情形交替使用。用收缩锤（内侧选普通顶铁）或收缩顶铁（外侧选平锤）对板件进行锤击的过程中，收缩锤或收缩顶铁端面上的花纹，能使被锤击的金属随之发生微小的多曲变形，由此将板件表面拉紧、收缩，凸起变形也将随之被消除。

此外还可以通过起褶法来处理受到拉伸的金属，此种方法是用锤子和顶铁在拉伸变形部位做出一些褶。操作时使锤子和顶铁错位，用尖锤轻敲使拉伸部位起褶。起褶的地方会比其他部位略低，在填实填满后，再用锉或砂纸将这一部分打磨得与其他部分齐平。

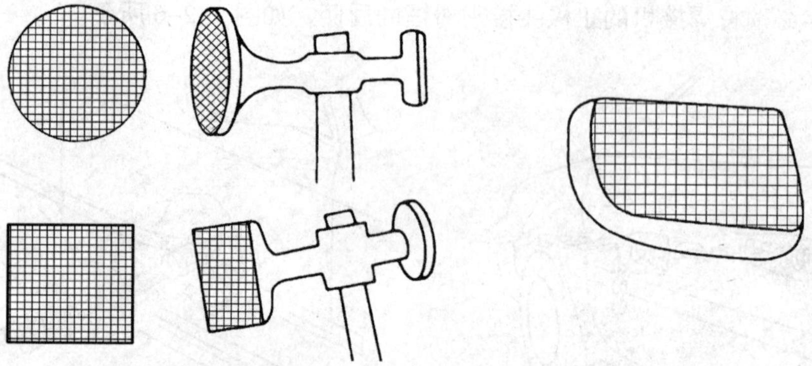

a） b）

图 3–2–7 收缩锤和收缩顶铁

a）收缩锤 b）收缩顶铁

（二）热收缩法

1. 热收缩原理

用热收缩法可以获得比冷作法大得多的收缩延展量，更适合严重的变形。热收缩的原理如图 3–2–8 所示。加热时，钢棒试图膨胀，如图 3–2–8a 所示，但是由于它的两端都无法膨胀，在钢棒内部便产生一个很大的内应力；当温度进一步升高时，内应力使加热部位直径增大而释放，如图 3–2–8b 所示；如果钢棒被骤然冷却，便会产生收缩，由于加热部位直径增大，钢棒的长度会缩短，如图 3–2–8c 所示。

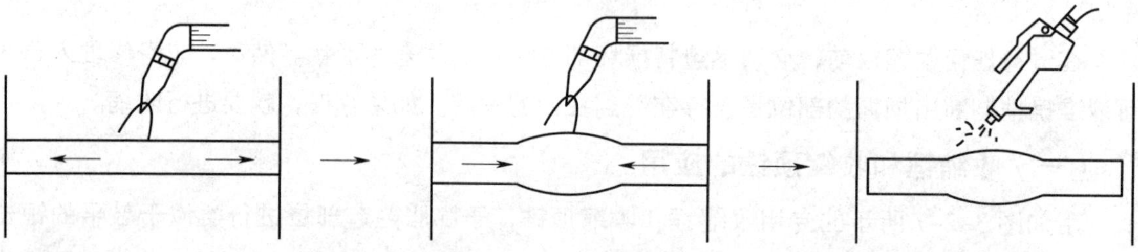

a） b） c）

图 3–2–8 热收缩原理

a）对轴向受到约束的钢棒加热 b）内应力使加热部位凸起

c）骤然冷却后加热部位断面增大，钢棒长度缩短

2. 热收缩顺序

先让拉伸区的最高点收缩，然后再让下一个最高点收缩。依此类推，直到使整个部位均收缩到原来的形状，如图 3–2–9 所示。

3. 冷却方式

缩火后的冷却方式为风冷。风冷的冷却速度稍慢，但对钢板的损伤程度较小。现在通常使用压缩空气对加热部位进行急速冷却。

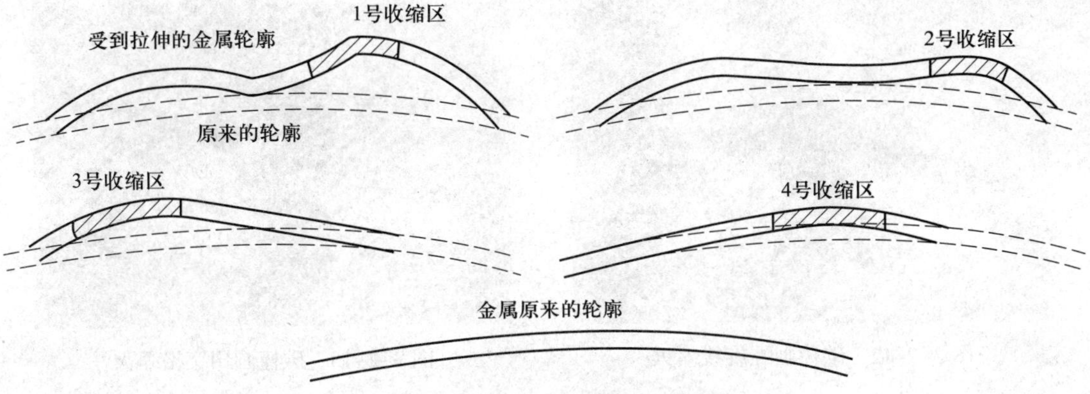

图 3-2-9　高点位收缩区

4. 加热方法

电加热收火是介子机的常用功能之一，其工作原理也是利用导电介质与钢板接触时产生的电阻热来加热钢板的。电加热采用的导电介质有铜棒和碳棒两种：铜棒有一个圆球头，端部接触面积较小，直径通常为 5~8 mm，适合于较小的点的收缩操作；碳棒的直径以 8~10 mm 居多，使用时需要将端部磨削成较尖锐的圆头，在钢板上画圆来控制加热的面积。两种导电介质的导电性能都很优良，产生的电阻热都集中在钢板上，加热集中且快速，收缩效果良好，而且都不会因为与钢板发生接触而粘连。

5. 收缩操作方法

根据钢板的张力大小，确定使用铜棒或碳棒进行缩火。通常情况下，铜棒用于张力大的部位，碳棒用于张力小或维修面积大的部位。采用铜棒或碳棒进行缩火操作，有四种具体的缩火方法。图 3-2-10 所示为铜棒点缩火，其特点是各点的收缩量大，可进行局部收缩，建议用于张力良好的部位。图 3-2-11 所示为碳棒点缩火，其特点是各点的收缩量小，建议用于张力小的部位。图 3-2-12 所示为碳棒画螺旋线缩火，其特点是各部位的收缩量大，建议用于张力小的部位。使用碳棒画螺旋线缩火时，为了保证最高点的热量达到最大，应从外向里画螺旋线，螺旋线直径尺寸建议为 20 mm 左右，直径尺寸太大达不到缩火效果，太小容易将钢板烧穿。图 3-2-13 所示为碳棒画田字格缩火，其特点是每条线的收缩量小，建议用于张力小的部位。

图 3-2-10　铜棒点缩火

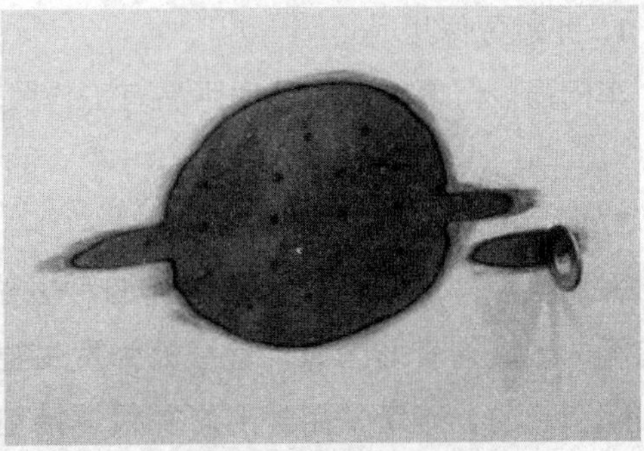

图 3-2-11　碳棒点缩火

图 3-2-12　碳棒画螺旋线缩火

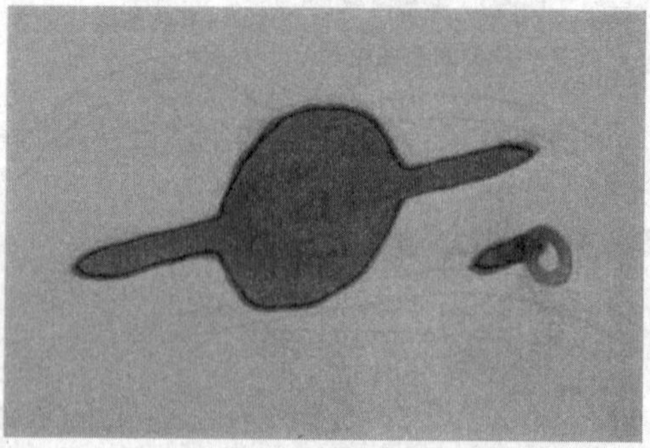

图 3-2-13　碳棒画田字格缩火

技能训练

实训　车门面板机器修复

◆ 实训准备

1. 安全操作规范

（1）钣金修复时，要求不能出现高点，低点不能低于原板件表面 1 mm。

（2）在实车上进行修复时，一定要断开蓄电池负极。

（3）穿戴干净整洁的工作服。

（4）遵守场地安全规定，注意用电安全。

（5）正确使用介子机等工量具。

2. 实训工具准备

（1）设备：面板有凹陷的车门若干、外形修复机、单作用打磨机。

（2）工具：直尺、锤子等。

（3）耗材：车身防锈剂、80# 砂纸等。

（4）劳保用品：工作服、劳保鞋、护目镜、防尘口罩、棉手套、防噪耳塞等。

◆ 实训步骤

有一车门面板有一直线凹陷损伤，现采用机器修复的方法对其进行修复。

1. 穿戴劳保用品

车门面板修复需要的劳保用品有工作服、棉手套、防尘口罩、护目镜、防噪耳塞、劳保鞋等。

2. 确认损伤范围

采用目视、触摸、按压及对比四种方法对其损伤范围进行确定。如图 3-2-14 所示，图中椭圆内区域为变形区域，直线处为发生塑性变形的最深处。由于板件的变形是由图中直线处凹陷引起的，确定采用外形修复机焊接垫圈对此处凹陷进行修复。

3. 修复前操作

修复前的操作包括去除旧漆膜、外形修复机参数设定、确定搭铁点等。损伤范围确定后，对损伤区域的旧漆膜进行去除，如图 3–2–15 所示。去除旧漆膜可以采用单作用打磨机配合 80# 砂纸进行打磨。对于要焊接介子的区域，旧漆膜一定要清除干净，避免在焊接介子时产生大量火花。对于单作用打磨机打磨不到的地方，应手持折叠砂纸或采用角磨机进行清除。

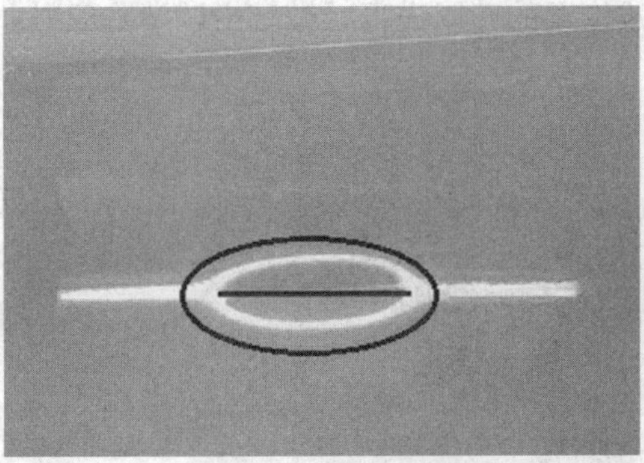

图 3–2–14　损伤范围

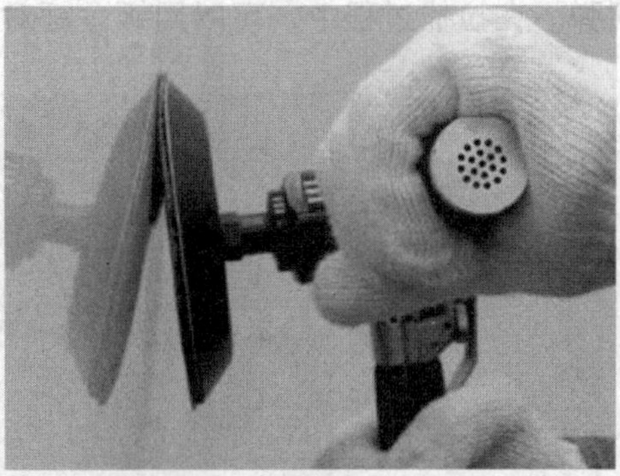

图 3–2–15　去除旧漆膜

在进行修复前，应正确调节外形修复机的参数，如电流等。调节外形修复机的参数，可以使用与待修板件相同材质、相同厚度的试焊片或废板件进行，可避免在维修时因电流过大而造成板件的烧蚀、穿孔，或因电流过小而造成介子焊接不牢，拉拔时介子脱落。

要在待修板件上焊接介子，需有一个搭铁点构成回路。搭铁点应牢固，能承受搭铁线的质量。在确定搭铁点时，尽量不要扩大损伤范围，尽量在损伤区域内确定搭铁点。

4. 焊接介子

焊接介子时应将介子焊接在塑性变形最深处，同时应根据损伤情况确定介子与钢板焊接时的角度，如钢板受到的损伤力是垂直于钢板板面的，则焊接的介子应垂直于钢板。使用多点拉拔时应注意，焊接的介子应为直线，可使拉拔杆穿过，且介子与介子间的间隔应为 8 ~ 10 mm。若间隔过小，会造成钢板过度烧蚀；若间隔过大，则拉拔钢板时会使得钢板受力不均，造成凹凸不平。焊接的介子如图 3–2–16 所示。

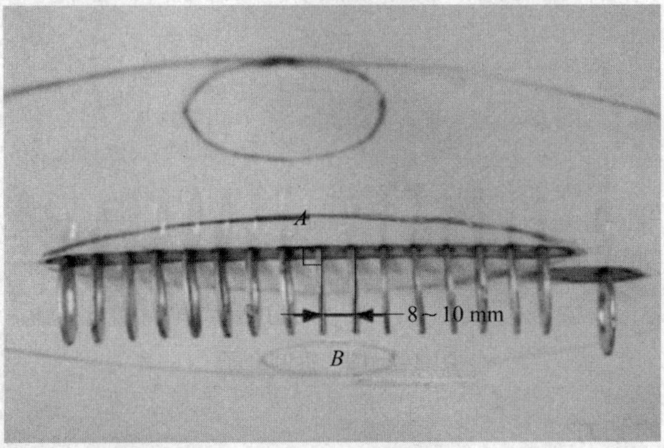

图 3–2–16　焊接的介子

5. 拉拔及残余应力去除

拉拔时，应根据损伤情况确定拉拔力与钢板的角度，如钢板受到的损伤力是垂直于钢板板面的，则拉拔力应垂直于钢板。如图 3–2–17 所示，使用拉塔拉拔凹陷部位，拉拔力垂直于钢板表面。

在对板件进行拉拔时，要拉出略高于原板件 1 ~ 2 mm。因为当拉拔力消失后，板件会发生回弹。在拉拔过程中，可以用钣金锤对板件拉拔位置的四周进行轻微敲击以消除应力。

图 3–2–17　拉拔角度

6. 修复后操作

修复后应拆下介子（垫圈），拆卸垫圈应朝一个方向旋下垫圈，如图 3–2–18 所示。不能左右晃动垫圈进行拆卸，以免拆卸垫圈时钢板穿孔或造成新的变形。

垫圈拆卸后，会在钢板上留下焊接的烧蚀痕迹。对烧蚀痕迹应使用单作用打磨机配合 80# 砂纸进行清除。

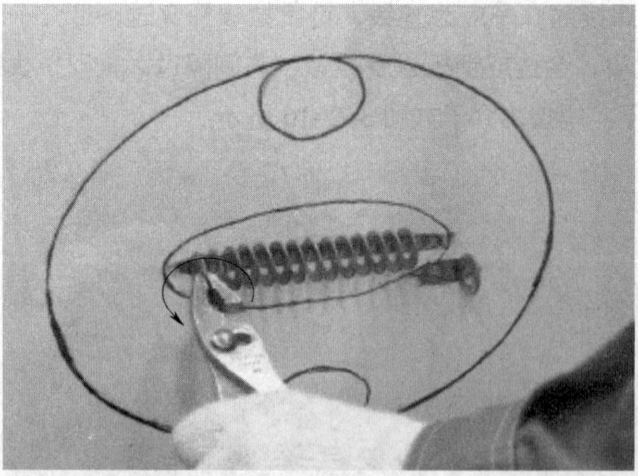

图 3–2–18　拆卸介子

7. 判断钢板表面的张力

钢板修复后，应检查钢板表面的张力是否符合要求，有无绷弹现象。检查的方法为前面评估受损范围中讲述的按压法。若钢板表面的张力不足或发生了绷弹，则要对钢板进行缩火操作。在对钢板缩火前，应根据绷弹面积的范围确定缩火范围，并对缩火处的旧漆膜进行清除。

8. 缩火前准备

缩火前应判断缩火的位置，判断的方法为评估受损范围中讲述的按压法。确定缩火范围后，使用单作用打磨机对缩火区域钢板的旧漆膜进行去除。

9. 缩火

确定缩火方法后，还应使用与待缩火钢板相同材质、相同厚度的钢板进行试缩火以调节外形修复机缩火的电流、通电时间等参数，然后对待缩火钢板进行缩火操作，如图 3-2-19 所示。对钢板进行加热后，需使用吹尘枪吹出的压缩空气对加热部分进行冷却。在对加热钢板进行冷却时，不能使用湿毛巾冷却加热部位，因为这样会加速钢板的锈蚀。

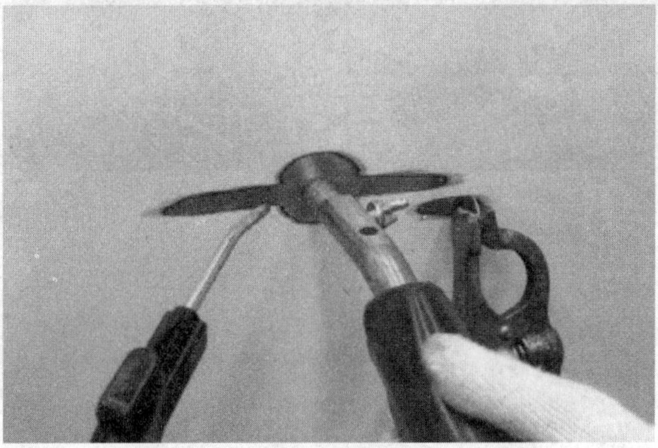

图 3-2-19　缩火操作

10. 清除烧蚀痕迹

缩火完成后，应使用打磨设备对缩火的烧蚀痕迹进行清除，同时对缩火区域的背部进行防锈处理。若不清除缩火痕迹和防锈，在今后汽车的使用过程中缩火的地方容易产生锈蚀，影响车辆的美观。图 3-2-20 所示为清除烧蚀痕迹操作。

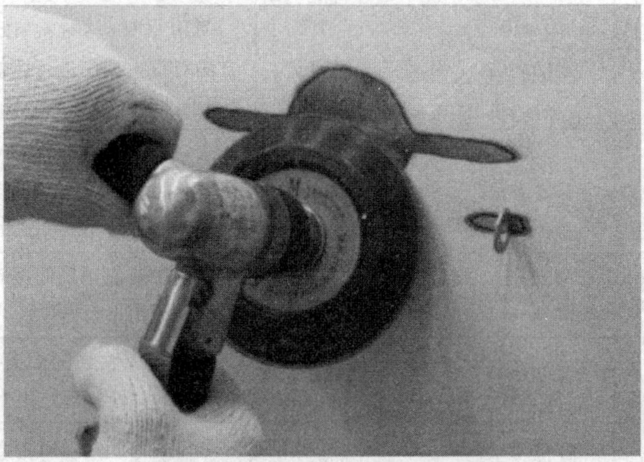

图 3-2-20　清除烧蚀痕迹

11. 防锈处理

钢板维修后，应对其维修部位进行防锈处理。维修部位的正面可以施涂环氧底漆进行防锈，背面可施涂环氧底漆或喷防锈蜡（见图 3–2–21）进行防锈。维修部位的背面应确保在所有焊接和烧蚀痕迹上施涂防锈剂。

图 3–2–21　喷防锈蜡

12. 5S 整理

对实训场地、实训车辆等进行 5S 整理。

任务评价

表 3–2–1　技能考核评分表

序号	项目	操作内容	规定分	评分标准	得分
1	劳保用品	劳保用品穿戴	10 分	工作服、劳保鞋、护目镜、防噪耳塞、棉手套、防尘口罩，每少一项扣 2 分，扣完为止	
2	修复过程（1）	损伤评估	10 分	使用目视、触摸、按压、对比四种方法对钢板损伤进行评估，每少一项扣 2 分，未标记出损伤范围扣 2 分	
3	修复过程（2）	修复方法	20 分	未正确使用外形修复机扣 10 分，待修复区旧漆膜未清除干净每处扣 3 分，拉拔方向错误扣 5 分，扣完为止	
4	修复过程（3）	修复中的安全文明操作	5 分	修复中应能正确使用工具，每错一次扣 2 分，扣完为止	
5	修复质量（1）	板件低点	15 分	板件与弧度规间隙若超过 1 mm，每 10 mm 为一处，每处扣 5 分，扣完为止	
6	修复质量（2）	板件高点	30 分	板件若有高点，每 10 mm 为一处，每处扣 10 分，扣完为止	

续表

序号	项目	操作内容	规定分	评分标准	得分
7	修复质量（3）	孔洞	5分	板件出现孔洞扣5分	
8	5S整理	场地整理	5分	未对场地进行5S整理扣5分	
总分			100分		

任务3　车门面板更换

任务目标

1. 能描述车门面板的固定方式。
2. 能对不同固定方式的车门面板进行更换。

任务导入

某车在一次事故中受到严重的碰撞致车门严重变形损坏，不可修复。现对车门面板进行更换，更换后须满足原车车门功能要求。

任务分析

车门是车身的一个独立总成，一般通过铰链将车门安装在车身上。车门要反复地开启和关闭，对装配间隙提出了更高的要求。这也是在维修过程中较难把握的工艺。本任务将主要学习车门面板更换的相关知识。

知识储备

车门的修理可以采用平整复原、牵拉复原或更换三种途径。具体选用什么方法应根据其损伤程度确定。车门板无法复原时必须进行更换，重点是更换外面板。

更换面板的典型工艺如下。

一、预备阶段

（1）在拆卸车门前，要检查铰链是否顺畅，开、关是否自如，车门与车身之间的间隙是否均匀一致。只有确定了车门的连接无须修理时，才能拆卸；否则，应先调整合适才能拆卸。

（2）观察面板与门框的连接方式，确定必须拆卸的内部金属板件有哪些。

（3）拆下所有内部装饰面板，拆卸电路连线和门上的金属附件以及门玻璃等。

（4）将车门卸下，并送到修理工作台上。

二、分离阶段

（1）用乙炔焊枪和钢丝刷清除板件边缘焊点上的油漆，用钻头、点焊切割器或砂轮机除去焊点。

（2）测量门框与外面板边的距离，如图 3–3–1 所示。

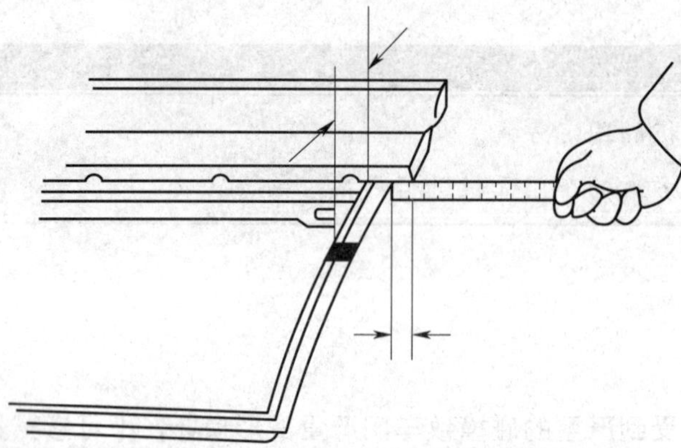

图 3–3–1　测量门框与外面板边的距离

（3）用等离子切割器或砂轮机，从外面板门框处清除焊接部分。用砂轮机磨掉折边的凸缘，如图 3–3–2 所示。

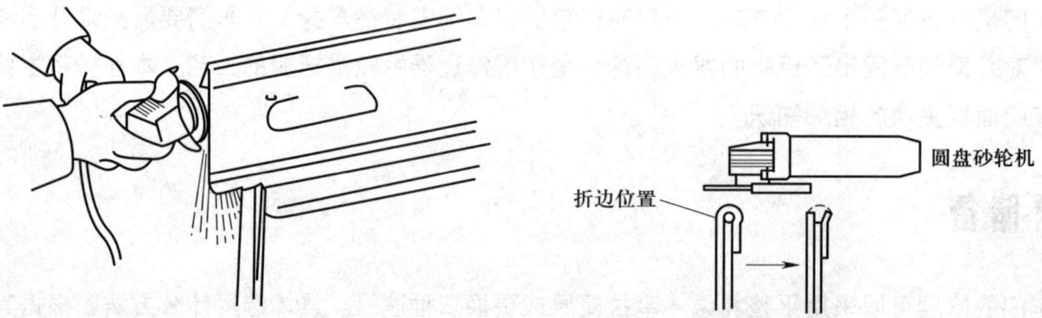

图 3–3–2　用砂轮机打磨

a）磨掉折边的凸缘　b）横向切割折边凸缘

（4）用锤子和錾子松开两块面板。用铁皮剪剪去不能磨去的焊点，如图 3–3–3 所示。当外面板能自由移动时，及时将其移开。然后用虎钳或扁嘴钳清除留下来的各折边凸缘，磨去残余焊点、钎焊料和铁锈。

（5）移去外面板后，仔细检查内面板、门框结构是否损坏，并进行必要的修整，在点焊区涂抹可焊透的防锈漆。其他裸露金属表面也应做相应的防锈处理。

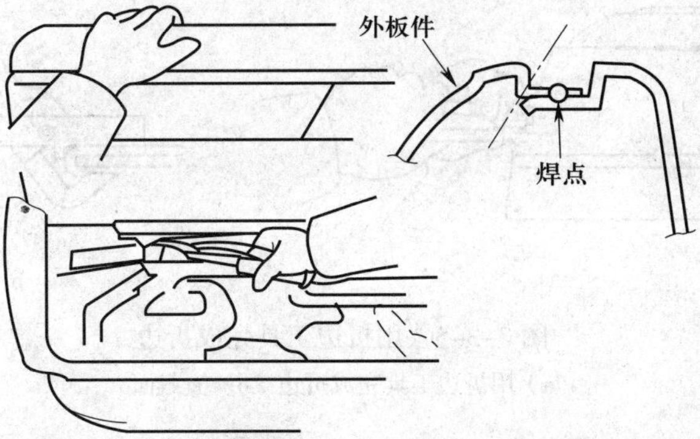

图 3–3–3　围绕焊点的切割

三、安装新面板阶段

（1）对新面板用钻头或冲孔机为电铆焊打孔，用砂轮机清除焊接区的油漆，并对其他区域做防锈处理。

（2）装有隔音垫的车门应用酒精清洁外面板，用加热灯加热外面板和隔音垫，将隔音垫粘到外面板上。

（3）装新面板之前，要在其背边涂上车用密封剂。

（4）用虎钳夹把新面板附着到车门上，按前面图 3–3–1 所示的尺寸定位，将其钎焊在门框上。

（5）用锤子和顶铁将外面板凸缘弯曲，弯至与内面板成 30° 角，如图 3–3–4 所示。要小心敲打面板的边，以免超出准直线。

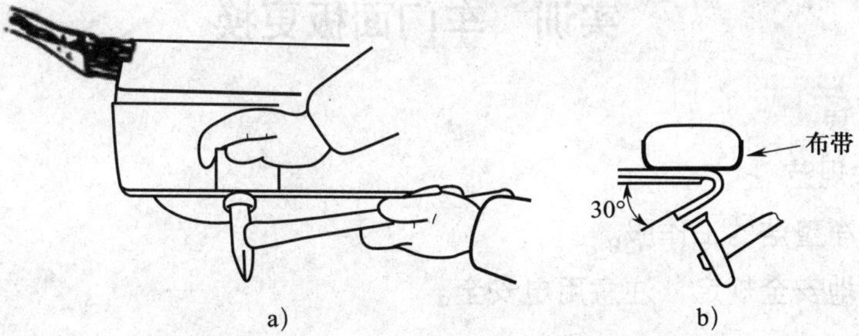

图 3–3–4　用锤子和顶铁弯折外面板凸缘
a）用锤子和顶铁弯折外面板凸缘　b）横截面

（6）用折边工具完成折边，如图 3–3–5 所示。

（7）用电铆焊或点焊焊好玻璃窗开口上的焊点，并搭焊外面板凸缘的折边，如图 3–3–6 所示。

（8）对凸缘的折边涂上车用密封剂，在焊接区涂防锈漆。

（9）在新面板上钻好孔，以便安装装饰条、装饰件等。

（10）将车门安装在车身上，检查是否合乎要求。确认无误后，再装玻璃及其他附件，最后喷漆。

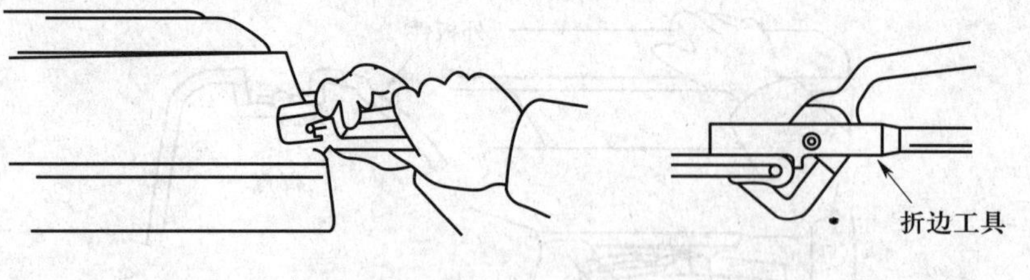

a） b）

图 3-3-5 用折边工具完成折边

a）用折边工具完成折边 b）横截面

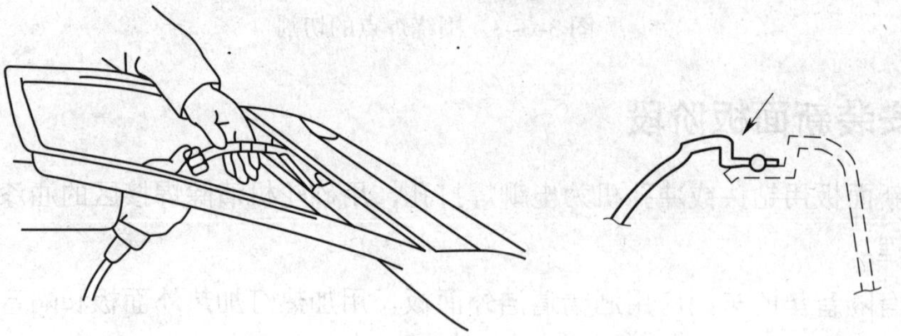

a） b）

图 3-3-6 点焊窗口

a）形成面板折边 b）横截面

技能训练

实训 车门面板更换

◆ 实训准备

1. 安全操作规范

（1）穿戴干净整洁的工作服。

（2）遵守场地安全规定，注意用电安全。

2. 实训工具准备

（1）设备：门板支架、车门面板、砂轮机等。

（2）工具：钣金修复工具套装。

（3）劳保用品：工作服、棉手套、防尘口罩、护目镜、防噪耳塞、劳保鞋等。

◆ 实训步骤

根据理论知识部分的更换步骤对车门面板进行更换。

1. 穿戴劳保用品

车门面板更换需要的劳保用品有工作服、棉手套、防尘口罩、护目镜、防噪耳塞、劳保鞋等。

2. 拆卸车门总成

拆下所有内部装饰面板，拆卸电路连线和门上的金属附件以及门玻璃等，并送到修理工作台上。

3. 分离车门面板

（1）用钻头、点焊切割器或砂轮机除去车门边缘焊点。

（2）用等离子切割器或砂轮机，从外面板门框处清除焊接部分。用砂轮机磨掉折边的凸缘。

（3）用锤子和錾子松开两块面板。当外面板能自由移动时，及时将它移开。然后，用虎钳或扁嘴钳清除留下来的各折边凸缘，磨去残余焊点、钎焊料和铁锈。

（4）用钣金锤整平车门边缘。

4. 安装新面板

（1）用锤子和顶铁将外面板凸缘折弯。要小心敲打面板的边，以免超出准直线。

（2）用点焊焊好玻璃窗开口上的焊点，并搭焊外面板凸缘的折边。

（3）将车门安装在车身上，检查是否合乎要求。确认无误后，再装玻璃及其他附件，最后喷漆。

5. 5S 整理

对实训场地、实训车辆等进行 5S 整理。

任务评价

表 3–3–1 技能考核评分表

序号	项目	操作内容	规定分	评分标准	得分
1	劳保用品	劳保用品穿戴	10 分	工作服、棉手套、护目镜、防噪耳塞、防尘口罩、劳保鞋，每少一项扣 2 分，扣完为止	
2	描述车门面板的固定方式	描述车门面板的固定方式	10 分	描述车门面板的固定方式，并根据车门受损情况，判断车门受损类型，错误扣 10 分	
3	拆卸车门总成	拆卸车门总成	15 分	拆卸工具使用不当每次扣 2 分，拆卸操作不规范每次扣 2 分，扣完为止	
4	分离车门面板	分离车门面板	20 分	操作中能安全正确使用工具清除焊点、处理凸缘，工具使用不当每次扣 2 分，分离车门面板操作不规范每次扣 2 分，扣完为止	
5	安装新面板	安装新面板	20 分	能正确使用工具安装新面板，将车门规范地安装到车身上，工具使用不当每次扣 2 分，新面板安装操作不规范每次扣 2 分，扣完为止	

续表

序号	项目	操作内容	规定分	评分标准	得分
6	安装质量检查	安装质量检查	20 分	凸缘、折边处理不当每处扣 2 分，点焊不规范每处扣 2 分，车门安装后与车身间隙不均匀（过大、过小）每处扣 2 分，扣完为止	
7	5S 整理	场地整理	5 分	未对场地进行 5S 整理扣 5 分	
总分			100 分		

任务 4　车身后翼子板更换

任务目标

1. 能判断车身各外板件的连接方式。
2. 能描述车身各外板件的拆卸方法。
3. 能描述常用切割工具的切割原理和方法。
4. 能正确更换与处理车身焊接的外板件。

任务导入

现有一辆汽车发生交通事故，造成轻微碰撞，但右后翼子板受损严重无法手工修复，需要对该后翼子板进行切割更换。

任务分析

车身上一些外覆盖板件和结构件受到一定程度的损伤时，可以对其进行钣金加工处理来消除板件上的凸起、凹坑和褶皱。对于一些损坏严重、锈蚀严重的板件，无法修复，只能进行更换。

知识储备

一、钢板更换概述

（一）车身板件修理与更换的依据

车身板件主要有车身结构件和车身覆盖件两类，车身结构件对车身整体性能影响较大，车身覆盖件主要体现外部造型。因此，对车身结构件的修理与更换，一定要慎重，一定要确保修理质量。

对于严重损伤的板件，如果是结构件，通过修理很难恢复到事故前的状态，应进行直接更换；如果是覆盖件，严重损伤往往修复困难，也应考虑更换。目前车身板件以钢材为主，下面主要考虑钢制板件的修理与更换。

业界对于什么样的损伤算严重损伤其实并不太好判断。美国汽车碰撞修理协会“事故车维修行业内部会议”（I–CAR）经过大量的研究，得出关于损伤板件修理与更换的一个简单判断原则，即“弯曲变形就修，折曲变形就换”。

弯曲变形的特点是：损伤部位与非损伤部位的过渡平滑、连续，通过校正可使其恢复到事故前的状态，而不会留下永久塑性变形。

折曲变形的特点是：弯曲变形剧烈，曲率半径小于 3.2 mm，通常在很短的长度上弯曲 90° 以上；校正后，零件上仍有明显的裂纹或开裂，或者出现永久变形带，不经过加热处理不能恢复到事故前的状态。

确定车身板件是修理还是更换，除了以 I–CAR 提供的准则为基本依据外，还要根据零件的具体结构、修复难度、表面类型、损坏位置及范围、零件的功能和受力情况等几方面因素而定。

下面提供一些判定准则以供评估时参考。

（1）如果损坏的位置靠近纵梁末端，碰撞挤压的范围对整体没影响，更换的要求就不像整体挤压损坏那么严格。但是，如果碰撞挤压范围内伴随折曲变形则应考虑更换。

（2）若损坏发生在发动机或转向装置的安装和支承件范围内，重复应力加载会使支承件产生疲劳变形，故当这些安装部位发生折曲变形时，均应更换。

（3）贴合式折叠在一起的构件，由于激烈的冲击而使局部金属变硬，应更换。

（二）汽车车身外板件的连接方式

车身是用机械紧固和焊接两种方法将构成车身的为数众多的板件连接在一起而成的。很多外板件用紧固件连接，如汽车的前翼子板、发动机舱盖、行李舱盖、保险杠等有关金属构件，通常是用螺栓连接到框架上。更换这些板件时，只要拆卸紧固件即可。而顶盖、侧围等板件是焊接的，更换的工艺流程较复杂。

（三）焊接板件的更换方式

焊接板件的更换有两种方式，即一个板件总成的整体更换和一个板件的局部更换，后者也称为分割更换。

1. 总成整体更换

这种方式需依厂方零件的供应方式整组更换损伤板件，如图 3–4–1 所示。

2. 分割更换

这种方式需要切割损伤的钢板，再更换切割部位的钢板，并在更换后实施焊接。这种方式是在损伤钢板不能更换总成或是更换时技术实现困难或作业效率太低时使用，如图 3–4–2 所示。

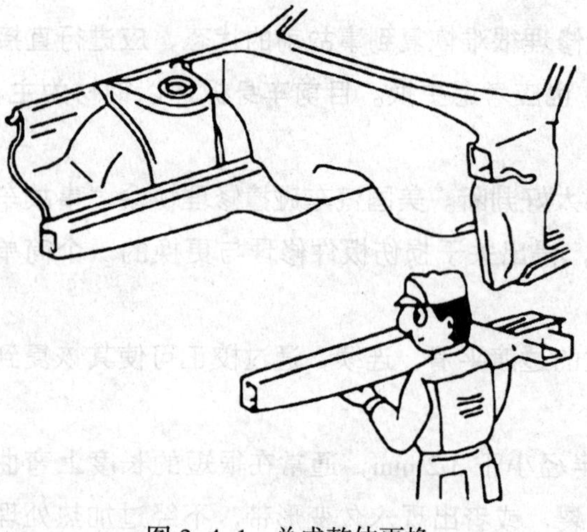

图 3–4–1　总成整体更换

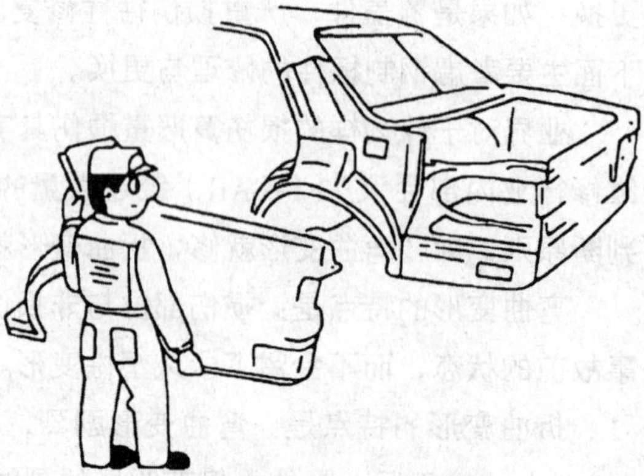

图 3–4–2　分割更换

（四）更换钢板的品质要求

在修理工作中，达到高品质的要求是非常重要的。基本上，必须将车辆的品质和功能恢复至事故前的状态。高品质的维修必须具备应有的强度、安全、美观和耐久（防锈）四个要点。

1. 应有的强度

车身钢板的焊接是以逻辑理论推算出焊接的点数后，再将车身钢板焊接组合，以提供全车身应有的强度。虽然汽车厂和修理厂的焊接设备及钢板结构并不相同，但是在维修时必须通过维修手册的辅助与专业技巧的结合，使车身获得原有的强度。

2. 安全

焊接完成后钢板是无法实施调整的，因此必须在焊接前实施精确的安装。为了确保车辆的基本性能（行驶、转向和停止），机械部件（发动机和悬架）必须安装至正确的位置。

3. 美观

更换后的外板及附件外形尺寸应符合原厂规定，必须配合周边钢板和零件，实施精确的定位，板件间隙均匀合适，做到不影响车辆外观品质，达到美观整齐的效果。

4. 耐久

车辆要耐用必须应具有良好的防水和防锈性能，而这些性能不能在修理完成后再来要求。防水和防锈若处理不当，会对车辆的品质与安全埋下隐患，故必须在修理过程中要求其品质。

二、车身板件的拆卸方法

车身板件除了用螺栓连接，还有如图 3–4–3 所示的几种方式。

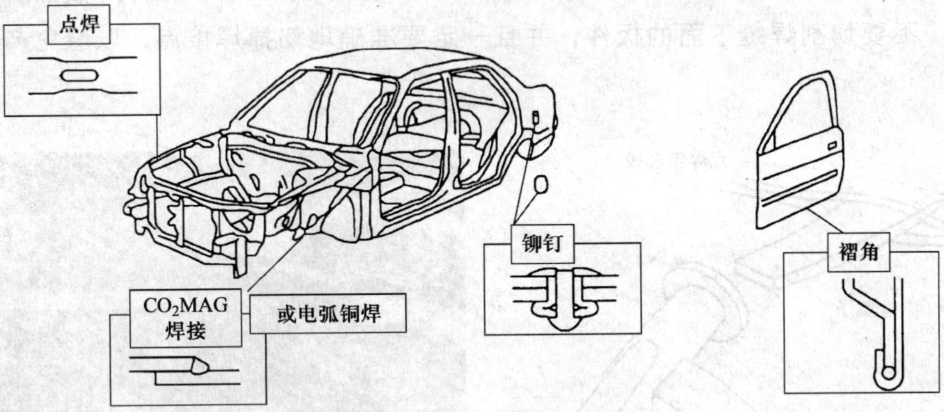

图 3-4-3　车身板件的连接方式

拆卸铆接部位，应钻除铆钉凸缘，如图 3-4-4 所示。拆卸褶角加工部位，应磨除外钢板的弯角，如图 3-4-5 所示。车身焊接板件的拆卸作业主要就是分离点焊和焊缝。

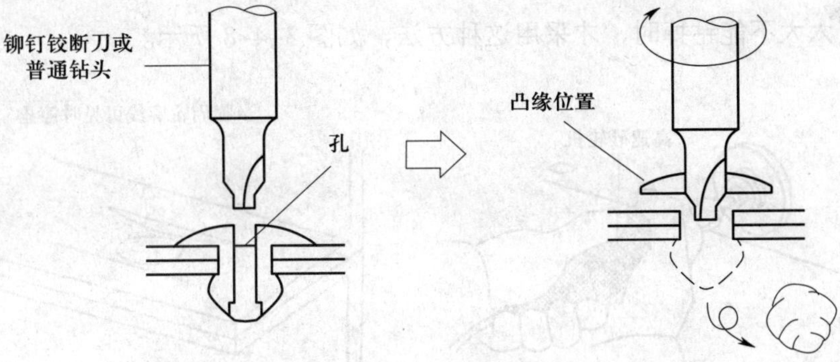

图 3-4-4　铆钉的拆卸方法

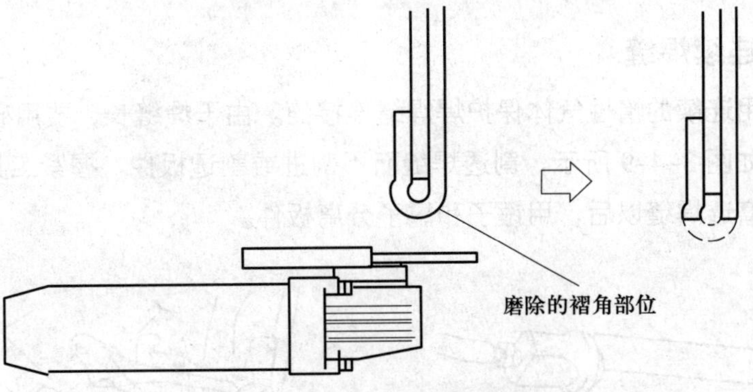

图 3-4-5　褶角加工部位的拆卸方法

（一）分离点焊

分离点焊的第一步应是确定点焊的位置。可以用钢丝刷、砂轮机等去除底漆、保护层或其他覆盖物。如果清除底漆以后，点焊的位置仍不清晰，可将两块板件用錾子錾开，这样可使点焊轮廓线显现，如图 3-4-6 所示。

确定点焊的位置以后，使用如图 3-4-7 所示的点焊切割器，钻掉焊接点。分离时要小心，不要切割焊缝下面的板件，并且一定要准确地切掉焊接点，以避免产生过大的孔。

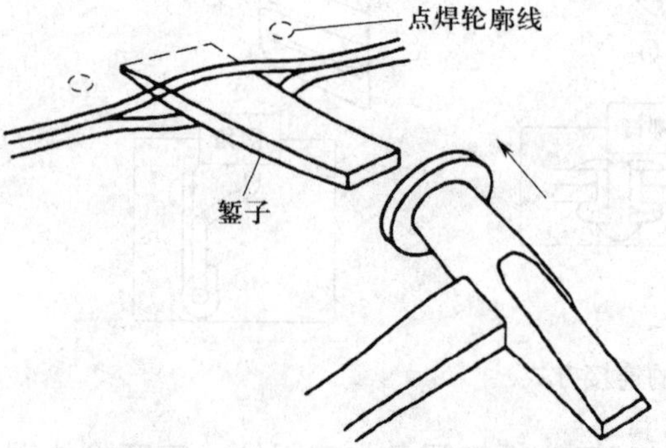

图 3-4-6　用錾子确定点焊位置

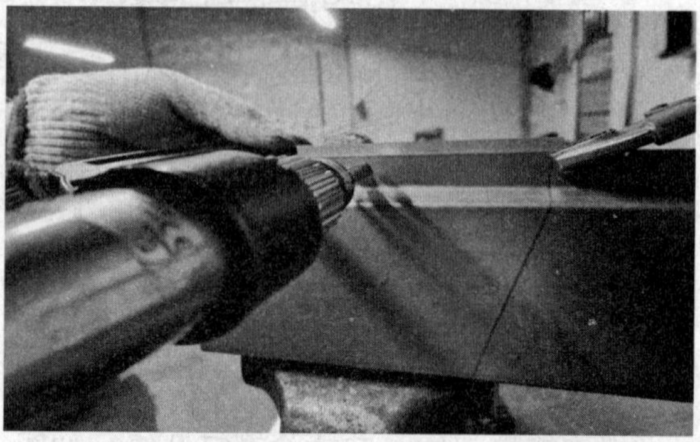

图 3-4-7　点焊切割器

用高速砂轮机也可分离点焊的板件，但仅在用钻头钻不到焊接点，或更换的板件是在上部，或焊接点太大不能钻掉时，才采用这种方法，如图 3-4-8 所示。

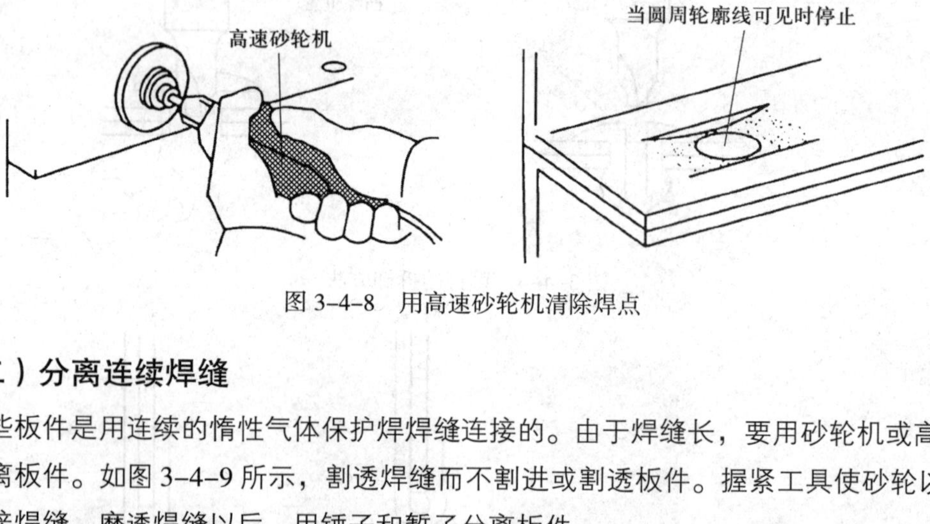

图 3-4-8　用高速砂轮机清除焊点

（二）分离连续焊缝

有些板件是用连续的惰性气体保护焊焊缝连接的。由于焊缝长，要用砂轮机或高速砂轮机来分离板件。如图 3-4-9 所示，割透焊缝而不割进或割透板件。握紧工具使砂轮以 45° 角进入搭接焊缝。磨透焊缝以后，用锤子和錾子分离板件。

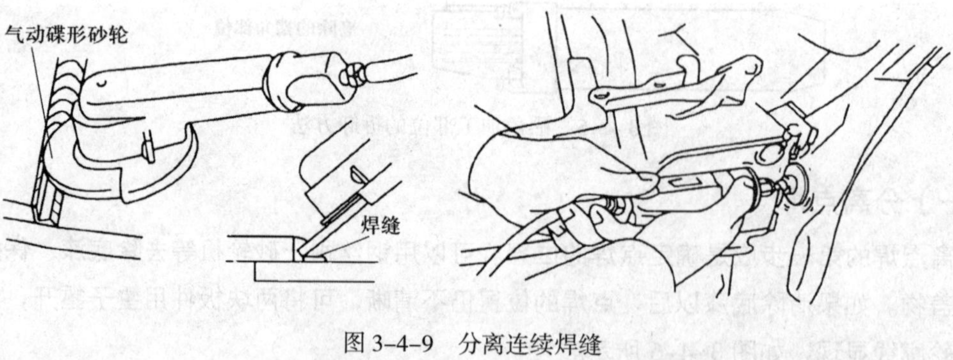

图 3-4-9　分离连续焊缝

三、车身板件的切割方法

（一）气动剪

气动剪的使用如图 3-4-10 所示。

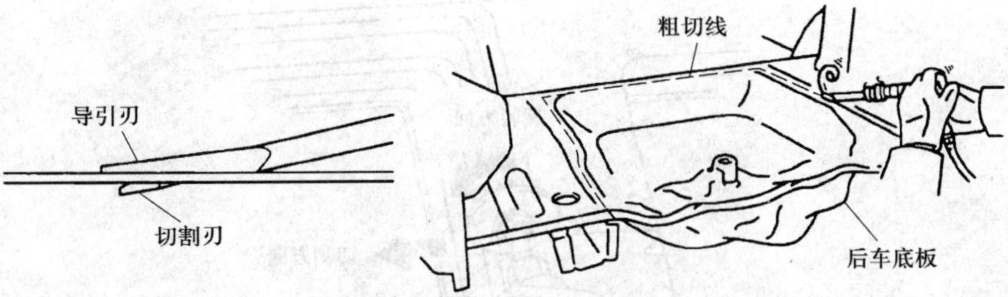

图 3-4-10　气动剪的使用

（二）气动锯

气动锯的使用如图 3-4-11 所示，具体步骤如下。

（1）把锯片安装在气动锯动力头上，将锯片的切割面朝向拉动方向。

（2）在开始工作前先滴入 1 ~ 2 滴气动工具润滑油，并空转气动锯约 5 s。

（3）将锯片的切割面抵住钢板的弯角部位做出一切割缝。开始切割时轻轻地下压气动锯，再逐渐地施加压力。

（4）改变锯片的角度并开始切割钢板。

还需注意以下要点。

（1）依钢板的厚度来调整锯片的角度：薄钢片倾斜，厚钢板垂直。

（2）在切割复合层结构时，需留意锯片的角度和行程，以防止下层钢板受到损伤。

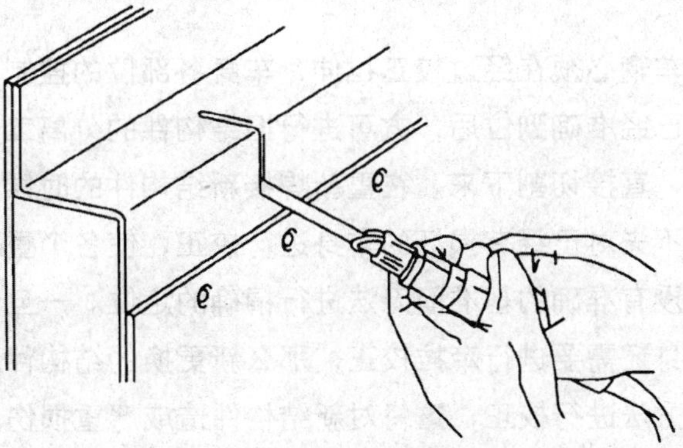

图 3-4-11　气动锯的使用

（三）滚轮式研磨机和切割研磨片

滚轮式研磨机和切割研磨片的使用如图 3-4-12 所示，具体步骤如下。

（1）将切割研磨片安装于滚轮式研磨机动力头上。

（2）在开始工作前，先滴入 1 ~ 2 滴气动工具润滑油，并空转研磨机约 30 s。

（3）用双手紧握工具抵住钢板。

（4）开始切割时轻轻地下压研磨机，再逐渐地施加压力。

（5）当火花的喷溅量最大时，切割压力是最适当的。

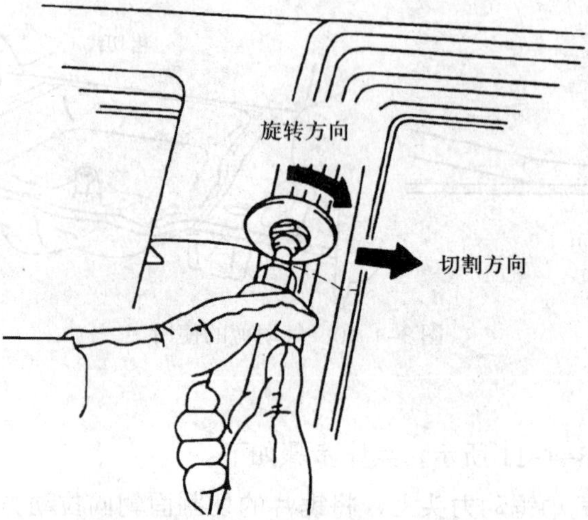

图 3–4–12　滚轮式研磨机和切割研磨片的使用

四、板件更换的流程

对结构件进行更换操作要做大量的准备工作，而且在操作过程中要严格按照有关的操作规程进行，对于新结构件的拆卸和焊接要仔细参照车辆制造厂商提供的车身维修手册，尤其是定位的尺寸和焊接方法及位置的说明。

（一）更换新结构件的准备工作

1. 车辆的准备

需要更换结构件的车辆必须在经过校正拉伸，车身各部位的控制点定位尺寸（包括需要更换的损坏结构件）都已经准确到位后，方可进行旧结构件的分离工作。有人会认为反正旧结构件也需要进行更换，直接切割下来，在重新焊接新结构件的时候再进行精确定位可以节省工作时间。但是如果不先对已经有损坏的车身进行校正，使各个重要的控制点尺寸都到位的话，新结构件将由于没有准确的基准而无法进行精确的定位。一旦新结构件按照错误的基准焊接上去后，发现车身还需要进行牵拉校正，那么新更换的结构件原有的定位尺寸必将失效，需要重新用拉伸的方法进行校正，这将对新结构件造成严重损伤。因此，必须首先校正车身，然后才能分离旧结构件。

分离旧结构件前要仔细分析旧结构件分离的位置。如果整个结构件都更换，通常要从结构件与其他结构件相焊接的地方进行分离操作。车身结构件焊点的分离在前面已经讲述过，按照相应的操作方法操作，不要损坏无须更换的结构件即可。如果结构件整体更换不容易实施，需要对结构件进行局部分割时，则需要仔细分析结构件切割的部位和分割范围，使用水笔在切割的地方先画出切割的路线，然后按照路线用气动锯进行切割，不要伤害到无须切割的部位。对于无法切割的部位，可以用气动锯做环绕切割，待旧结构件分离后用手砂轮机进行修整。

对于需要使用车身三维测量装置或定位器定位新结构件的情况，必须将车辆固定在专用的工作台上，并将车身主要的控制点完全测量一遍，以确保车辆总体尺寸的正确。

2. 新结构件的准备

由于新结构件都涂有底漆，所以新结构件上焊接部位的底漆和其他妨碍焊接的保护层都需要进行清理，若新结构件为镀锌板，则只要清理焊接部位即可，不要破坏更大面积的镀锌层。在打磨过的部位要重新施涂导电底漆，以使焊接时能够导电并起到一定的防腐作用。

如果新结构件需要切割，或要与未切除的钢板进行搭接，则须用气动锯、砂轮机等切割工具将新结构件粗切割到需要的尺寸，然后与车身进行比较，确定出精确的轮廓，用水笔勾勒出切割线，再用气动锯进行精确的切割。一般搭接宽度应保持在 20 ~ 25 mm，过宽的搭接在新结构件进行装配时可能会造成调整困难。在特殊情况下，由于强度的要求或搭接修理部位有较大的活动空间时，允许搭接宽度稍大些。

3. 工具与设备的准备

进行结构件的更换需要用到很多工具和设备，由于定位的需要，测量工具和设备必须已经准确安装和调试到位，以备随时可以进行各种尺寸的测量。各种定位夹具也要准备充足，用夹装固定是对结构件进行定位和调整时最常用的定位方式，需要固定的点也很多，因此夹具要准备多一些。有些地方需要用到自攻螺钉等定位方式，因此手电钻、自攻螺钉和手动工具等也要准备齐全。

对新结构件进行焊接前进行试焊操作十分必要。焊接操作的质量直接影响到车身修理的质量，因此要先使用与更换板件材质和厚度基本相同的板材进行试焊，调整焊机的各项参数。

（二）新结构件的定位和焊接

在完成各项准备工作后，即可以将新结构件安装到需要的部位进行定位和焊接了。

对于车身结构件的定位和焊接，必须使用测量工具来测量，各个控制点之间的相对尺寸可以从车辆制造厂提供的车身维修手册上找到。如果没有相应的数据，从没有损伤的同型号车辆（最好是新车）上测量也可以，采用这种方法获取尺寸时，需要多测量几台车，取平均值作为准确的定位参数。

定位测量可供选择的工具和设备很多，比较精确的有车身三维测量系统和定位器系统等。定位尺寸参数达到车辆维修技术尺寸参数要求后，再进行全面的焊接。采用先组合，再调整，最后焊接的方法，要比逐一进行定位、焊接的准确性更高，工作效率也更高。下面以更换轿车左前翼子板内板和左前纵梁两个车身结构件为例，讲述新结构件定位和焊接的过程。

轿车的左前部受到严重撞击，左前纵梁严重弯曲，左前翼子板内板（包括左前悬架支承座）也已经严重损坏，为保证车辆的整体性能，需要采取更换的方法来修理。同时更换的结构件还有散热器框架和前横梁。

前纵梁和前翼子板内板是发动机、动力传动系统和悬架系统的安装基础，所以在进行更换时都需要做精确的测量。左前纵梁是安装的基础，应当首先安装，安装左前纵梁时将左前翼子板内板与左前纵梁用夹具固定在一起，在保证左前纵梁定位准确的同时，也可以使左前翼子板内板的定位尺寸得以保证，并可以相互作为参考，使定位工作更准确。所以，首先将左前翼子板内板和左前纵梁用夹具固定在一起，夹紧时如果新件上有相对的安装记号，则应将记号对准；如没有安装记号，则参照另一侧没有更换的部件相对位置来夹紧。这个夹紧定位是暂时性的，目的是使安装工作更容易进行，精确的定位尺寸需要等进一步测量之后才能确定，因此稍有误差是允许的。

技能训练

实训　后翼子板更换

◆ 实训准备

1. 安全操作规范

（1）焊接时一定要穿戴好防护工具。

（2）在实车上进行修复时，一定要断开蓄电池负极。

（3）穿戴干净整洁的工作服。

（4）遵守场地安全规定，注意用电安全。

2. 实训工具准备

（1）设备：电阻点焊机、待更换的后翼子板、车身、定位钻、气动锯等。

（2）工具：卷尺、锤子、顶铁、万能夹钳等。

（3）耗材：80# 砂纸、记号笔、纸胶带、点焊专用漆等。

（4）劳保用品：工作服、劳保鞋、护目镜、耳塞、线手套、防尘口罩、焊接面罩、焊接服等。

◆ 实训步骤

严重的后端碰撞，以及中度偏后的侧面碰撞，会导致后翼子板变形严重，应更换。准备好工具和材料，穿戴好防护用品，按照下述步骤进行。

1. 相关准备工作

拆除相关部件（如行李舱盖等），并做好车身其他部位的防护工作，对作业可能影响到的部位应盖上防火布，防止研磨的颗粒、焊接飞溅损伤其表面。

2. 后翼子板的拆卸与分割

拆卸与分割前应查阅相关维修手册，确定切割线的位置，图 3–4–13 所示为某车型后翼子板的切割线。

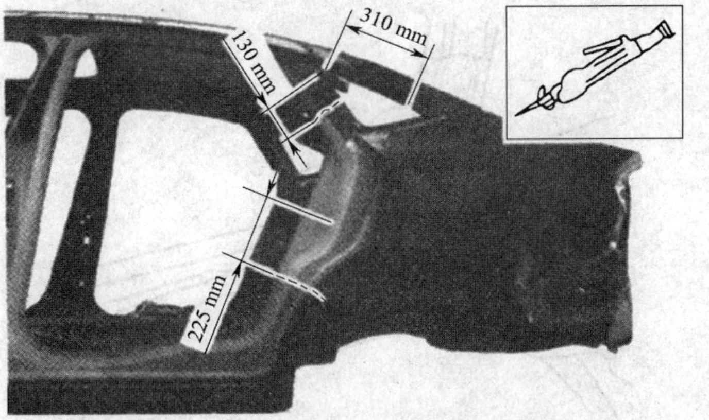

图 3-4-13　某车型后翼子板的切割线

具体切割时先用卷尺按照需要切割部位的尺寸要求在板上画线，经观察比较无误后，用气动锯进行切割（切割位置应参考维修手册，一般选择在车顶侧板接近车顶 200 mm 左右的地方和门槛板靠近轮眉 100 mm 左右的地方）。切割的断口要比新板安装时的对缝略多 20 mm 左右的余量。接着用点焊切割器去除焊点，移走旧板。

3. 车身侧钢板的准备工作

拆卸损坏的板件以后，待修理的汽车要做好准备以安装新的板件，操作步骤如下。

（1）从点焊区域磨掉焊缝的痕迹。用钢丝刷从连接表面上清除掉油泥、锈斑、油漆、保护层和镀锌层等。不要磨削结构钢板的边缘，否则将磨掉金属，使截面变薄并削弱连接强度。此外，还要清除板件连接表面后面的油漆和底漆，因为这些部位在安装时要点焊，如图 3-4-14 所示。

（2）相配合的凸缘上的凹坑和凸起，要用锤子和顶铁敲平，如图 3-4-15 所示。

（3）在油漆和腐蚀物已从连接面上清除后，基体金属已经暴露的区域应涂上可焊透的底漆。对于连接的表面或在以后加工过程中不可能涂漆的区域，要采用防锈底漆，如图 3-4-16 所示。

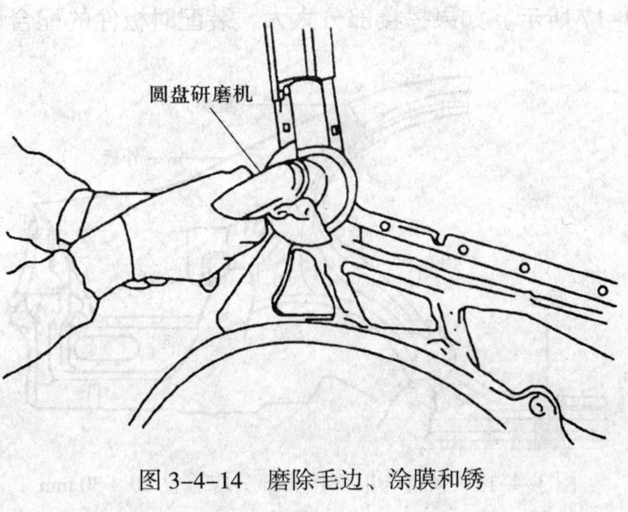

图 3-4-14　磨除毛边、涂膜和锈

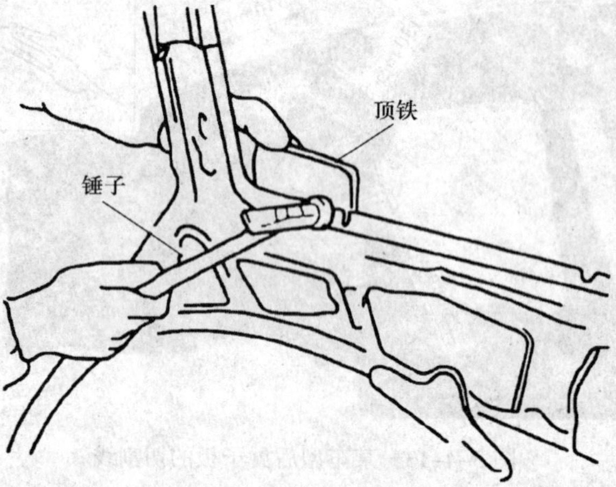

图 3–4–15 焊接零件的整形

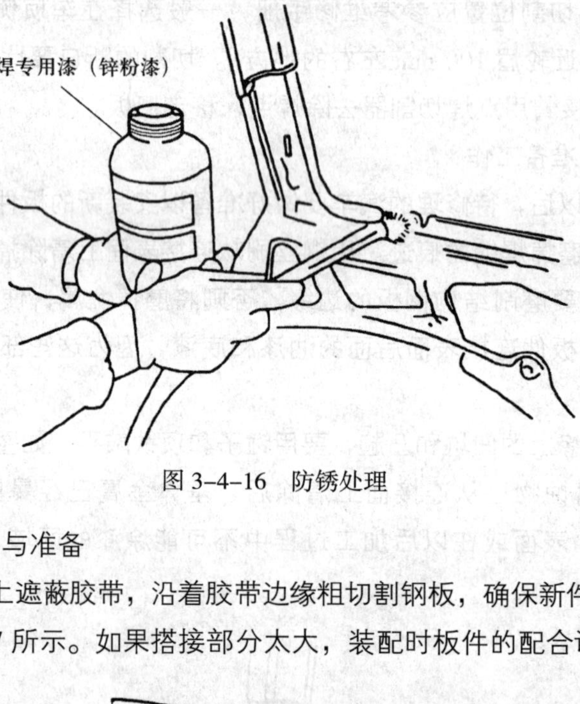

图 3–4–16 防锈处理

4. 新板件的粗切割与准备

（1）测量尺寸，贴上遮蔽胶带，沿着胶带边缘粗切割钢板，确保新件和旧件有 20 ~ 30 mm 的重叠量，如图 3–4–17 所示。如果搭接部分太大，装配时板件的配合调整比较困难。

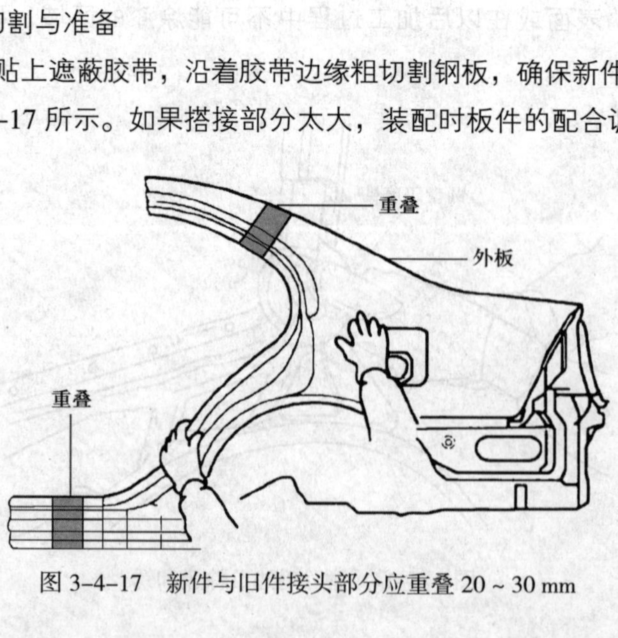

图 3–4–17 新件与旧件接头部分应重叠 20 ~ 30 mm

（2）用圆盘研磨机清除点焊区域两面的油漆，不要磨削到板件，也不能使板件过热变成蓝色或变形。

（3）对已清除油漆层的焊接表面，要施用可焊透的底漆（作为防锈处理）。涂抹可焊透的底漆时要小心，避免从连接表面上渗出。

（4）为了塞焊，要用冲孔机或钻头钻孔。一定要参照车辆的车身维修手册来确定塞焊孔的数量。通常孔的数量比在工厂总装线上的点焊数要多。要确保塞焊孔的直径合适，对于后翼子板建议塞焊孔的直径为 5 ~ 6 mm。

5. 后翼子板的安装与定位

（1）安装后翼子板

将后翼子板按如图 3–4–18 所示的方法安装到位，用万能夹钳将相邻结构件的边缘夹紧，以使后翼子板得到固定。注意：新件落料时的边缘余量不宜留得过大，否则不便于装夹和固定。

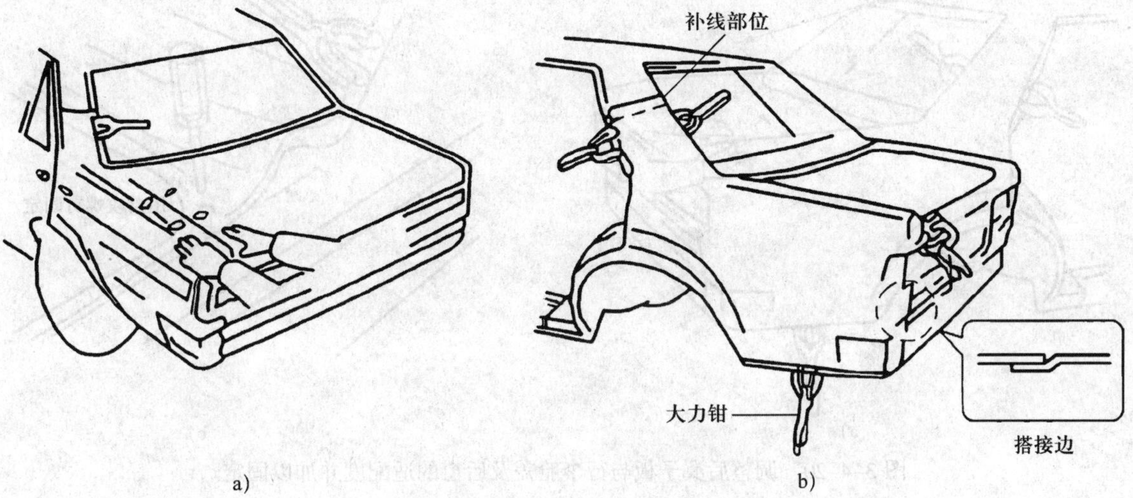

图 3–4–18　后翼子板的安装与定位

a）定位目标　b）暂装后翼子板

（2）用适配法调整定位

用目测的方法检查结构件的型线是否对齐，后翼子板与车门的间隙是否符合要求，如图 3–4–19a 所示，并用自攻螺钉将其临时固定，如图 3–4–19b 所示。在行李舱盖处于关闭状态下，检视后翼子板与行李舱盖的间隙和高度是否合适，并用对比法测量、验证窗口的对角线，如图 3–4–20a 所示，确认无误后用自攻螺钉临时固定，如图 3–4–20b 所示。最后装上车身后部的灯具，并验证其适配情况及高度是否与另一侧对称，确认无误后也用自攻螺钉临时固定，如图 3–4–21 所示。

（3）临时固定

每进行一项适配作业，都应在结构件边缘的适当部位钻孔，而后用自攻螺钉将其临时固定。因为用夹具固定有时不够可靠，适配度的调整也不够方便。

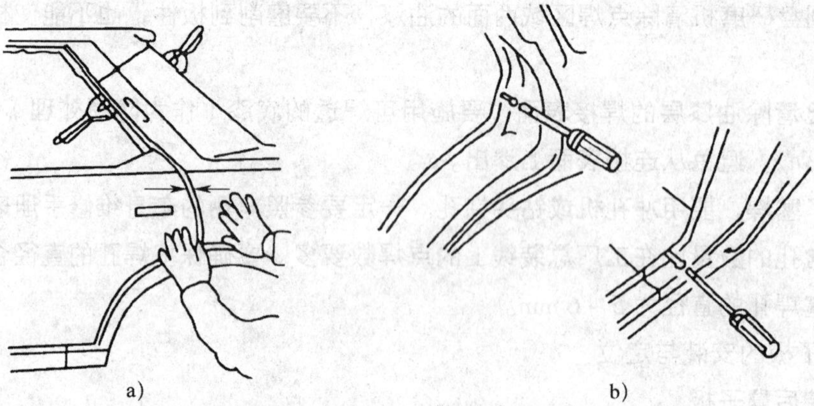

图 3-4-19　调整后翼子板与车门的适配度并加以固定

a）目测检查　b）用自攻螺钉固定

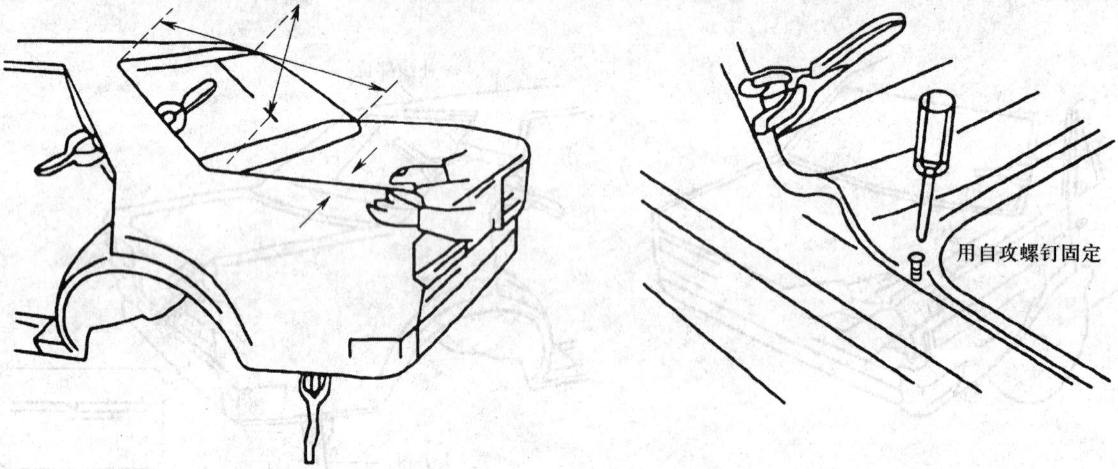

图 3-4-20　调整后翼子板与行李舱盖及后窗的适配度并加以固定

a）检测后翼子板与行李舱盖及后窗的适配度　b）用自攻螺钉固定

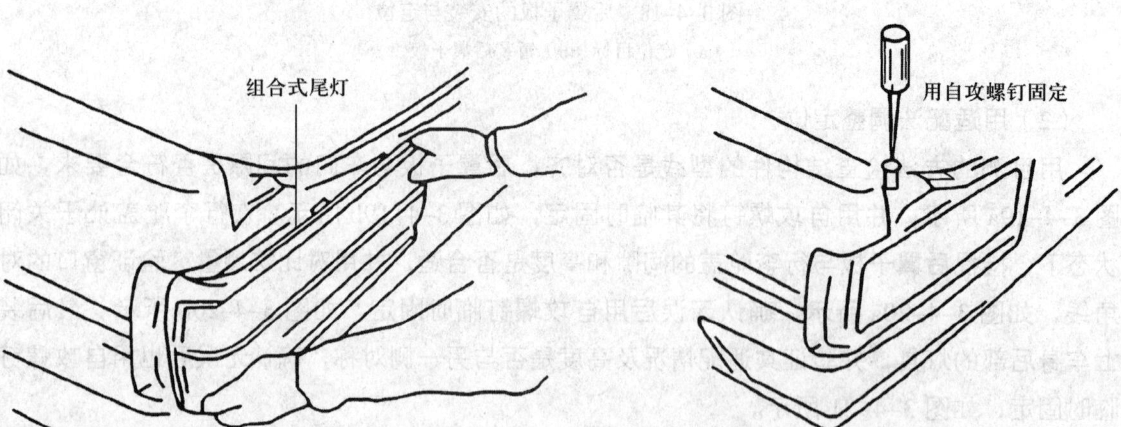

图 3-4-21　安装组合式尾灯并加以固定

a）安装组合式尾灯　b）用自攻螺钉固定

（4）整体适配状况的检视

全部装配完毕后，再进行一次整体适配状况的检视，查看各部位间隙、线形以及对称度等，还要检查新件及与之关联的结构件是否有整体弯曲或扭曲等变形现象。在确认新件的安装与适配无疑时，再进入点焊作业阶段。

6. 新后翼子板的切割

为使切割线能与新件的切口相吻合，可以由新件上割下的端头为基准在车身一侧画线切割，切割方法如图 3–4–22 所示。

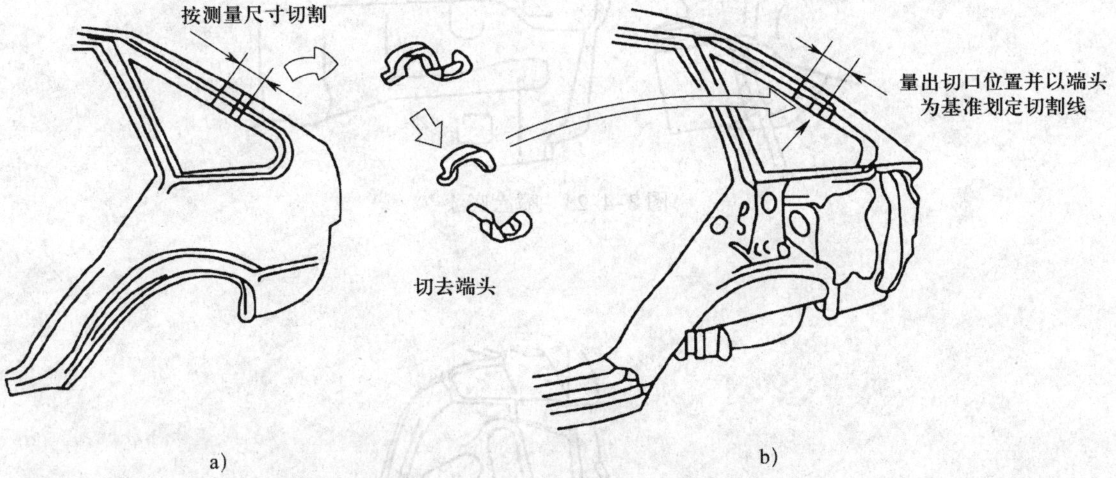

图 3–4–22　比照新件切口划定切割线

a）按测量尺寸割下端头　b）比照新件端头划定切割线

7. 新件焊接

要参考维修手册对焊接数目和种类的指示。一般后翼子板的一圈应进行电阻点焊或塞焊。然后对对缝部位采用气体保护焊的薄板无衬板对缝焊技术进行焊接，焊后，应将焊缝磨平。

具体焊接时应注意如下事项。

（1）焊接顺序：焊接顺序应遵循由中间向两边、先基础件后附属件的原则。

（2）焊接防护：焊接过程中所产生的火花或热影响，会损坏车身涂层、玻璃装饰件等，应采取相应的保护措施（如遮盖、拆除等）。

（3）点焊机地线虚接所产生的电动势，有可能击穿车上的微电子设备，故应确保接地可靠并将车上电源回路断开，如切断总电源或拆下蓄电池的电源线等。

8. 防锈处理

（1）喷涂底漆

于没有涂膜的部位实施清洁及去脂作业，然后喷涂底漆，如图 3–4–23 所示。

（2）涂抹车身密封胶

对涂抹面实施清洁、去脂作业，于钢板接合面涂抹车身密封胶，如图 3–4–24 所示。

图 3-4-23 喷涂底漆

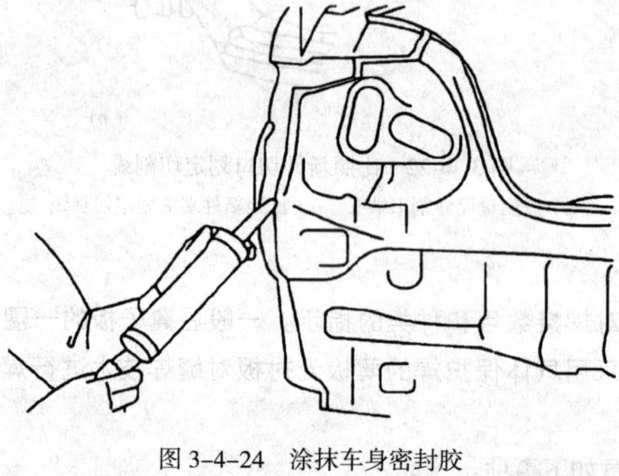

图 3-4-24 涂抹车身密封胶

注意：依各车型的车身维修手册，涂抹于更换钢板的背面；明显可看到的部位需加以修饰。

9. 安装相关附件与调整装配间隙

安装行李舱盖、尾灯总成等附件，并调整装配间隙，使其符合原厂要求。

10. 填充氨基甲酸乙酯泡棉

如更换板件时破坏了原有做减振与隔音处理的氨基甲酸乙酯泡棉，应重新填充。

11. 5S 整理

对实训场地、实训车辆等进行 5S 整理。

任务评价

表 3-4-1　　　　技能考核评分表

序号	项目	操作内容	规定分	评分标准	得分
1	劳保用品	劳保用品穿戴	10 分	工作服、劳保鞋、护目镜、耳塞、防尘口罩、线手套、焊接面罩、焊接服，每少一项扣 2 分，扣完为止	
2	板件分离	拆卸旧板件	10 分	切割位置错误每处扣 5 分，扣完为止	
3	车辆侧处理	打磨点焊痕、敲平、补孔	15 分	点焊痕未打磨或未打磨彻底每处扣 2 分，一处未敲平扣 2 分，一处孔洞未补扣 4 分，扣完为止	
4	新件准备	确定新件切割位置、打磨旧漆膜	10 分	未标识切割位置扣 5 分，旧漆膜去除不彻底扣 5 分	
5	翼子板预装配	预装配翼子板	10 分	未进行预装配扣 10 分，装配中出现较大的缝隙每处扣 5 分，扣完为止	
6	新翼子板切割	对新翼子板进行切割	10 分	切割位置错误扣 10 分，切割线不平整每处扣 4 分（5 mm 为一处），扣完为止	
7	焊接	对后翼子板进行焊接	25 分	点焊质量不符合要求每个扣 2 分，连续点焊不符合要求，每处扣 3 分（5 mm 为一处），塞焊质量不符合要求每个扣 2 分，扣完为止	
8	防锈处理	进行防锈处理	5 分	未进行防锈处理扣 5 分	
9	5S 整理	场地整理	5 分	未对场地进行 5S 整理扣 5 分	
总分			100 分		

项目四　汽车车身尺寸测量

项目概述

车身维修的主要任务是维持或恢复车身的正常工作能力，延长使用寿命并使其处于良好的技术状态。同时，这也是高质量的车身维修所追求的目标。如果由于车身变形导致车身整体定位参数发生变化，对汽车行驶性、稳定性、平顺性、安全性、使用性等都有至关重要的影响。所以在进行车身维修时应先测量车身的尺寸参数。

本项目介绍汽车车身测量的重要性、车身尺寸测量的基本要素、车身尺寸图，以及使用车身测量系统对车身尺寸进行测量等相关知识。

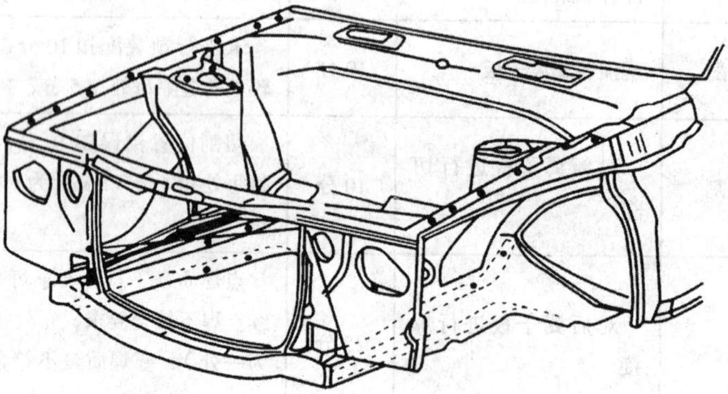

任务1　汽车车身测量基础

任务目标

1. 能描述车身测量的重要性。
2. 能描述车身尺寸测量的基本要素。
3. 能识读车身尺寸图。

任务导入

小王的车辆发生严重碰撞，车身大梁已经弯曲，把车辆送到4S店修理后，专业的维修技师把车身大梁附近零部件已经拆除，现需要对大梁进行检测校正，以便后期确定维修方法。

任务分析

车身的测量工作是车身修复中的重要程序，事故车的损伤评估、校正、板件更换及安装调整等工序都要进行测量工作。为保证汽车使用性能良好，总成的安装位置必须正确，因此在修理后要求车身装配尺寸公差不能超过 3 mm。

要想将车身的尺寸恢复到标准范围，对原车车身尺寸的掌握是最基本的。如果没有原车车身的尺寸数据，对测量来说会有很大的难度，后续的车身修理也是不准确的，这样会对修复后汽车的各项性能产生一定的影响。所以在进行车身测量和调整之前，首先掌握车身尺寸数据的知识是十分必要的。

知识储备

一、车身测量的重要性

车身变形导致车身整体定位参数发生变化后，对汽车行驶性、稳定性、平顺性、安全性、使用性等都有至关重要的影响。所谓整体定位参数，是指对汽车发动机、底盘、车身主要构件的装配位置有直接影响的基础数据，如汽车的前轮定位、轴距误差和各总成的装配位置精度等。而这些可以定量测得的表征车身外观和性能的参数值，恰恰又是原厂技术文件中有明确规定的重要技术数据。

车身维修时对这些参数进行测量，一方面用于对车身技术状况的诊断，另一方面用于指导车身维修。因此，车身测量在车身维修中非常重要。车身维修中的测量，一般分为以下三个步骤。

（1）维修作业前的测量，目的是确认车身损伤状态和把握变形程度，为技术诊断提供可靠的依据，不仅有助于对变形做出正确的技术诊断，同时也为合理地制定维修方案提供依据。如单一构件变形时，可以通过更换或修复构件来解决；如关联部件变形时，可从变形较大的构件入手，逐一进行校正和修复。对于车身的整体变形，则应以基础构件为基准，对整体定位参数值进行校正和恢复性修理。

（2）维修作业过程中的测量，目的是对修复过程的质量进行有效控制。对车身的校正或更换主要构件，都需要通过测量来保证其相关的形状尺寸精度和位置准确度；维修过程中不断测量车身定位参数值，可以判定修复作业是否循序渐进地在质量控制之下。

（3）竣工后的测量，为验收和质量评估提供可靠的数据。竣工后测量的主要任务是复核，以检验车身修竣后的技术状况参数是否符合标准或达到预定的修复目标。有时还要包括对前轮定位角、轴距、侧滑等参数的检测。如果仅以目测为手段检验，车身维修的内在质量难以控制。通过测量数据才能检验车身维修的质量。

在整个维修过程中，汽车车身的测量是非常重要的。必须对受伤部位上的所有主要加工控制点对照生产厂家提供的数据进行复查。为了做到这些，车身维修技师必须做到：准确地进行测量、多次测量、核实所有的测量结果。

在事故车维修的发展过程中，有很多测量方法和技术，目前常用的主要有以下两种。

（1）可以测量怀疑其变形的控制点到某未变形的控制点尺寸数据，再与车身尺寸图上标注的两点尺寸进行比较以判断该点的变形情况。车身上大多数的控制点都是孔洞，它们通常是同一类型的圆孔、方孔、椭圆孔等，测量两点尺寸，是测量中心点到中心点的距离。

（2）可以测量汽车车身上的控制点三维尺寸，与车身尺寸图上的三维标准数据进行比较，以判断该点的变形情况，从而判断车身变形情况。

二、车身尺寸测量的基本要素

正确的车身检测与测量是车身维修的基础，而掌握车身测量的点、线、面三个要素，又是高质量完成车身测量任务的关键。

（一）控制点

车身控制点的测量用于检测车身损伤与变形的程度。车身设计与制造中设有多个控制点，检测时可以测量车身上各个控制点之间的尺寸，如果误差超过规定的极限尺寸，应设法修复使之达到技术标准规定的范围。车身上的控制点并非无规律可循。承载式车身的控制点如图 4-1-1 所示，车身一般常用 4 个控制点，其中，①、④位于车身前、后端，体现车身的总体尺寸；②、③位于车身中间，体现安全空间要求。

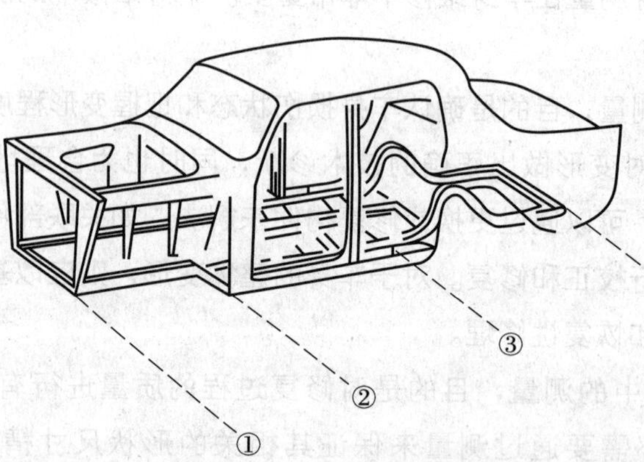

图 4-1-1　车身控制点的基本位置

①—车身前横梁　②—前围板区域　③—后车门区域　④—车身后横梁

由于车身设计和制造是以几个控制点作为组焊与加工定位基准的，这些由生产工艺上留下来的基准孔，同样可以作为车身测量时的定位基准。除此之外，汽车各主要总成在车身上的装配位置，也必须作为控制点来对待。实际上，对控制点的测量就是对关键参数的检查与控制，并且这些参数又是有据可查的，一些车身测量设备就是根据控制点原则研制而成的，它是目前车身维修中比较实用和流行的测量原则。

（二）基准面

汽车制造过程中，为了便于测量车身高度尺寸而假想的一个平滑的平面称为基准面，如图 4–1–2 所示。该平面与车身中心水平面平行并与之有固定的距离。生产厂家测得的汽车高度尺寸都是以此为基准，这也是在维修检测过程中的主要参考平面。

因为基准面是一假想平面，所以与车身地板之间的距离可以增大或减小，以方便测量。如果测量中以设定的基准面安装测量仪器困难，可以调整基准面的高度，选取合适的安装位置，但要记住最后的测量结果应减去调整值。基准面在车身尺寸图上投影为基准线。

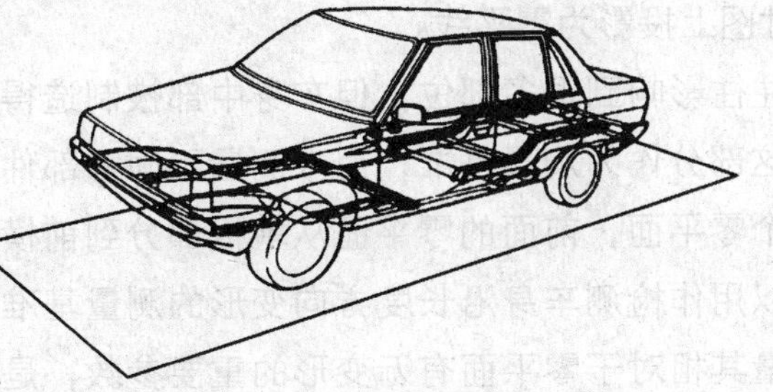

图 4–1–2　汽车基准面

（三）中心面

中心面是一个与基准面垂直并与汽车纵向中心线重合的平面，如图 4–1–3 所示。它也是一个假想的平面，在长度方向将车辆对称分开。车身所有宽度方向的横向尺寸都是以中心面为基准测得的。通俗地说，从中心面至车身右侧特定点的尺寸与中心面至车身左侧同一对称点的尺寸，应该是相同的。

中心面在车身尺寸图上投影为中心线。

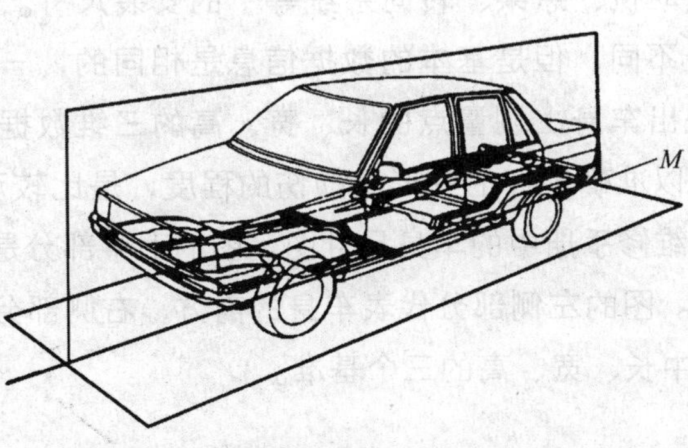

图 4–1–3　汽车中心面

（四）零平面

为了正确分析车身的损伤程度，可以将汽车看作一个方形结构并将其分成前、中、后三部分，如图 4–1–4 所示，分割三部分的基准面称为零平面。

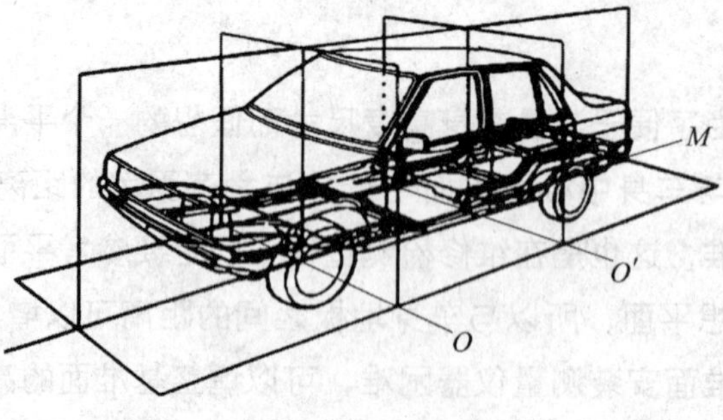

图 4-1-4 汽车零平面

零平面在车身尺寸图上投影为零平线。

汽车碰撞受损时往往影响到很多部位，但车身中部被制造得很坚固以保护乘客，不会轻易地弯曲。通常把这部分作为测量基准，用来测量不同零部件的宽度和长度。在这个部分的边缘上定义了两个零平面，前面的零平面从地板部分到前横梁，后面的零平面从后门到后横梁。零平面可以用作检测车身沿长度方向变形的测量基准，车身上各道横梁与零平面的相对位置，是衡量其相对于零平面有无变形的重要参数，是车身测量和校正的主要部位。相对于零平面的检测，表示车身上所有结构是相互平行的。这里所指的平行与任何外界参照物（如地面）无关。

三、车身尺寸图的识读

各汽车公司的汽车都有车身数据，有些车身测量维修设备公司也通过测量来获得数据。不同的维修设备公司和厂家提供的数据格式可能不同，但要表达的基本内容是一致的，都要提供车身主要结构件、板件（车门、发动机舱盖、行李舱盖、翼子板等）的安装位置，机械部件（发动机、悬架、转向系统等）的安装尺寸。不同公司提供的车身尺寸图在形式上可能有所不同，但是基本的数据信息是相同的，一般都注明车身上特定的测量点，而且都要反映出车身上测量点的长、宽、高的三维数据，以此为基准对车身的定位尺寸进行测量，可以准确地评估变形及损伤的程度，是比较可靠也较为流行的方法。图 4-1-5 所示为某汽车维修手册中的车身尺寸图。图的上半部分是俯视图，下半部分是侧视图，用一条虚线隔开。图的左侧部分代表车身的前方，右侧部分代表车身的后方。要读取数据，首先要找到图中长、宽、高的三个基准。

（一）宽度数据

在俯视图中部有一条贯穿左右的线，这条线就是中心线，又称为中心面，它把车身一分为二。在俯视图上的黑点表示车身的测量点，一般的测量点是左右对称的。两个黑点之间的距离有数据显示，单位是 mm（有些图还会在括号内标出英制数据，单位是 in），每个测量点到中心线的宽度数据是图上标出的数据值的一半。

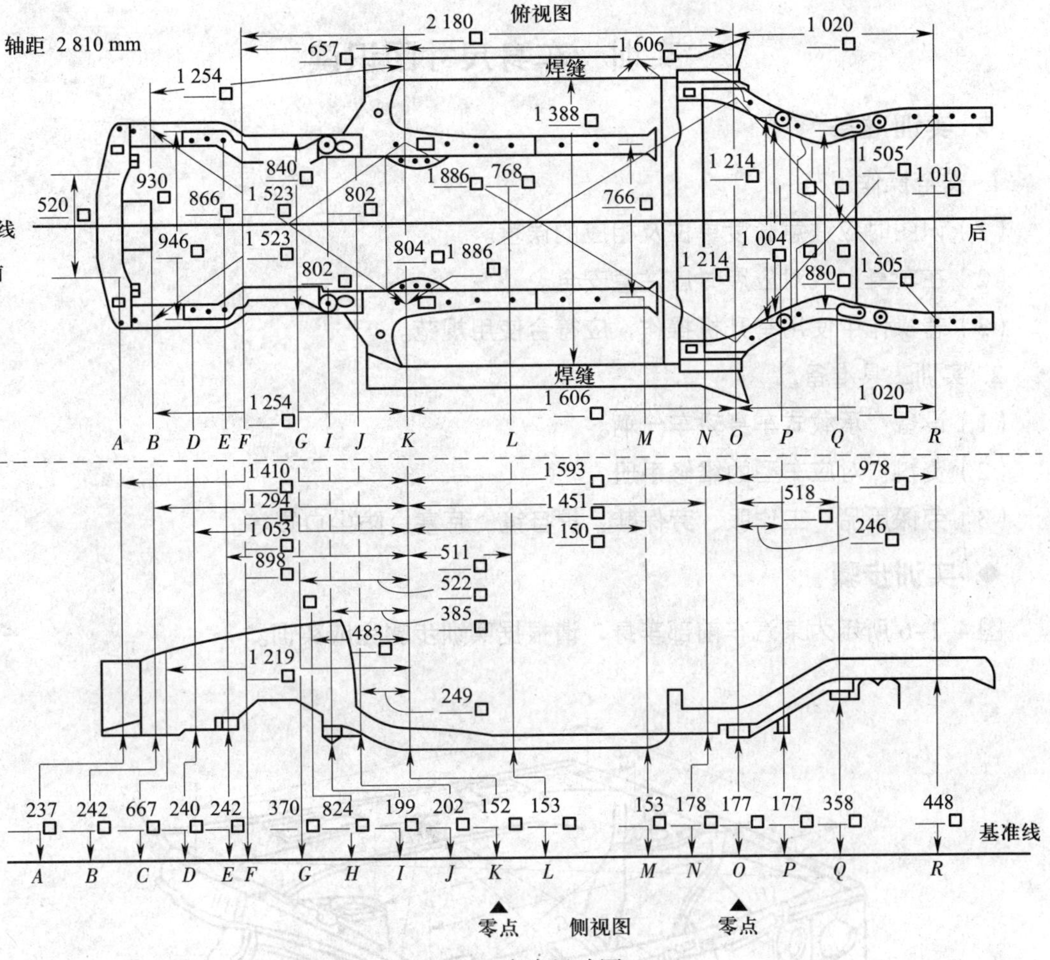

图 4-1-5　车身尺寸图

（二）高度数据

在侧视图的底部有一条较粗的黑线，这条线就是车身高度的基准线（面）。线的下方有从 A 至 R 的字母，表示车身测量点的名称，每个字母表示的测量点一般在俯视图上显示两个左右对称的测量点。侧视图上每个点到高度基准线都有数据表示，这些数据就是测量点的高度值。

（三）长度数据

在高度基准线的字母 K 和 O 的下方各有一个小黑三角，表示 K 和 O 是长度方向的零点。从 K 点向上有一条线延伸至俯视图，在虚线的下方位置可以看到车身前部每个测量点到 K 点的长度数据显示。从 O 点向上有一条线延伸至俯视图，在虚线的下方位置可以看到车身后部每个测量点到 O 点的长度数据显示。长度基准点有两个，K 点是车身前部测量点的长度基准，O 点是车身后部测量点的长度基准。

技能训练

实训　车身尺寸图识读

◆ 实训准备

1. 安全操作规范

（1）识图时应注意长度单位及相应的误差。

（2）在车身上找对应点时应注意安全。

（3）若操作中使用举升机操作，应符合使用规范。

2. 实训工具准备

（1）设备：承载式车身轿车一辆。

（2）资料：对应车型的维修手册。

（3）劳保用品：工作服、劳保鞋、护目镜、耳塞、防尘口罩等。

◆ 实训步骤

图 4–1–6 所示为某汽车前部车身，请根据实训步骤完成实训。

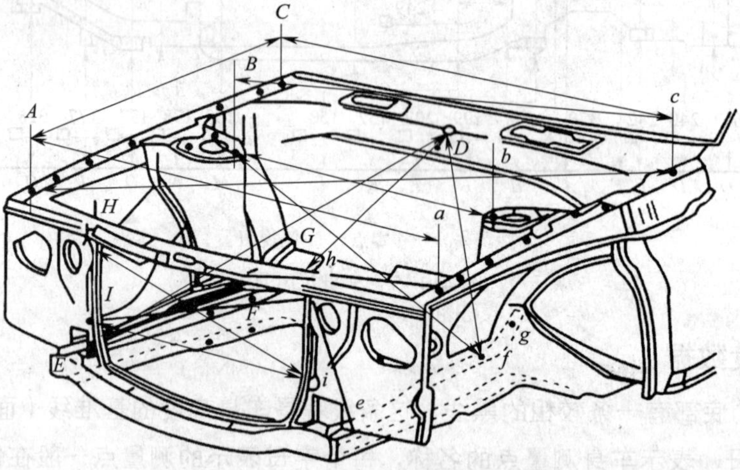

图 4–1–6　某汽车前部车身尺寸

1. 车身尺寸图识读

根据给出的测量点，查阅维修手册，标识出对应点间的间距。

2. 实车前部找点

在实训车辆上找到对应的点，并进行标注。

3. 分组讨论

分别就步骤 1 和步骤 2 中的结果进行讨论，并进行评价。

下表为给出的参考数据。

表 4–1–1　　某承载式车身轿车前部车身尺寸（单位：mm）

测定方向	前部车身测定部位	参数示例	测定方向	前部车身测定部位	参数示例
发动机舱长度方向上的测定	$A \sim C$	901	发动机舱对角线的测量	$A \sim c$	1 557
	$a \sim c$	901		$a \sim C$	1 557
	$B \sim C$	454		$B \sim c$	1 168
	$b \sim c$	454		$b \sim C$	1 168
发动机舱宽度方向上的测定	$A \sim a$	1 256		$B \sim f$	921
	$B \sim b$	901		$b \sim F$	921
	$C \sim c$	1 284	散热器框架宽度方向上的测量	$H \sim h$（KE 系列）	762
发动机舱高度方向上的测定	$D \sim G$	561		$H \sim h$（TE、AE 系列）	538
	$D \sim g$	561		$I \sim i$（KE 系列）	758
	$D \sim E$（四门轿车）	978		$I \sim i$（E、AE 系列）	538
	$D \sim e$（两门轿车）	980	散热器框架对角线的测量	$H \sim i$（KE 系列）	779
	$D \sim F$（四门轿车）	652		$H \sim i$（TE、AE 系列）	580
	$D \sim f$（两门轿车）	653		$I \sim h$（KE 系列）	783
	$H \sim E$（KE 系列）	287		$I \sim h$（E、AE 系列）	580
	$h \sim e$（TE、AE 系列）	297			

4. 5S 整理

对实训场地、实训车辆等进行 5S 整理。

任务评价

表 4–1–2　　技能考核评分表

序号	项目	操作内容	规定分	评分标准	得分
1	劳保用品	劳保用品穿戴	10 分	工作服、劳保鞋、护目镜、耳塞、防尘口罩，每少一项扣 2 分	
2	车身尺寸图识读	识读车身尺寸图	30 分	每个数据错误扣 5 分，扣完为止	
3	车身上找测量点	根据实训提供的车身，在车身上找到实训要求找到的测量点	50 分	每个点错误扣 5 分，扣完为止	
4	5S 整理	场地整理	10 分	未对场地进行 5S 整理扣 10 分	
总分			100 分		

任务 2　汽车车身测量系统的使用

任务目标

1. 能描述常用的测量方法。
2. 能描述常用的汽车车身测量系统的特点。
3. 能用专用测距尺测量车身两点尺寸，并分析车身的损伤情况。
4. 能用电子车身测量系统测量车身三维尺寸，并分析车身的损伤情况。

任务导入

汽车钣金维修技师王师傅在对前纵梁损坏的车辆进行维修校正前，需要先对汽车车身数据进行测量，检测前纵梁损坏的程度，然后才能确定具体维修方案。

任务分析

车身测量系统可以对车身的数据进行测量。车身测量系统又可分为机械式车身测量系统和电子车身测量系统。电子车身测量系统使用计算机和专门的电子传感器来迅速、便捷地测量车身结构的损坏情况，性能好的电子车身测量系统能够在车身拉伸校正过程中给出实时的测量数据。

在电子车身测量系统计算机的数据库中，储存了大量的不同厂家、不同年代的车身数据，这些标准车身数据可以随时被调出。系统可以自动将实际的测量值与标准值进行比较，不用再人工翻查数据手册或记录测量值。

知识储备

对于影响汽车的前轮定位、轴距误差和各总成的装配位置精度的关键点必须进行精确测量，变形误差应控制在 3 mm 以内。要达到这样的要求必须借助先进的测量设备，进行三维尺寸的测量。常用的是通用车身测量系统，该系统是最有效应用轨道式量规、中心量规技术的一种测量装置，它使大部分的测量工作更为简易、精确，但需熟练掌握操作技术，并对一些细节加以注意。通用车身测量系统具有同时测量所有控制点的能力，但要得到正确的测量结果，还必须依据生产厂家的规范将其调整好。

一、常用的测量方法

（一）测距法

钢卷尺、专用测距尺等是常用的测量工具。钢卷尺的使用方法简便、易行，但测量精度低、误差大，仅适用于那些对精度要求不高的场合。尤其是当测量点不在同一平面或其间有障碍时，就很难用钢卷尺测量两点间的直线距离。专用测距尺可以根据不同位置将端头探入测量点，应用起来十分灵活、方便。

（二）对比法

对比法是以相同汽车车身的位置参数或根据汽车对称性，以相对应位置参数作为基准目标。当然，所选择的车身应完全符合技术文件规定要求的状况，必要时还可以通过增选台数、多测量几次来提高基准参数的精确性。

对比法在选择测量点和数据链时，应遵循的原则有以下几点。

（1）利用车身壳体或车架上已有的基准孔，找出所需的定位参数值。

（2）以基础零件和主要总成在车身上的正确装配位置为依据，比照其他同类型车身尺寸图中的标示方法，来确定基准参数的量取方案。

（3）限制测量误差的对策措施：选择便于使用的测量器具（如专用测距尺）；不能以损伤的基准孔作为测量依据；同一参数值应尽量避免接续，最好是一次性量得等。

二、常用的汽车车身测量系统

目前常使用的通用车身测量系统有机械式车身测量系统和电子车身测量系统。

（一）机械式车身测量系统

在大多数机械式车身测量系统中，机械指针都装附在精密的测量桥上，如图 4–2–1 所示。根据车辆厂家规定的水平和垂直规范，在测量桥上定位好测量系统的测量指针。

机械式车身测量系统既可以测量承载式车身，又能对传统的非承载式车身进行测量。它的优越性体现在很容易进行调整，也极易读取数值。绕着汽车就可用肉眼检测所有的控制点，并确定出车身上每个控制点位置与测量系统上此控制点应在位置相比较的结果。如果汽车上的控制点位置与测量系统上正确的控制点位置不在同一水平线上，则说明汽车发生变形。

在使用机械式车身测量系统时要注意以下几点。

（1）车身尺寸图上所选取的基准点是车辆最稳固、最不容易破坏的点。某些时候，车辆由于碰撞或其他事故，损坏了一处或几处基准点，此时需要选取其他的点作为车辆的基准点，待原基准点破坏部位被修复后，经测量无误，再作为测量系统的基准点使用。

（2）由于车辆制造过程中存在的误差和车辆使用过程中颠簸剐碰造成的误差，会使每一辆汽车的长度尺寸都发生变化。通常，这个偏差值应带到长度测量操作中：如果车辆长度方

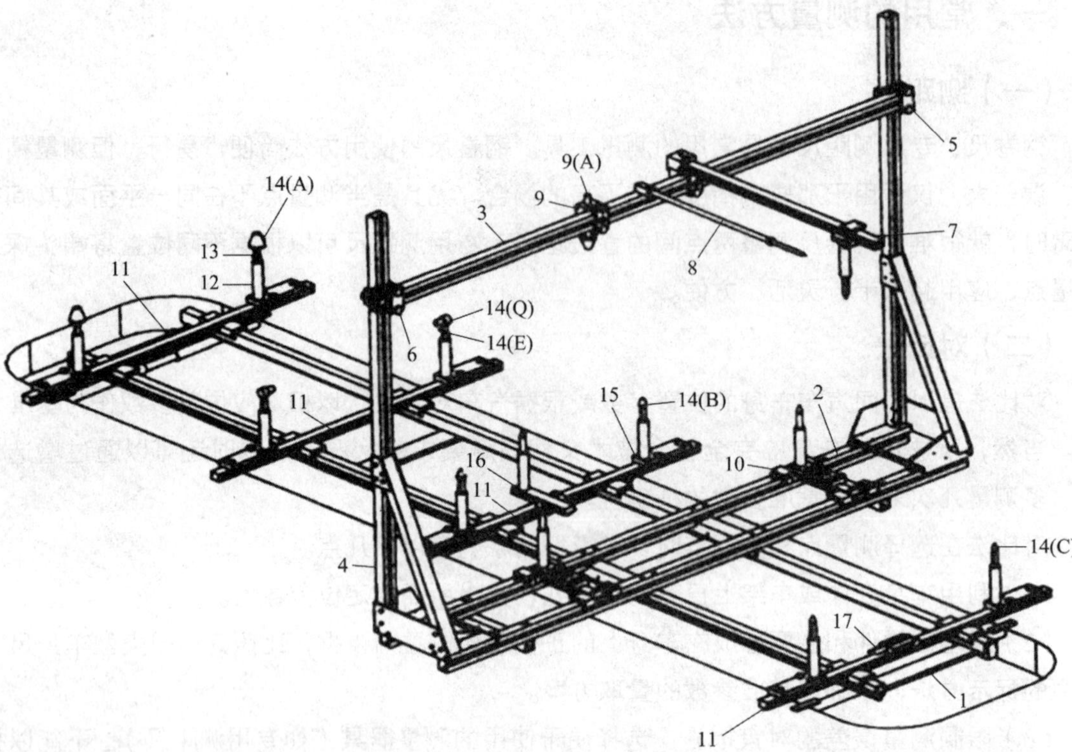

图 4-2-1　机械式车身测量系统

1—长梯子组件　2—短梯子组件　3—横梁　4—垂直三角架组件　5—横梁固定块组件（左边）　6—横梁固定块组件（右边）　7—刚性量规　8—探测量规　9—上标尺导块组件　9（A）—上标尺柱　10—228 mm 基准杆组件　11—中心线杆　12—垂直标尺筒（6 种不同的长度）　13—垂直标尺柱（6 种不同的长度）　14—锥和适配块（A= 大锥；B= 中锥；C= 小锥；E= 套筒，9 号到 24 号共 14 个尺寸；Q= 直角块）　15—垂直标尺固定器　16—不对称垂直标尺固定器　17—球窝接头定位器

向上两基准点比车身尺寸图中的尺寸长 4 mm，则其他测量点的长度尺寸都应增加 4 mm；如果车辆宽度方向上两基准点比车身尺寸图中的尺寸宽 2 mm，则中心线杆上垂直标尺固定器刻度尺寸每侧加宽 1 mm。

（3）在一些极端的情况下，中心线尺寸可能与车身尺寸图中的尺寸相差比较大。此时有必要在另一个位置安放第三根中心线杆来调整关于车辆正确中心线尺寸的长梯子的准确位置。

（二）电子车身测量系统

随着科技的发展，针对车身尺寸的测量不断涌现出各种各样的电子车身测量系统，它们的出现使得车辆的损伤鉴定和维修工作更加方便、准确。通常的电子车身测量系统将机械式车身测量系统的测量指针变为电子测量头，通过传感装置将电子测量头测得的车身数据直接传输到计算机中。由于计算机中已经预先存储了各种车型的大量车身数据，所以利用计算机强大的计算能力对测得的数据进行分析和比对，经计算后直接得出车身的变形量，有的还可以给出修复的建议。因此，电子车身测量系统可以说是一种智能的车身测量系统，对于损伤鉴定人员和维修操作人员来讲都是十分得力的帮手。

目前常用的电子车身测量系统主要有超声波测量系统、机械臂测量系统、激光测量系统。

三、机械式车身测量系统

测量两孔中心距（也称测距法）可以直接获得定向位置点与点的距离，是最简单、实用的一种测量方法，它主要通过测距来体现车身构件之间的位置状态。

测距法所使用的量具是钢卷尺、专用测距尺等。钢卷尺测量简便、易行，但测量精度低、误差大，仅适用于那些对精度要求不高的场合。尤其是当测量点不在同一平面或其间有障碍时，就很难用钢卷尺测量两点间的直线距离。

由于测量的重要性，大量的测量装置正在不断地发展，并使得测量既迅速又精确。机械式车身测量系统大致可分为三种基本类型：量规测量系统、通用测量系统和专用测量系统。

量规测量系统有轨道式量规、中心量规和麦克弗森撑杆式中心量规等，它们既可以单独使用，也可互相配合使用。

（一）轨道式量规

轨道式量规一次只能测得一个尺寸，记录下每一个尺寸，并从另外两个控制点进行交叉检验，其中至少一个为对角线测定。修理汽车时，对关键控制点必须用轨道式量规反复测定并记录，以监测维修进度，防止过度拉伸。

在车身构造中，大多数的控制点实际上都为孔洞，而测量尺寸也是测量孔洞中心点至中心点的距离，如图 4–2–2 所示。由此，要测出孔中心点间的距离，需要先测得孔内缘间距，而后再测得孔外缘间距。然后，将两次测量结果相加再除以 2 即可。

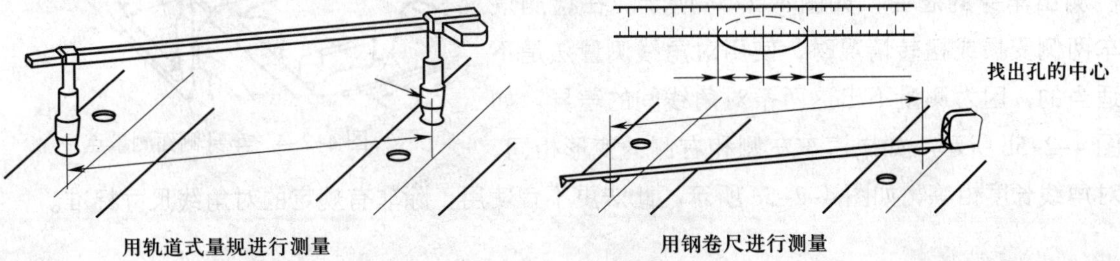

图 4–2–2　两孔间距的测量

1. 车身上部的尺寸测量

对照维修手册，车身上部损伤可用轨道式量规或钢卷尺来确定。车身下部的评估方法也基本相同。

2. 车身前部的尺寸测量

在测量之前必须检验变形的程度。图 4–2–3 给出了典型的车身前部测量点，对照汽车厂家的车身尺寸图就可对其进行检验。

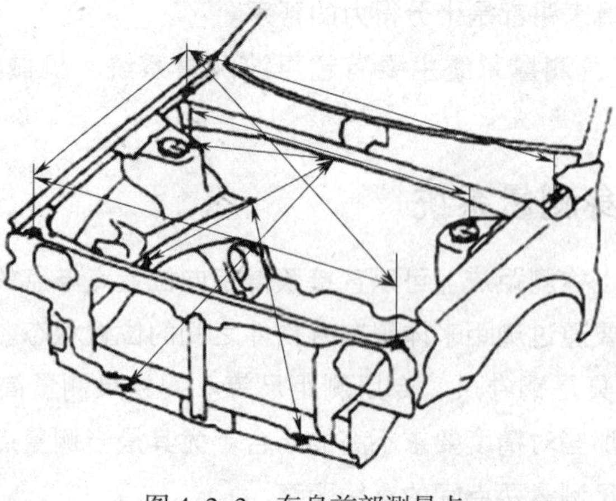

图 4-2-3　车身前部测量点

检验汽车前部尺寸时，重点是选择的测量点必须符合手册中的要求。控制点的对称度是关键性参数，所以每一尺寸应该对照另外的两个基准点进行检验，其中至少有一个基准点要进行对角线测量。通常，测量的尺寸越长，其精确度越高。例如，测量发动机舱后部上端至下部前端发动机底座间的尺寸，就比测量同一断面内端的尺寸要精确、合理得多，因为它是在车身长度和高度方向上较大范围内的尺寸。从每一对测量点交叉测得两个或多个数据，既保证了测量精度又能帮助辨别损伤的范围及变形方向。

3. 车身侧面的尺寸测量

车身侧面结构的任何损伤都可以通过车门开、关时的不规则性来确定。车身侧面尺寸的测量主要使用轨道式量规，其测量点如图 4-2-4 所示。

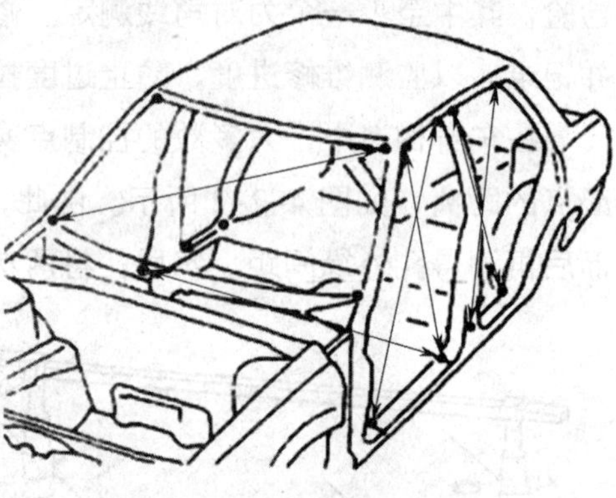

图 4-2-4　车身侧面测量点

利用车身的左右对称性，运用对角线测量法可检测出车身的翘曲，如图 4-2-5a 所示。在检测汽车两侧受损或扭转情况时，使用对角线测量法是不适当的，因为测量不出这两条对角线间的差异，如图 4-2-5b 所示。如果汽车左侧和右侧的变形相同，对角线长度相等，如图 4-2-5c 所示，此法更不宜使用，除非有规定的对角线尺寸标准。

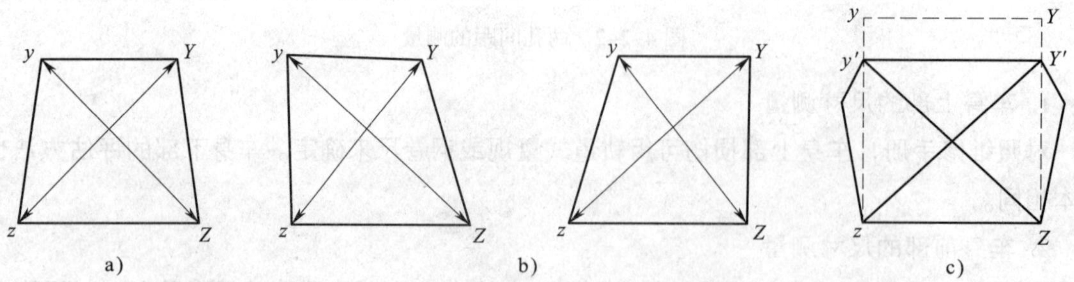

图 4-2-5　车身侧面变形判断

a）车身没有翘曲　b）车身向左侧和右侧偏斜　c）车身两侧均发生变形

4. 车身后部的尺寸测量

车身后部的变形大致上可通过行李舱盖开、关的不平衡性估测出来。为了确定损伤及漏水的可能性，有必要对如图 4–2–6 所示的测量点进行精确测量。后部地板上的褶皱通常都归因于后部元件的扭弯，因此测量车身后部的同时，也要测量汽车底部，只有这样，展平修复工作才能有效完成。

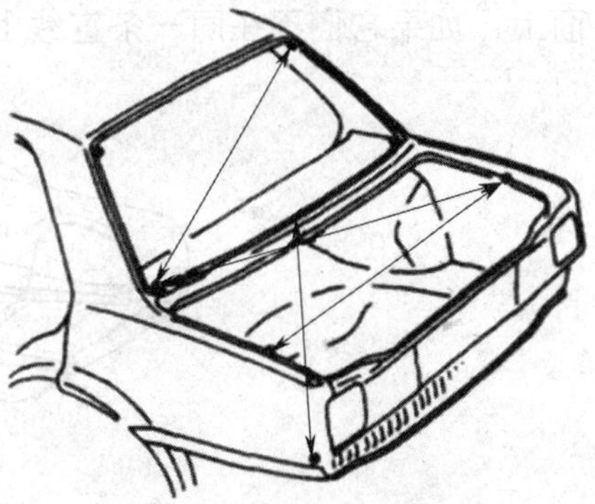

图 4–2–6　车身后部测量点

在使用轨道式量规时，要注意以下事项。

（1）汽车上固定点（如螺栓、柱销孔）的测量。

（2）点至点的测量为两点间直线距离测量。

（3）量规臂应与汽车车身平行，这就可能要求量规臂上的指针要设置成不同长度。

（4）某些车身尺寸说明书上以臂长表示尺寸，有些则以点至点之间距离表示尺寸，而有的则两者都用。重要的一点是，维修技师必须使用与车身尺寸说明书中一致的测量方法，否则就很容易发生错误。

（5）对损伤车辆车身尺寸说明书标注出的所有点都要进行测量。损伤的总和通常以说明书上的尺寸规格减去实际测量结果即可确定。

（二）中心量规

图 4–2–7 所示为中心量规。中心量规不能用来测量，但能通过投影用肉眼看出车身结构是否准确。中心量规可安装在汽车的不同位置。

中心量规（通常为三个或四个）悬挂在汽车上，其横臂相对于中心量规所附着的车身结构都是平行的。将四个中心量规分别安置在汽车最前端、最后端、前轮的后部和后轮的前部，如图 4–2–8 所示。在进行翘曲检查时，首先在两个无明显损伤的位置上悬挂好中心量规，然后再在有明显损伤的地方悬挂两个中心量规，如图 4–2–9 所示。最后查看悬挂在这两个位置上的中心量规，检验它们是否平行或存在中心销间的错位。

所有的中心量规必须都在同一平面上。将四个中心量规全部悬挂好之后，观察它们的顶

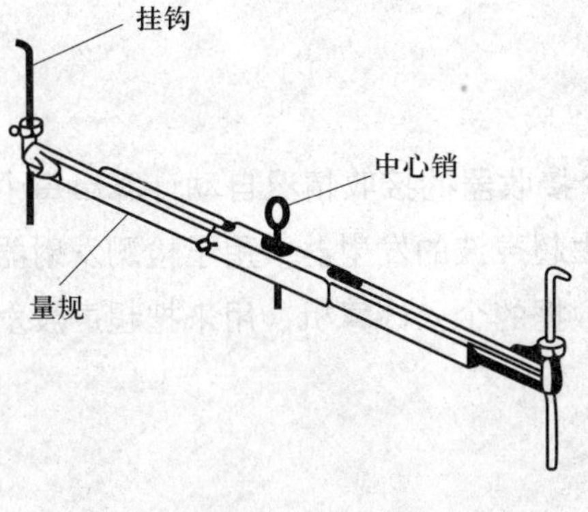

图 4–2–7　中心量规

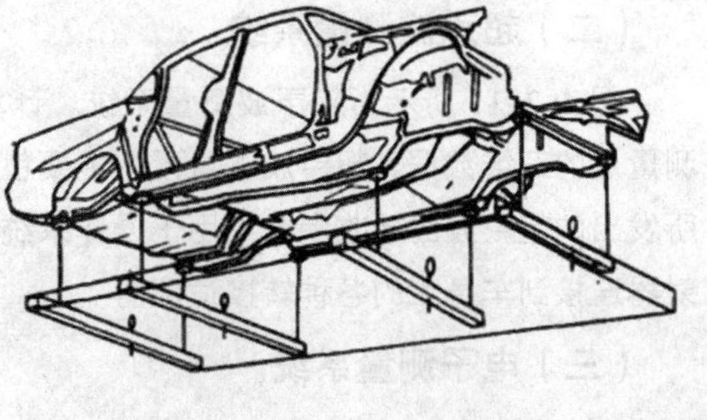

图 4–2–8　使用中心量规测量

部以确定汽车的基准面是否正确。如果四个中心量规的顶部在一条直线上，说明汽车在基准面上；如果它们不在同一条直线上，则说明汽车偏离了基准面，如图 4-2-10 所示。

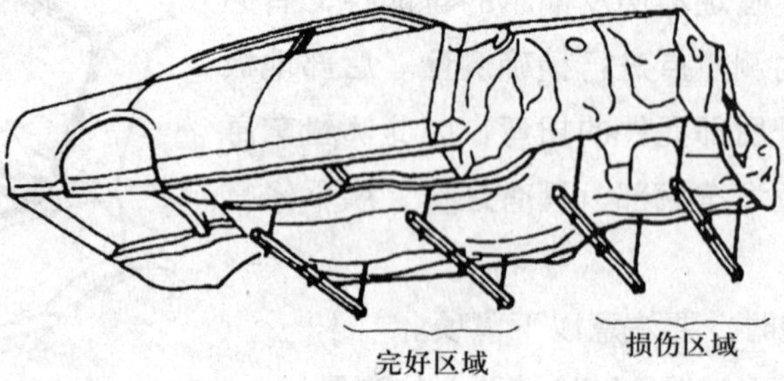

图 4-2-9　使用中心量规进行翘曲检查

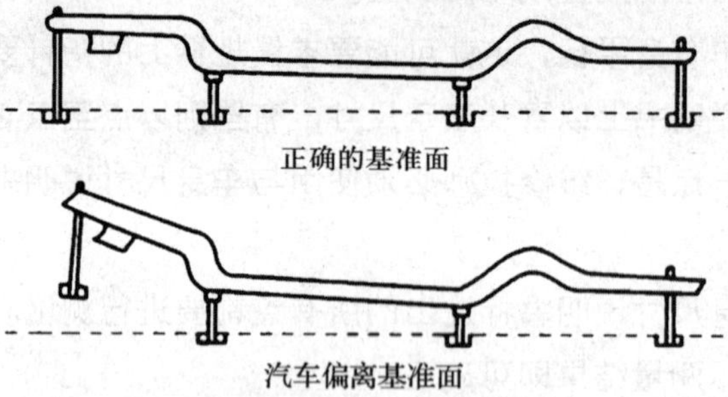

图 4-2-10　翘曲检查结果

四、电子车身测量系统

（一）激光测量系统

激光测量系统是先进的测量设备，该设备测量准确、精度高，并能够智能调整，以补偿测量误差。其系统组成主要包括主机柜（控制计算机）、激光扫描仪及其支架、不同标号的靶牌及靶牌连接件等。激光测量系统的工作原理是激光测距原理，激光扫描仪发出的激光束扫到悬挂在基准点上的靶牌上，控制计算机便可计算出各个基准点的实际尺寸。控制计算机识别不同位置的靶牌，并将测量结果与系统数据库中的车身技术尺寸进行比较，从而判断车身的损伤变形情况。激光测量系统提供直接、瞬时的尺寸读数，在拉伸和校正作业过程中，车辆损伤区域和未损伤区域中的基准点都可被持续监测。

（二）超声波测量系统

图 4-2-11 所示为超声波测量系统。计算机根据每个接收器的接收情况自动计算出每个测量点的三维数据。超声波测量系统主要包括：用于产生超声波的发射器；用于检测发射器所发出的超声波的接收装置；用于操作系统和储存修理数据的个人计算机；用来把超声波发射器连接到车身上的各种转接适配器。

（三）电子测量系统

卡尔拉得电子测量系统主要用于测量和检查车辆底盘的尺寸准确性。系统由 Car-O-

Tronic、Vision 2 软件以及 Car-O-Data 构成。系统的五个主要配件包括装有适配器和测量管的 Car-O-Tronic 测量滑板、测量电桥、计算机、机柜、蓝牙。

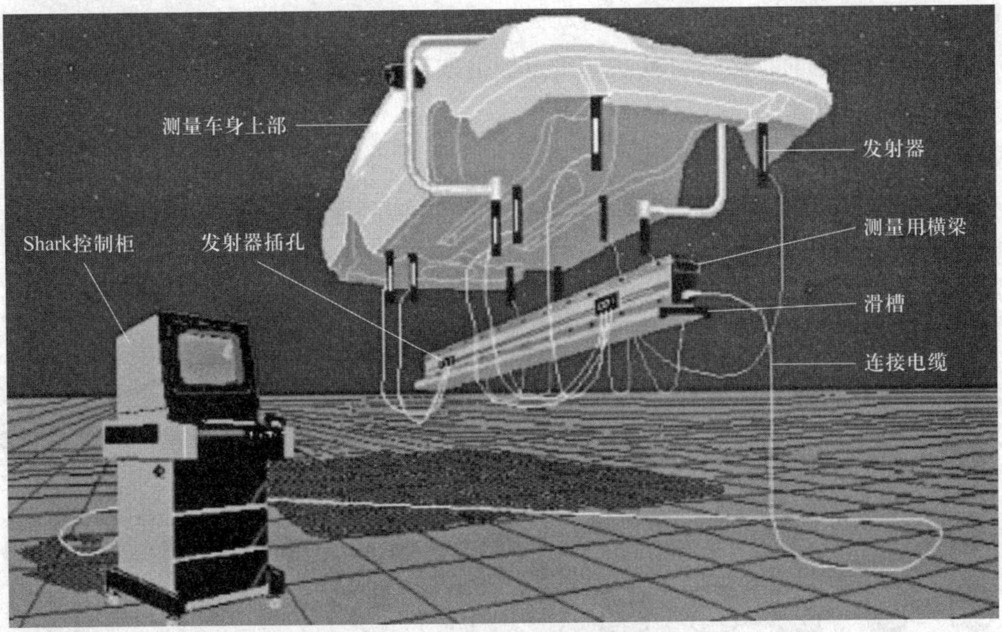

图 4-2-11　超声波测量系统的组成

1. Car-O-Tronic 测量滑板

测量滑板托架构成测量臂的底部。托架上安装有轮子，可以在测量电桥的不同位置间轻松移动。测量臂是实际的测量部件。测量臂由三个臂组成：中心臂可在水平面移动，安装在测量滑板托架的垂直轴线上；中间臂安装在中心臂的垂直轴线上；外臂配有平行移动臂，安装在中间臂底部的水平轴线上。平行移动臂的另一端装有适合各种测量管的测量管夹座，可固定住数据表中指定的适配器。

2. 测量电桥

需要根据校正平台的类型选择合适的测量电桥。测量电桥上配有一根纵向测量导轨。由于测量滑板要放在测量电桥的表面（作为轨道），因此测量电桥也应放置在平面上。测量电桥上的纵向测量导轨和测量滑板托架下方的长度测量头共同构成纵向测量系统，该系统可记录测量滑板在测量电桥上的具体位置。纵向测量系统应放置在车辆的左侧。确保垂直距离维持在特定限度内以达到最佳范围，测量电桥上的箭头应指向车辆前部。纵向测量系统提供增量（脉冲）式和绝对式读数。绝对式读数意味着，一旦测量系统处于活动状态并放置在车辆的中间位置，可抬升测量滑板使其接触或离开测量电桥，不影响所在的中心位置，但相对车辆而言，测量电桥并未离开其原始位置。

3. 机柜和计算机

机柜用于存放计算机、测量滑板以及一套测量管和适配器。建议不使用测量滑板时，将其放在机柜中。计算机处理所有测量数据、数据表和测量报告等。除了计算机，还需要准备一台打印机、键盘和鼠标。

4. 测量滑板充电器和点击式电池

Car–O–Tronic 测量滑板使用的是锂离子电池。电池充满电后可持续使用 6 ~ 8 h。但是，由于 Car–O–Tronic 会在设定的时间后自动关闭，电池实际上可持续使用更长时间。

注意：电池充电前，必须将其从测量滑板上取下；充电过程中，电池应远离高温环境，否则会影响其充电性能。

5. 测量零件

图 4–2–12 所示为测量管和适配器，存放在机柜右侧的抽屉里，在测量时根据需求选装。

测量系统的具体操作详见任务实训。

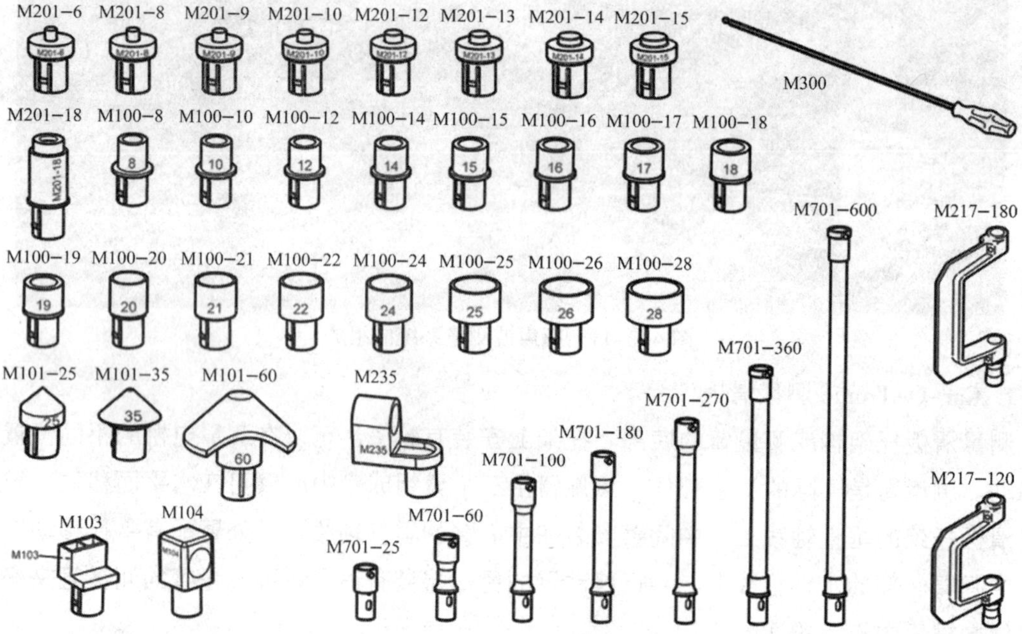

图 4–2–12　测量管和适配器

技能训练

实训 1　超声波测量系统的使用

◆ 实训准备

1. 安全操作规范

（1）操作前应穿戴好劳保用品，工作帽需佩戴硬质安全帽。

（2）测量过程中注意线路连接的正确性。

2. 实训工具准备

（1）设备：测量用事故车一辆、超声波测量系统一套。

（2）劳保用品：工作服、工作帽、劳保鞋、护目镜、耳塞、手套等。

◆ 实训步骤

1. 测量前准备

打开计算机，进入超声波测量系统界面，选择语言的种类；记录用户信息；根据事故车的类型选择汽车公司、汽车品牌、生产年代，从系统内调出相应的车型与数据，如图 4–2–13 所示。

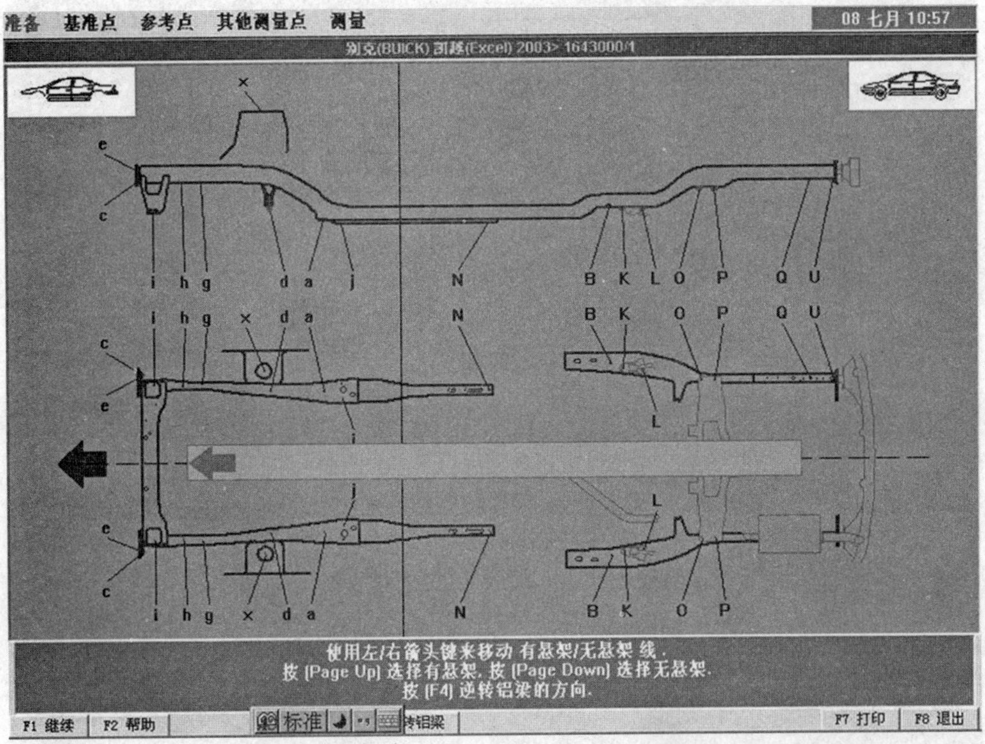

图 4–2–13　测量用车身的车型数据

2. 测量基准点的选择

超声波测量系统在使用时，大大简化了操作过程，由于每个超声波发射器有两个发射器，接收装置也有多个，系统可以自动计算出宽度和高度的基准，不用人工调整。根据车辆的损伤情况选择长度基准，若汽车前端发生碰撞则选择后面的基准点作为长度基准，若汽车后端发生碰撞则选择前面的基准点作为长度基准。如果中部发生碰撞，则要对中部进行整修，直到中部四个基准点有三个恢复尺寸。

图 4–2–14、图 4–2–15 所示为测量基准点及测量参考点的选择。

3. 测量

根据车身的损伤情况，选择车身上需要测量的点。按照计算机的提示选择合适的传感器连接杆和适配器，如图 4–2–16 所示。

4. 测量结果

选择测量模式，计算机会自动把测量的结果、标准数值和两者差值显示出来，如图 4–2–17 所示。

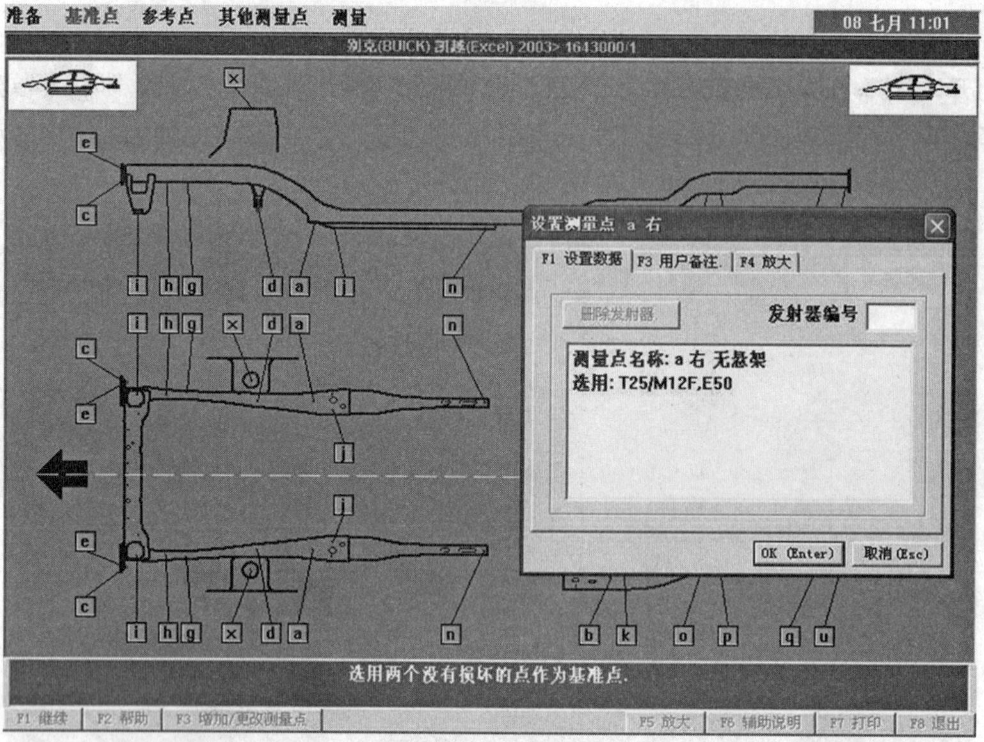

图 4-2-14　测量基准点的选择

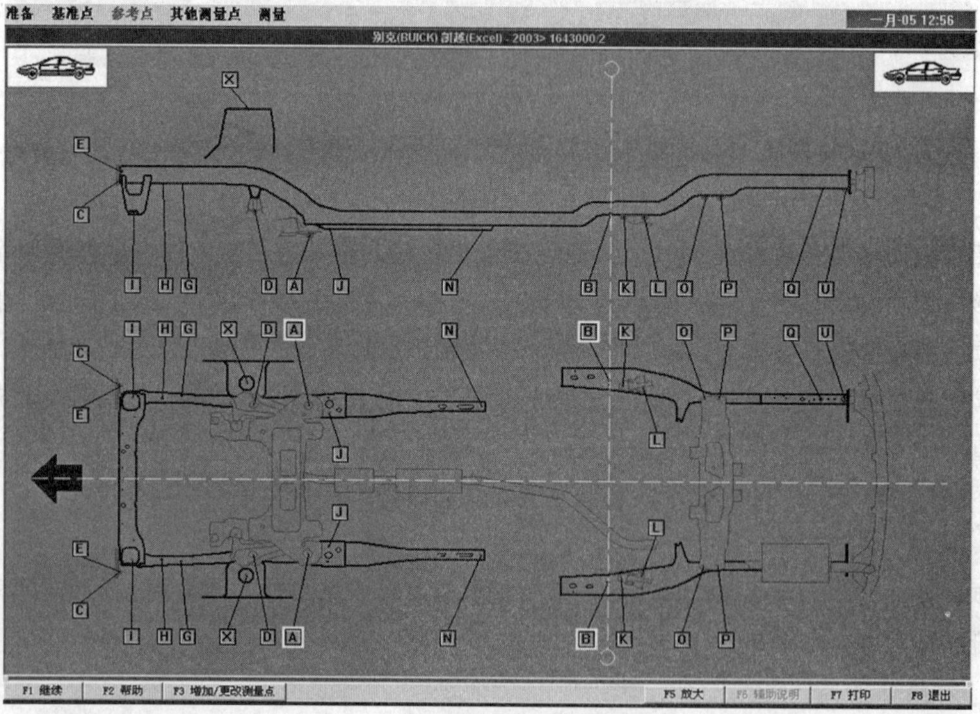

图 4-2-15　测量参考点的选择

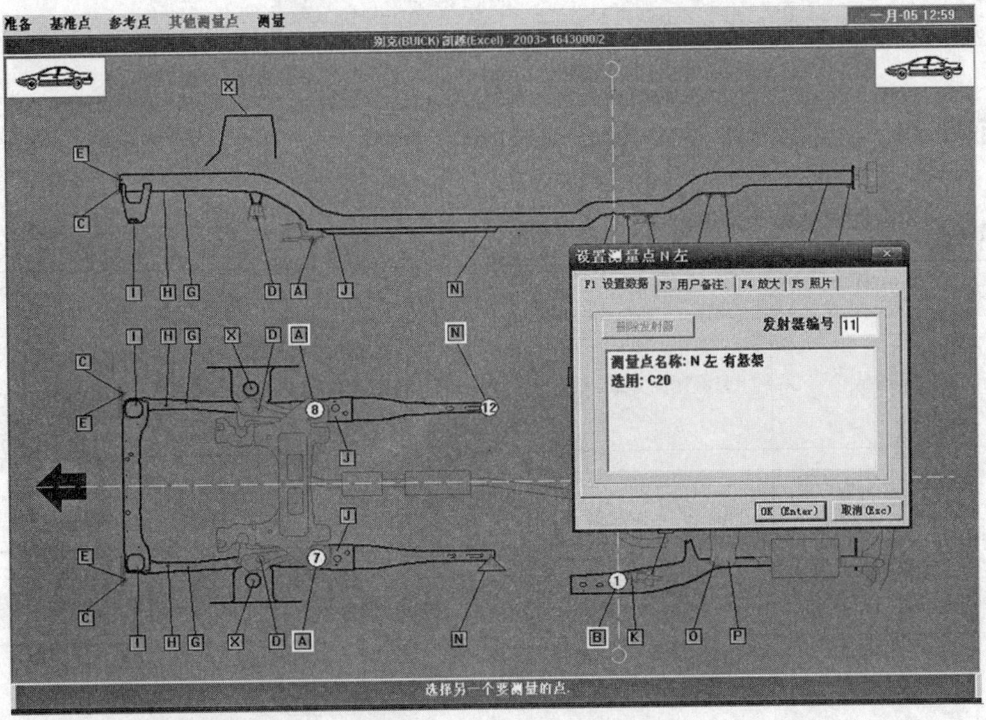

图 4-2-16　测量点的选择

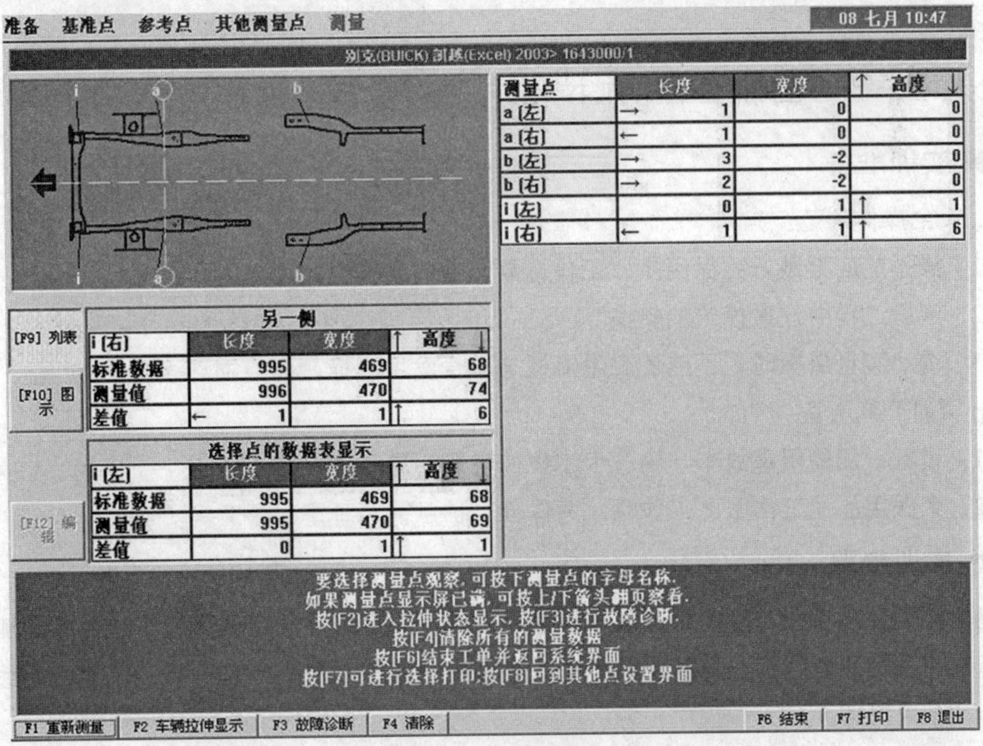

图 4-2-17　测量结果

5. 5S 整理

对实训场地、实训车辆等进行 5S 整理。

任务评价

表 4-2-1　　技能考核评分表

序号	项目	操作内容	规定分	评分标准	得分
1	劳保用品	劳保用品穿戴	10 分	工作服、工作帽、手套、劳保鞋、护目镜、耳塞，每少一项扣 2 分，扣完为止	
2	测量前准备	进入测量系统，调出相应的车型数据	20 分	未进入或进入错误扣 10 分，未调出相应的车型数据或调出错误扣 10 分	
3	测量基准点的选择	选择测量基准点	30 分	选择测量基准点，每错一处扣 10 分，扣完为止	
4	车身测量	测量车身尺寸数据	30 分	测量车身尺寸数据，每错一处扣 3 分，扣完为止	
5	5S 整理	场地整理	10 分	未对场地进行 5S 整理扣 10 分	
总分			100 分		

实训 2　卡尔拉得电子测量系统的使用

◆ 实训准备

1. 安全操作规范

（1）操作前应穿戴好劳保用品，工作帽需佩戴硬质安全帽。

（2）测量过程中注意模式的转换。

（3）滑动测量滑板时，不应使测量滑板与车身发生碰撞，以免损坏设备。

2. 实训工具准备

（1）设备：测量用事故车一辆、卡尔拉得电子测量系统一套。

（2）劳保用品：工作服、工作帽、劳保鞋、护目镜、耳塞、手套等。

◆ 实训步骤

测量任务实施流程：确定待测量车辆信息并在校正平台上固定车辆→安放并锁定测量电桥→安放并锁定测量滑板→系统启动→进入主程序→建立工单→车型选择→确定中心线→测量操作→结果打印。

1. 测量前准备

（1）卡尔拉得电子测量系统测量滑板的安装。在将车辆置于中心前，必须先在测量电桥上锁定测量滑板。在安装测量滑板前，应先打开计算机上的卡尔拉得测量软件。注意：无论何时测量滑板移出测量电桥，测量滑板臂都必须锁定。

（2）安放测量电桥。如图 4–2–18 所示，测量电桥应处于平台中间位置，标有蓝色箭头的一端必须安装在车辆前部。将黄色固定器（两个）安装在测量电桥前、后两端，并拧紧，以确保测量电桥可靠地固定在校正平台上。

图 4–2–18　放置测量电桥

（3）从机柜中取下测量滑板，将测量滑板放在测量电桥上。测量滑板臂应向车辆右侧放置，因为测量滑板底部有两个槽，如果方向不对，测量滑板安装不到位，将导致无法测量。在测量电桥上放置测量滑板时，用左手抓住测量滑板的外臂，右手抓住中心臂。将测量滑板推入测量电桥上的位置，安装电池；无论何时测量滑板移出测量电桥，测量滑板臂都必须锁定。因此，一旦将测量滑板安装到测量电桥上，就必须给测量滑板臂解锁。

（4）90° 旋转臂锁柄，以解开测量滑板臂。

（5）按下测量滑板远程控制器上的目标按钮，启动测量滑板；一旦启动测量滑板，Smart LED 将显示测量滑板处于活动状态。使用测量滑板之前，必须做置零调整。如果测量滑板未做置零调整，计算机屏幕上会显示重置符号。

（6）按照如图 4–2–19 所示程序移动测量滑板，以激活测量滑板，并做置零调整。根据长度刻度，记录测量滑板臂所指的方向。要从测量电桥前部蓝色箭头位置附近激活测量滑板，开始上下左右旋转摆臂，并且推动测量滑板前后移动两到三次，把蓝牙插入 USB 接口。

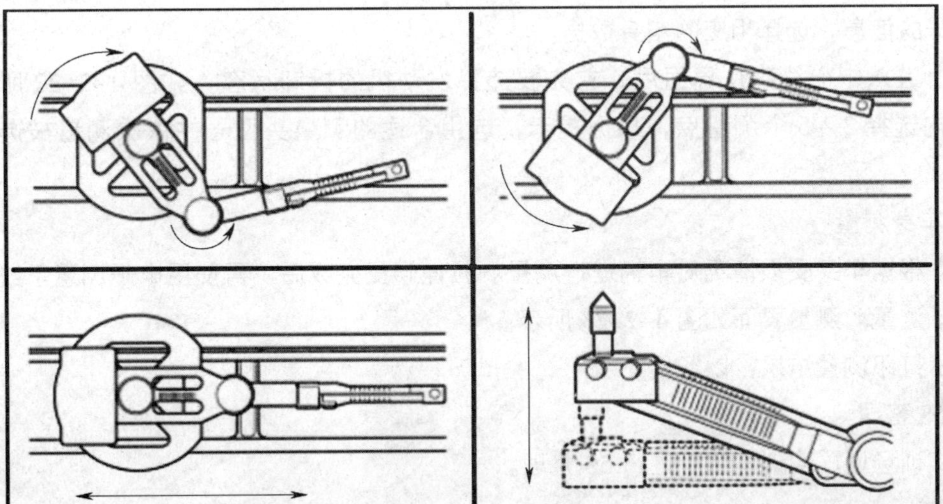
图 4–2–19　激活测量滑板

弹簧加载测量滑板臂，90°旋转弹簧加载手柄，以便加载测量滑板臂。拉动过程中测量时，应拧紧弹簧加载手柄，以便测量滑板臂能更容易地设置到位。

2. 进入测量系统

从计算机桌面双击测量系统图标，进入测量系统，开始测量操作。测量系统界面及注释如图 4–2–20 所示。

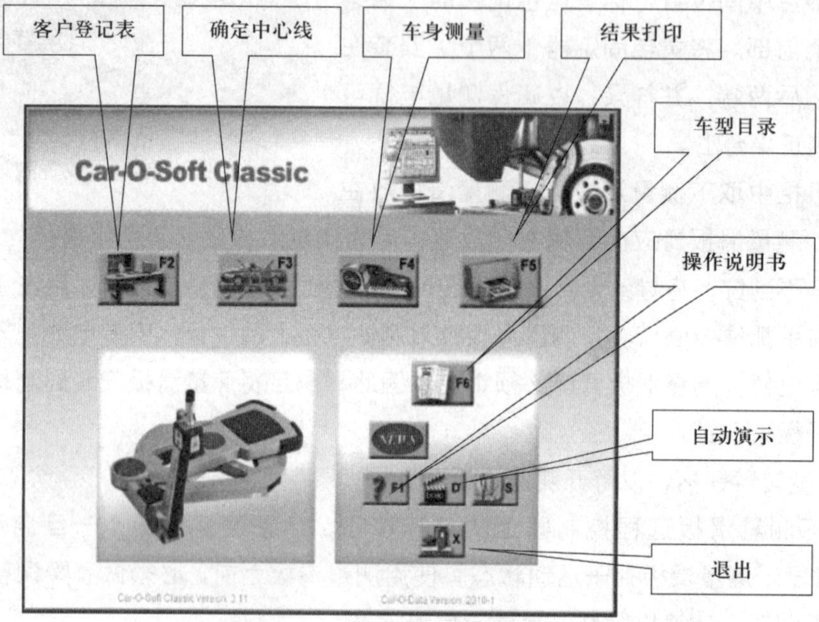

图 4–2–20　测量系统界面及注释

3. 建立工单

（1）按 F2 进入客户登记表，建立工单，填写客户信息。

（2）按照提示选择车型，如图 4–2–21 所示。根据汽车制造商、车辆名称、车身型号及其他型号的信息，选择相应的车身数据。

（3）进入中心线确认界面后，首先要选择发动机的拆卸状态，如图 4–2–22 所示。在乘客室内选择 3 ~ 5 个测量点，根据提示，选用合适的测量头型号并依次测量被选定的测量点。

4. 车身测量

（1）根据车身受损情况对车辆进行测量。拉伸修复完成后，再使用电子测量系统对车身进行确认测量。测量界面如图 4–2–23 所示。

（2）打印测量结果，以备用。

5. 5S 整理

对实训场地、实训车辆等进行 5S 整理。

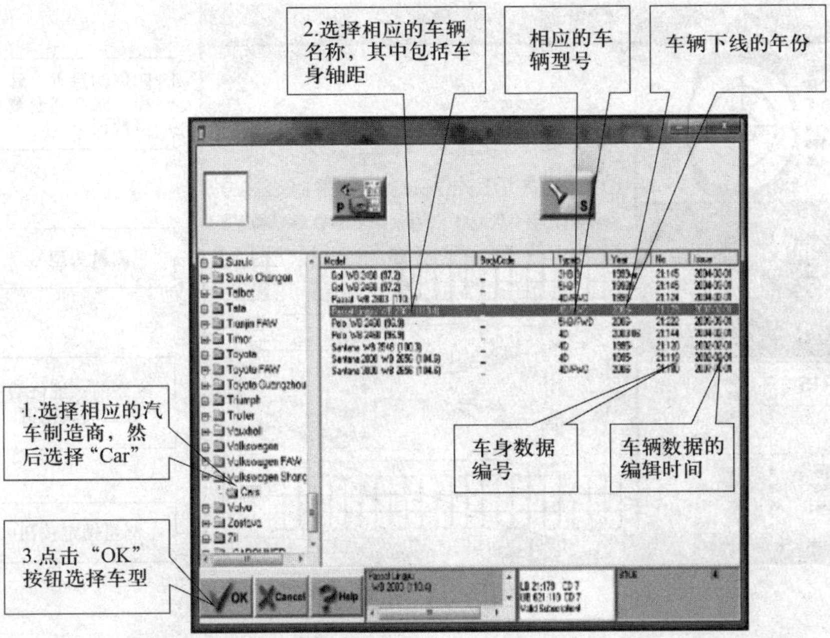

图 4-2-21　车型选择

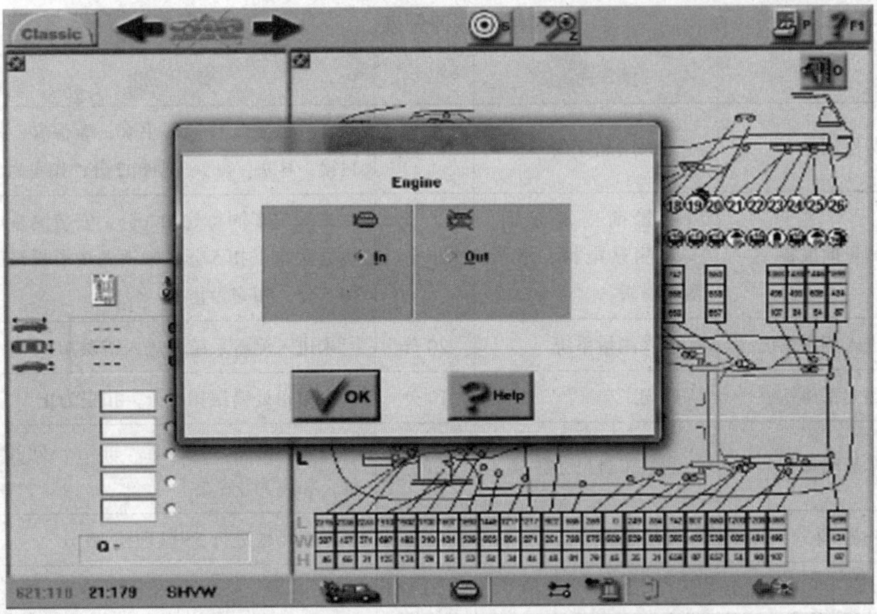

图 4-2-22　选择发动机的拆卸状态

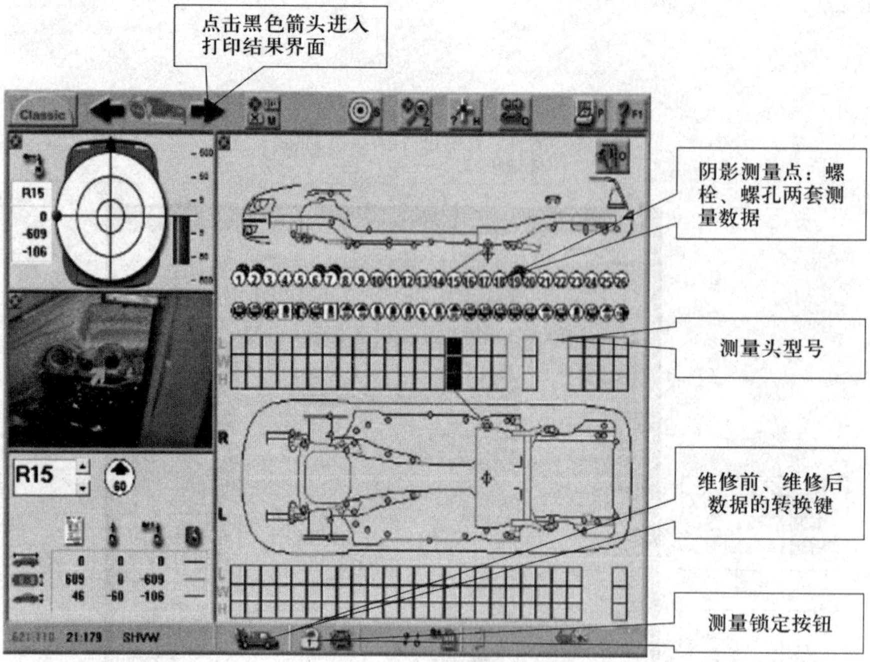

图 4-2-23　车身测量

任务评价

表 4-2-2　技能考核评分表

序号	项目	操作内容	规定分	评分标准	得分
1	劳保用品	劳保用品穿戴	10 分	工作服、工作帽、手套、劳保鞋、护目镜、耳塞，每少一项扣 2 分，扣完为止	
2	测量前准备	测量前固定车辆、安装测量电桥、激活测量滑板	20 分	未固定车辆每处扣 3 分，安装测量电桥方法错误扣 5 分，激活测量滑板错误扣 5 分，扣完为止	
3	进入测量系统	进入测量系统	20 分	未进入测量系统或进入错误扣 20 分	
4	建立工单	建立工单	10 分	工单每处错误扣 2 分，扣完为止	
5	车身测量	测量车身尺寸数据	30 分	测量车身尺寸数据，每错一处扣 3 分，扣完为止	
6	5S 整理	场地整理	10 分	未对场地进行 5S 整理扣 10 分	
	总分		100 分		

项目五　汽车车身校正

项目概述

汽车发生严重碰撞时，整个车身均会变形。类似车身覆盖件蒙皮的凹凸变形，可以通过钣金锤、顶铁和外形修复机来维修。但车身的结构件，如纵梁、横梁等，作为汽车的骨架构件，板件的厚度比较厚，形状结构比较复杂，强度很高，仅仅依靠手工工具和外形修复机是无法维修的，常要进行拉伸校正。

本项目介绍车身校正原理、车身校正设备以及使用车身校正平台进行车身校正等内容。

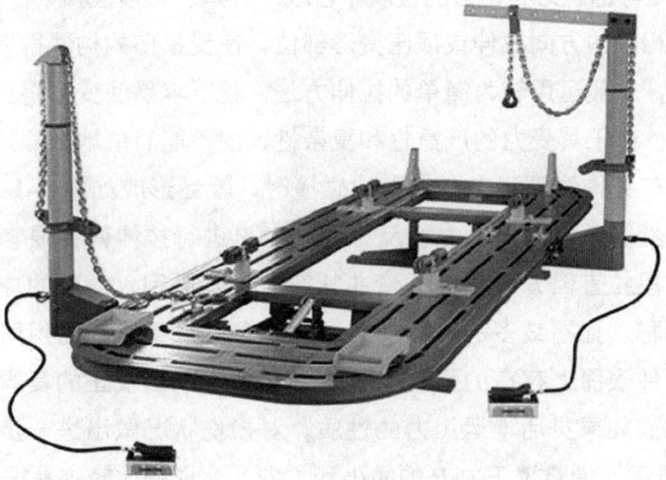

任务1　车身校正基础

任务目标

1. 能正确描述车身校正的原理。
2. 能描述车身校正设备的组成。
3. 能根据车身变形正确选用车身校正设备。

任务导入

汽车钣金维修技师张师傅在维修事故车时，已使用专业的测量工具，将车身数据全部测出，变形量也已找出，现在要根据所测得的数据进行车辆维修，并对该车辆进行校正作业，使其恢复原有的性能。

任务分析

车身校正的重点是“精确地恢复车身的尺寸与状态”。因为车身（特别是承载式车身）是车辆的基础，汽车的发动机、悬架、转向系统等都安装在车身上，如果这些部件安装点的尺寸没有校正到原尺寸，就会影响车辆的性能。对车身进行校正，须正确使用校正设备。

知识储备

一、车身校正原理

车身的校正原理可描述为利用力的性质（合成、分解、可移性和平行四边形法则等），按与车身碰撞力大致相反的方向拉伸或顶压变形部位，使受损伤的构件得以修复。对于碰撞程度较轻的局部变形，一般运用较为简单的拉伸方法，就很容易使变形得到校正。但对较为严重的车身碰撞变形，由于其受力的严重性和复杂性，便不能简单地依靠这类校正方案了。如图 5–1–1 所示，当车身构件受到来自 F 力的碰撞时，就会形成如图 5–1–1a 所示的变形。如果校正过程中，仍然简单地用与 F 力相反方向的力 P 进行拉伸就会很容易形成如图 5–1–1c 所示的结果，将 A 段拉直但 B 段仍处于弯曲状态。究其原因，复杂的冲击过程使车身构件的变形程度很不匀称，如褶皱多的一侧加工硬化现象就严重些，再用同一方向上的力加以校正时，受损伤构件表面上存在的强度差异也必然会影响到校正的复原率，这就是简单拉伸难以奏效的缘由。如果灵活地运用力的性质，对损伤状况做出进一步的细致分析，按如图 5–1–1c 所示的方案，调整校正力 P 的大小和方向，变形就比较容易得到校正。

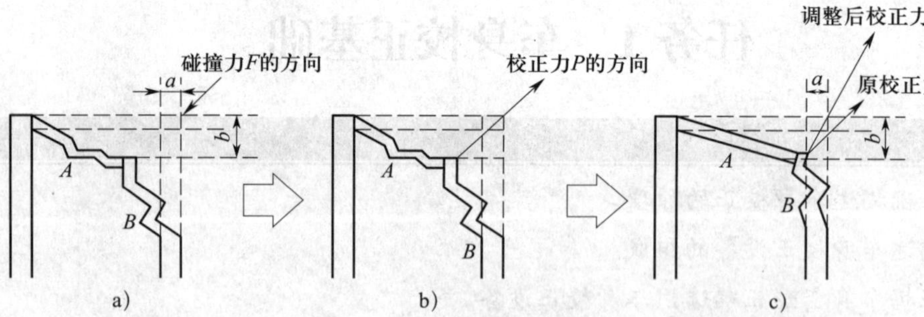

图 5–1–1　校正原理

对局部损伤已基本修复的构件，应以其轴线的延长线作为拉伸的施力方向，如图 5–1–2 所示。

事实上，由于车身构件多属于立体刚架式结构，这就决定了其碰撞时的受力状态多为空间力系，即作用在车身构件上的冲击力由于分解的结果，使力的作用线（分力方向）不在同一平面内。尽管在大多数场合也可将空间的受力简化为平面力系来对待，但总不如在详尽分析的基础上进行校正来得更好。这里并不需要对构件的受力作更专业化的分析，只需建立起关于空间力系的概念，就可以校正各类复杂的变形。

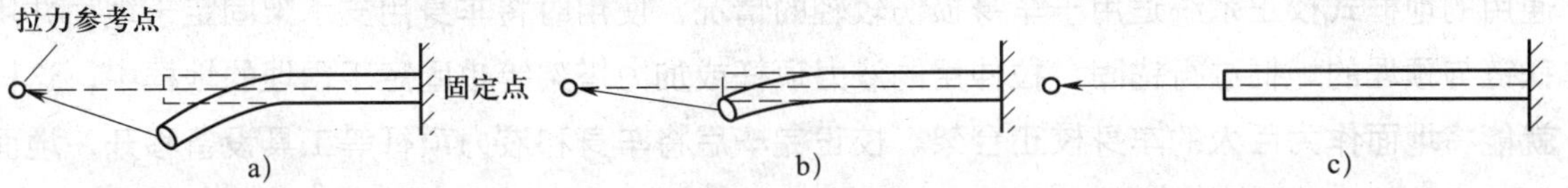

图 5–1–2 施加校正力的方向

a）假设构件的局部变形已得到校正 b）在其轴线的延长线上设定一点作为拉力参考点

c）构件经拉伸后被校直

当然，许多变形很难一次完成校正，而是需要不断调整校正力的大小和方向，甚至还要调整校正力的作用点或从多点进行同时拉伸。例如，校正如图 5–1–3 所示的严重弯折的箱式纵梁，由于受拉伸条件的限制而不能按理想方向施加校正力时，也可以将校正力分解成两个或两个以上的分力进行多点拉伸。于垂直和水平两个方向同时拉伸纵梁，就比较容易使变形恢复到正常工作位置。另外对于这样的箱式梁，应夹住内侧弯曲表面（*A* 面）拉伸，拉伸方向应施加在一条假想部件原位置的延长线上。

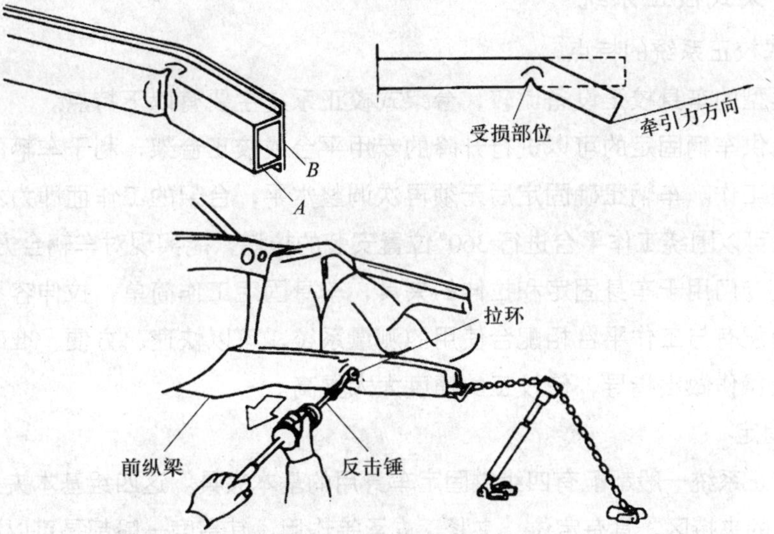

图 5–1–3 校正时多点拉伸

二、车身校正设备

（一）车身校正设备的种类

1. L 形简易车架车身校正器

L 形简易车架车身校正器用于较简单的拉伸校正工作，其特点是灵活、方便，在对车身需要校正的部位进行固定的同时，又能实现拉伸操作，而且使用简便，不占空间，因此一经推出就受到广泛的关注和欢迎。它的适用性强，可用于车身各个方位，并可以与多种校正系统和设备配合使用，达到更好的使用效果，因此应用非常广泛。

2. 地框式校正系统

地框式校正系统也称为无底板校正系统，是一种简易的车身校正系统，俗称“地八卦”。通用的地框式校正系统适用于车身损伤较轻的情况，使用时将车身用支承架固定于地面并用铁链与预埋的地框进行锚固，拉伸用的液力顶杆或加力塔架等也固定于预埋的地框中，这样就能将地面作为巨大的车身校正台架。校正完毕后将车身和液力顶杆等工具设备移开，地面仍是平整的，可以用于其他的操作，因此比较节省空间。

地框式校正系统建设成本低，使用比较灵活，拉伸操作的工具设备简单并可以实现多点固定和多向的拉伸，因此操作简单，最大的优点是节省空间，在我国很多车身修理车间内被广泛应用。但地框式校正系统也有一些缺点，比如车身的位置相对过低而且不能上下移动，因此会限制某些操作。

3. 台架式校正系统

台架式校正系统是应用比较广泛的车身校正系统，分为有工作平台的平台式车身校正器和没有平台的组合框架式车身校正器两大类型。根据生产厂家的不同设计，其结构也有较大的差异，但总体功能大致相同。

（二）台架式校正系统

1. 台架式校正系统的特点

与其他类型的车身校正设备比较，台架式校正系统主要有以下特点。

（1）具有供车辆固定的可以进行升降的专用平台或校正台架，利于车辆的上下和车身各个部位的修整工作。车辆正确固定后无须再次调整水平，台架的工作面即为水平标准面。

（2）配备可以围绕工作平台进行360°位置安装的拉塔，能实现对车辆全方位的拉伸操作。

（3）配有专门用于车身固定和拉伸的夹具，车身固定工作简单，拉伸容易实现。

（4）通常配有与工作平台相配合使用的测量系统，可以快速、方便、准确地测量车身的变形，对校正操作做出指导，使校正的精度大大提高。

2. 车身固定

台架式校正系统一般都配有四组供固定车身用的基本夹具。这四组基本夹具分别夹持车身地板四个角上的夹持区，具有定位、夹紧、支承等作用，其高度一般都是可以调整的，用来调整车辆的水平标准面，并可以根据所固定车辆要求的不同固定方式进行组合，适应性很强。

车身上基本夹具安装的区域称为车辆的控制区，一般都是车厢下部不容易变形的地方并得到特殊的加强。绝大多数车辆的控制区都是门槛板与主地板的裙边，但也有一些车辆（如奔驰和本田）是在门槛板下部开孔。根据不同车身要求的固定位置和固定方式不同，每一种台架式校正系统都配有专门的组合夹具。

基本夹具能够提供的夹持力是非常大的，当需要对车身地板部位进行校正时，找到必需的四个基本控制支承点，这些夹具甚至可以作为钣金整形工具起到拉伸的作用。当利用基本夹具进行车身的固定时要注意以下几点。

（1）根据待修车辆的损伤程度和部位确定车辆在台架上的位置，在拉塔与车身之间保留 500 ~ 700 mm 的拉伸空间。

（2）根据车身尺寸图确定需要夹持的部位，并正确选择和组合夹具。

（3）在车辆处于举升状态时摆好四组基本夹具的位置，此时虎钳口和基本夹具与校正台架的固定螺栓都要松开，以利于调整夹具的位置。

（4）落下车辆时要保证车辆的夹持控制点顺利进入钳口，当四个钳口都与车身配合好后首先固定车身，然后才能紧固夹具与校正台架的固定螺栓。

（5）在夹持固定过程中要防止车辆发生打滑和坠落，做好安全防范工作。

3. 拉塔安装

与校正系统相配套的拉塔有固定塔臂式和活动塔臂式两种，这两种拉塔的工作原理都是利用气动液压缸进行驱动。无论是什么形式的拉塔，都可以通过塔臂下部的支承杆和角轮与校正系统的校正台架相连接，并可以围绕校正台架做 360° 的旋转。

活动塔臂式拉塔在液压缸的驱动下，塔臂摆动产生拉力，原理与三点式液压顶杆系统相同，实际上就是一个变形的三点式液压顶杆系统。由于塔臂的运动轨迹是一条弧线，所以在拉伸时拉伸力的方向实际上是在不断变化的，但对于较小形式的拉伸来讲近似一条直线，对拉伸的效果没有影响。另外，活动塔臂式拉塔可以在与拉伸方向垂直的平面上做 180° 的摆动，更好地适应需要拉伸的部位。

固定塔臂式拉塔是一个竖直放置的液压缸，拉伸链通过导向轮与拉塔上部可活动的塔臂顶部相固定。当液压缸伸张，塔臂顶部被顶起时，拉伸链就沿着车身固定点与导向轮的直线方向产生拉伸力，达到拉伸的目的。固定塔臂式拉塔不能做摆动，但拉伸的方向始终保持直线，对控制拉伸作用点的位移比较有帮助。调整导向轮的高度可以调整拉伸力的上下方向，左右移动塔臂可以调整拉伸力的左右方向，如此就可以实现任意方向的拉伸。但有一点要注意，在拉伸操作时，塔臂必须固定，而导向轮与塔柱的固定螺栓应该是放松的，导向轮只能使用导向轮固定环与塔柱的自锁来完成导向定位，不能靠固定螺栓来固定。

拉塔与校正台架的安装很容易，在校正台架的边缘上都开有专门用于安装拉塔的轨道槽，拉塔的支架上有角轮和固定臂，将角轮和固定臂装进校正台架的轨道槽里就可以推动拉塔沿轨道框运动。当需要拉伸时，将拉塔摆放在需要拉伸的车身旁，将固定臂用附带的紧固螺栓进行固定，拉塔的位置就固定了。在拉伸时要注意，一定要将拉塔的固定臂紧固牢靠，否则巨大的拉伸力有可能使拉塔发生移动，造成危险。

拉塔的液压顶杆都是用压缩空气控制的，控制压缩空气开关实现顶杆的伸张与回缩，使用时需要将压缩空气控制开关的空气软管与液压顶杆的压缩空气接头接好，在不使用时一定要将压缩空气接头拆下。

拉伸链的安装也比较简单，对于活动塔臂式拉塔，在塔臂的背面都有锯齿状的齿牙，是为在不同高度位置上固定拉伸链而设计的。在拉伸时，将拉伸链的一端与车身上的拉钩或夹具固定好，余下的部分要拉直，选择适当高度的齿牙，绕过塔臂用拉钩将拉伸链多余的一段与产生拉伸力的一段固定好即可。对于固定塔臂式拉塔，塔臂顶端的“圆帽子”后部有一个豁口，是专门用于固定拉伸链的，使用时将拉伸链一端与车身上的拉钩或夹具固定好，另一端穿过导向轮后引到塔臂顶端的“圆帽子”上，“圆帽子”中心有一道凹槽，是专供拉伸链通过的，将拉伸链拉直，通过“圆帽子”顶端后卡入“圆帽子”后部的豁口中即可。

固定拉伸链时一定要在没有拉伸之前就将拉伸链收到最紧的位置，否则会造成塔臂已运动很多却还没有产生足够的拉伸效果。拉伸链的选择要合适，有时宁可长一些也尽量避免用两根短链相接的方法接长。

4. 车身校正专用工具

车身的碰撞变形是复杂的，在进行拉伸校正操作时要想将拉伸力作用于需要的作用点就需要借助于各种工具来实现。各个车身校正设备生产厂家都有与其校正设备配套的各种夹具和拉伸工具，这些夹具和工具有相当一部分是针对车身上的特别结构而设计的，如针对翼子板内板的减振器塔而专门设计的拉伸与夹持工具等，应用非常方便。但多数夹具和工具都是可以在一定的使用范围内通用或组合的，在使用中，车身修理人员完全可以根据当时的需要创造性地使用这些工具和夹具。

（1）夹钳

图 5–1–4 所示为拉伸校正常用的夹钳，其主要作用是夹持住车身的拉拔点，使链条的拉力作用于需要进行拉伸的部位。夹钳的不同用途主要体现在钳口的宽度和钳身的厚度上，但使用的部位基本上都是车身上具有焊接翻边等天然的可供夹持的部位。

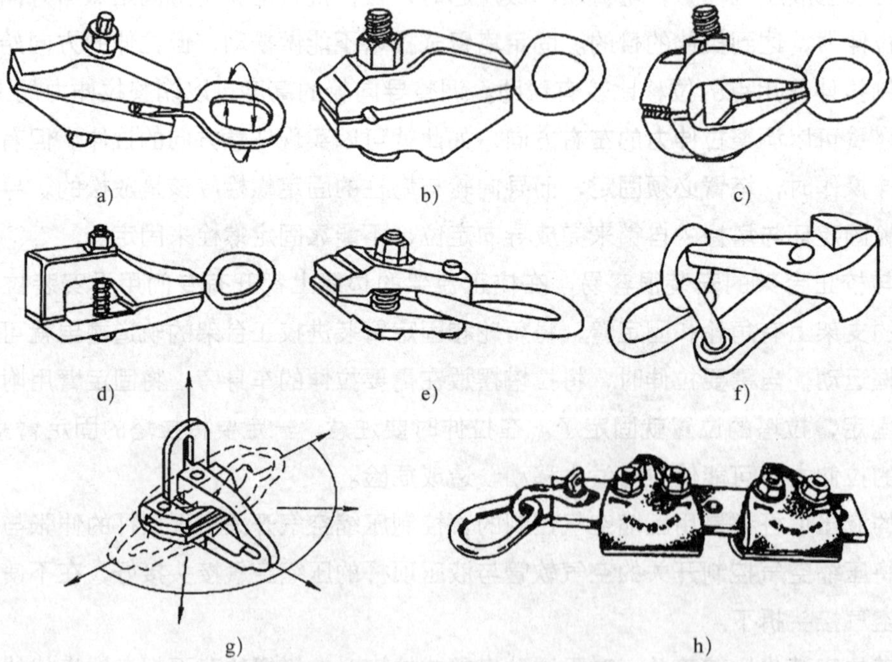

图 5–1–4 拉伸校正常用的夹钳

a）扁口自紧夹钳 b）重型夹钳 c）C 形夹钳 d）深槽自紧夹钳

e）小型夹钳 f）剪口夹钳 g）多向拉伸夹钳 h）车身裙边夹钳

（2）拉钩和拉带

在车身的某些部位不适合使用夹钳等夹持工具进行固定和拉伸，此时可以使用拉钩和拉带等进行拉伸操作。拉钩无须夹紧操作，只要挂在需要拉伸的部位就能进行拉拔，使用简便。图 5–1–5 所示为常用的拉钩和拉带。

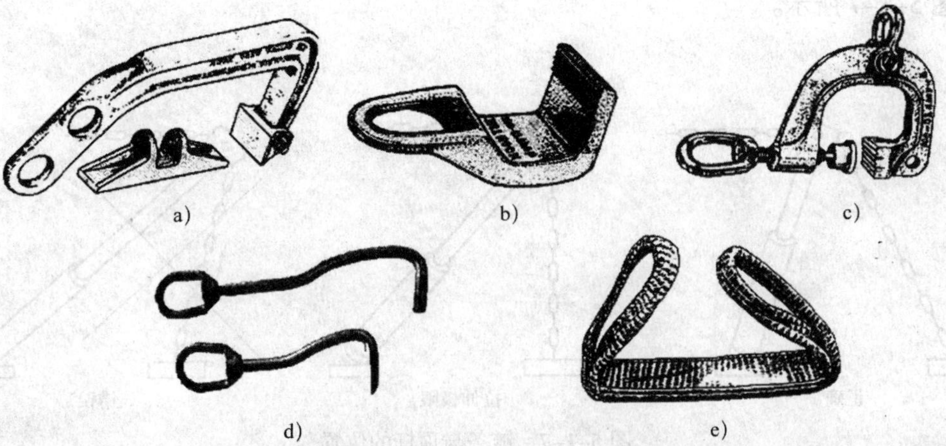

图 5–1–5　常用的拉钩和拉带

a）大力深拉钩　b）大力直角拉钩

c）多向可夹紧拉钩　d）轻型拉钩　e）尼龙拉带

（3）链条和链条连接工具

拉伸用的链条是专用的链条，其最大承载能力为 80 kN，一般普通的链条不能用于车身的拉伸校正。为了更方便地将链条与夹具固定或调整链条的长度，还专门制造了链条连接拉钩、链条连接器等专用工具。图 5–1–6 所示为链条及链条连接工具。

图 5–1–6　链条及链条连接工具

（4）链条与顶杆的位置关系

为了防止在牵拉过程中固定链与地面锚固点过载并控制拉伸的方向，拉伸工作要伴随校正部位的测量逐点进行，并不断调整固定的位置和拉伸的方向。在安装拉伸装置时，要掌握好链条与顶杆的角度，链条被顶杆顶起所呈的角度必须是钝角，这样才能保证顶杆系统的稳定，如图 5-1-7 所示。

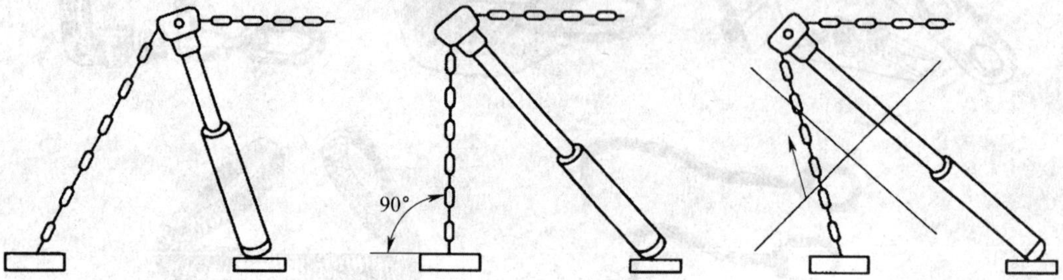

图 5-1-7 链条与顶杆的位置

（5）合理搭配顶杆附件

顶杆系统对车身拉伸的动力源自液压缸，常用的顶杆系统液压缸可以提供 50 ~ 100 kN 的力，行程有 150 ~ 250 mm 等多种。在固定链的锚固点安装滑轮可以使链条的调整更加方便；为了实现高位的拉伸，在顶杆上加接长套管等。这些都是液压顶杆系统的附件，充分利用这些附件可以更好地完成拉伸操作，如图 5-1-8 所示。

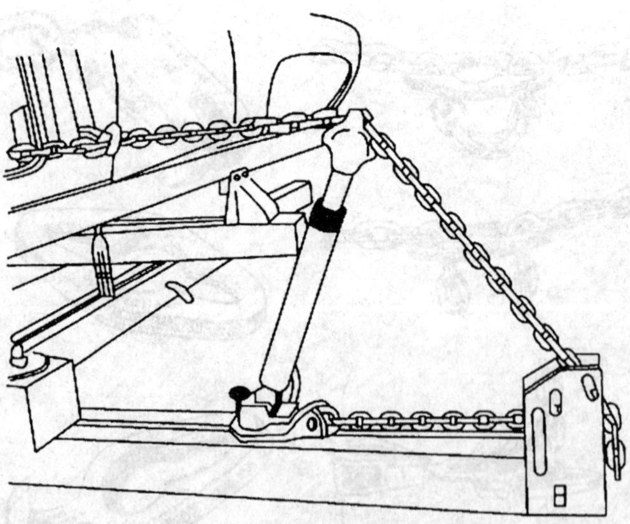

图 5-1-8 固定链锚固点安装滑轮有利于调整链条长度

技能训练

实训 车身校正设备的使用

◆ 实训准备

1. 安全操作规范

(1)穿戴干净整洁的工作服。

(2)遵守场地安全规定，注意用电安全。

(3)注意设备设施安全与个人安全。

(4)正确使用测量系统、量规等工量具。

(5)在进行拉拔作业时，严禁在拉拔方向后端站人。

2. 实训工具准备

(1)设备：承载式车身、车身校正设备等。

(2)劳保用品：工作服、手套、护目镜、耳罩、劳保鞋、硬质安全帽等。

◆ 实训步骤

1. 车身校正设备的认知

根据实训提供的车身校正设备，判断车身校正设备的种类。同时结合理论知识认识车身校正设备的组成及各部分的作用。识读车身校正设备的参数，判断车身校正设备能维修哪些类型的车辆及损伤。

(1)车身校正设备的类型认知

车身校正设备的品牌：________________________________

车身校正设备的参数：________________________________

能进行的维修作业：________________________________

(2)车身校正设备的组成

车身校正设备的组成及各部分的作用：________________________

____

____

____

2. 车身校正设备的使用

根据实训提供的设备，按照理论知识部分介绍的关于车身校正设备的使用，可以在车身校正设备上无损伤车辆的情况下，实施升降校正平台、连接拉塔等操作。

升降校正平台的操作：________________________________

连接拉塔的操作：________________________________

总结车身校正设备的使用流程：

3. 讨论总结

对实训步骤 1、2 的内容进行讨论，总结实训提供的车身校正设备类型、组成、作用及参数。对车身校正设备的使用流程进行总结归纳。

4. 5S 整理

对实训场地、实训车辆等进行 5S 整理。

任务评价

表 5-1-1　　技能考核评分表

序号	项目	操作内容	规定分	评分标准	得分
1	劳保用品	劳保用品穿戴	10 分	工作服、手套、护目镜、耳罩、劳保鞋、硬质安全帽，每少一项扣 2 分，扣完为止	
2	车身校正设备的认知	描述车身校正设备各部件名称及作用	30 分	每错一个扣 3 分，每漏一个扣 5 分，扣完为止	
3	车身校正设备的使用（1）	升降校正平台	15 分	未进行升降扣 15 分，升降方法错误每项扣 5 分，扣完为止	
4	车身校正设备的使用（2）	连接拉塔	15 分	未安装拉塔扣 15 分，安装错误（位置、方向）每项扣 5 分，扣完为止	
5	车身校正设备的使用（3）	校正平台的归位	20 分	未正确降下校正平台扣 10 分，未正确拆卸拉塔扣 10 分，油路、气路拆卸错误扣 10 分，扣完为止	
6	5S 整理	场地整理	10 分	未对场地进行 5S 整理扣 10 分	
总分			100 分		

任务 2　车身校正任务实施

任务目标

1. 能描述车身校正作业的安全规程。
2. 能描述车身校正作业的基本原则。
3. 能初步完成承载式车身和车架变形的校正工作。

任务导入

老张驾驶车辆时，因粗心驾驶导致车辆发生严重碰撞，经测量，需要对车辆进行校正作业，请对该车辆进行校正作业。

任务分析

车身受到碰撞，需使用车身校正设备“精确地恢复车身的尺寸与状态”。因为车身，特别是承载式车身，是车辆的基础，汽车的发动机、悬架、转向系统等都安装在车身上，如果这些部件安装点的尺寸没有校正到原尺寸，就会影响车辆的性能。本任务需掌握校正计划、校正中的固定与拉伸、应力消除等知识。

知识储备

一、制订拉伸计划

计划拉伸工序时，应遵循下列程序。

（1）确定拉伸的方向。

（2）按与碰撞损伤相反的顺序修理碰撞时出现的损伤（先里后外）。

（3）按照与引起损伤相反的方向设计拉伸顺序。

（4）找到安装夹钳的正确位置。

（5）估算修复损伤所需的拉伸量。

（6）确定必须拆下哪些零部件才能进行拉伸。

最好在实际拉伸车辆损伤之前拟订好拉伸计划。这个计划中应给出原厂的和实际的尺寸固定位置及拉伸位置。

确定拉伸位置最简单的方法就是徒手画出要通过拉伸修复的损伤。拉伸过程中以完全相同的方法工作。

通常，只要悬架、转向系统或动力传动系统安装点损伤，或者车辆的中部严重损伤，就需要进行车辆校正。要想确定某个碰撞是否符合这个原则，可以用肉眼观察哪里有明显的损伤，或者用钢卷尺或量规做一些一般性测量。这些测量包括：用对角测量检查是否有菱形变形；用长度测量检查是否有挤压损伤。尽量了解损伤是从哪里开始的，在哪里结束的。利用所有可用的尺寸数据，包括车身/车架尺寸手册和车辆厂家手册，或者通过检查未受损伤的汽车而得到的数据。

一旦确定了碰撞对承载式车身的损伤程度并且确定了损伤部位，就可以对损伤部位进行拉伸和校正了。校正后的基准点可作为进一步拉伸的有用参考。

在计划修理（拉伸）顺序时，应记住以下两条基本规则，以保证用最少的工作修复损伤，而且不会对车身零部件造成进一步的损坏。

基本规则：修理损伤的顺序应当与碰撞时发生损伤的顺序相反（先里后外）；拉伸的方向应当与损伤的方向相反。

二、校正时的测量

在拉伸前、拉伸过程中和拉伸后都需要进行车辆测量。对车辆损伤情况进行测量有助于确定如何进行拉伸，在拉伸过程中的测量有助于检查对损伤的拉伸是否适当，而在拉伸后的测量是对拉伸工作的检查。

三、拉伸前的零部件拆卸

拆卸汽车零部件的原则是只拆那些妨碍修理的车辆零部件，以及那些为了靠近汽车上需要修理的部位而必须拆除的零部件。例如，在正面碰撞中，往往不得不拆下翼子板才能接近车身纵梁上的拉伸点。

根据车辆的结构和损伤的位置及程度，有时，在继续进行修理之前拆卸零部件比较方便。仔细分析车辆情况和损伤情况，以确定必须拆卸的零部件。有时最好在将车辆放置到校正设备上之前就拆下零部件以便于更好地紧固。

如果损伤的结构件可能要用于拉伸，那么就不要拆下它。在很多情况下，需要在损伤的焊接件上进行拉伸，尽管这些部件将要被更换掉。通过对严重损伤部件的拉伸，往往能帮助校正其他不更换的结构件。如果首先拆下了损伤的结构件，就可能使拉伸和校正相邻部位或板件变得更加困难。

以前，在将承载式车身车辆放置到校正设备上之前，经常需要将悬架和传动系统拆卸下来。对于大多数现代校正系统，再加上发动机支承架这样的辅助装置，就不需要这样做了。大多数校正作业都可以在保证主要机械零部件完好的情况下进行。

四、车身的固定与拉伸

承载式车身固定时必须用多点固定的方式，一般需要四个点。对于前部受损的汽车，定位夹具应该安放在汽车的中部和后部。对于后部受损的汽车，定位夹具应该安放在汽车的中部和前部。当然，根据拉伸力及其方向的不同，有时要增加辅助固定点，如图 5-2-1 所示。

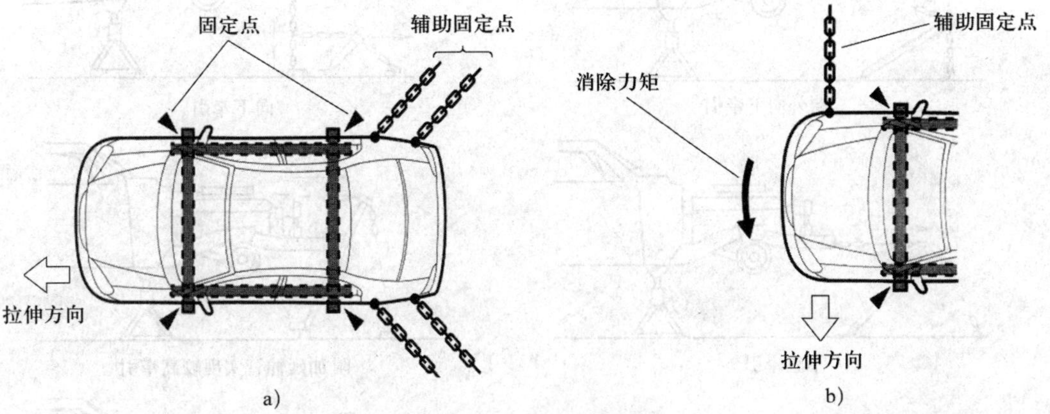

图 5-2-1　车身的固定
a）多点辅助固定　b）单点辅助固定

在准备进行拉伸操作时要注意校正设备的正确使用，这些内容在上文关于车身校正设备的知识中已经予以介绍，但每种设备都有些差异，所以一定要了解所用校正设备的使用、安全防护措施。

另外，还应充分利用各种校正设备，在拉伸或顶压时有多种设置方法。拉伸矢量图是一个简单的三角形，图 5-2-2 列举了一些校正力方向设计示例。

在拉伸过程中应当监测校正的进程。由于金属板有弹性或可塑性，车身结构在被拉回到规定的尺寸后，会在一定程度上恢复到损伤的状态。因此，提前估算回弹量是很重要的。这就是为什么需要控制过度拉伸非常重要的原因所在。

链条在顶杆的作用力下，一旦松弛部分被拉紧，车身构件的金属就开始移动。一定要不断地检查尺寸，以防拉伸量过大。

为了使损伤部位保持在适当的位置，可能需要做一些工作。可以在拉伸后松开拉力，观察一下板件在拉力释放后的移动量，然后再重新进行拉伸和释放，这样慢慢地将部件或面板移动到规范尺寸。每重复一次，板件就会向预期的位置移动一些。敲打邻近区域的金属有助于释放应力并保持板件按照需要进行移动。

每次拉伸时拉伸一点，然后释放拉力，进行测量。一般在校正承载式车身 / 车架的损伤时应按照从中心到两侧的顺序进行，并要满足以下顺序：长度方向的损伤校正、宽度方向的损伤校正、高度方向的损伤校正。

执行拉伸操作要像徒手作业一样，也就是说，假定唯一可用的工具是手的情况下，怎样才能使金属重新恢复其造型，每一次能校正几个区域，向哪个方向校正。这些就是有效拉伸的关键所在。

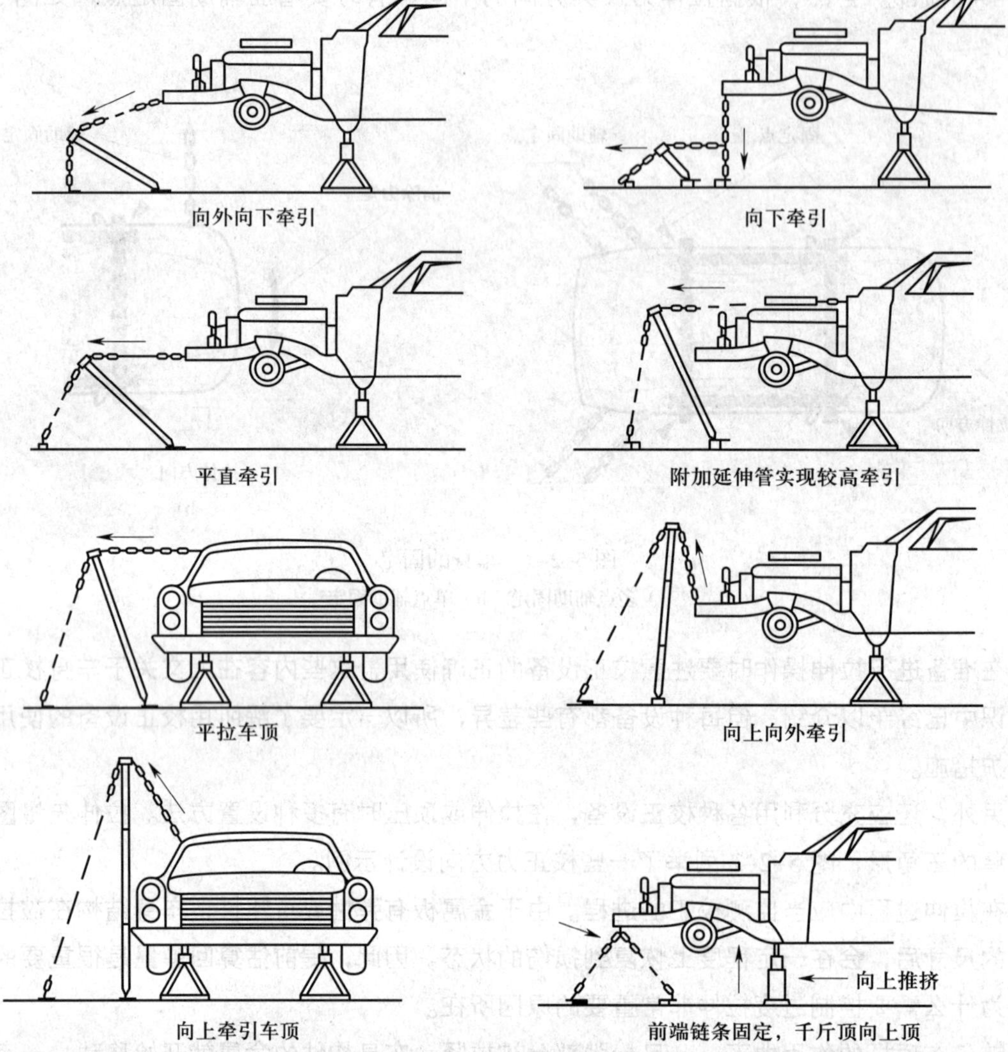

图 5-2-2　校正力方向设计示例

具体校正过程的拉伸或顶压可总结为以下几条原则。

（1）先重后轻，即优先校正损伤最大的部位。

（2）先强后弱，即同一部位的变形应先由强度大的构件开始校正。

（3）先中间后两边，即从中间部位开始操作。

（4）先里后外，即先变形的后校正，后变形的先校正。

（5）先长度后宽度，即车身长度和宽度两个方向同时存在变形时，优先校正车身长度方向的变形。

（6）先低后高，即由车身底部开始校正，而车身顶部的变形则可以放到最后进行。

（7）多点多次，即防止单点拉伸损伤板件，多次分解拉伸可及时消除应力。

五、拉伸过度

如果校正过程中不能精确、经常地测量，则很可能拉伸过度，如图 5–2–3 所示。为防止拉伸过度而损坏整体车身，在用任何一种拉伸装置进行拉伸校正的过程中，都要对损伤部位的校正进程进行测量。很多情况下，对拉伸过度唯一的修理方法就是更换。

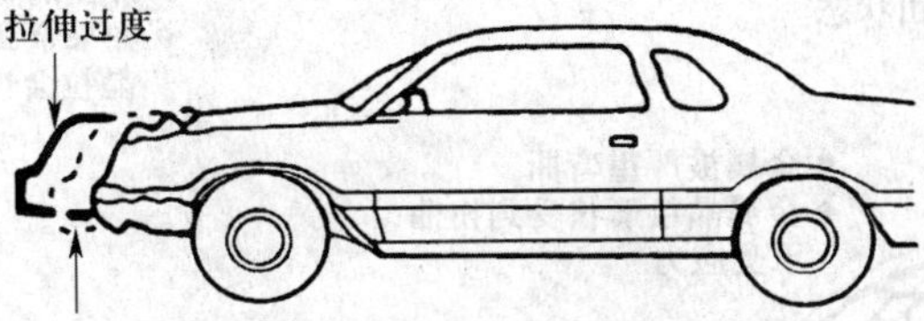

图 5–2–3　拉伸过度

六、应力消除

车身校正包括两个任务，一是将受损的钣金件恢复到原来的形状，另一个更为重要的任务是恢复钣金件原来的状态。将受损的钣金件恢复到原来状态需要将碰撞中引起的金属应力消除掉。

金属具有“记忆”特性，或叫弹性性能，它“知道”自己原来的初始状态，只有消除由事故引起的金属应力，它才会恢复到原来的状态。

平直的钣金件如图 5–2–4a 所示，其金属晶粒和原子层都处在相对松弛的位置。钣金件轻微弯曲时如图 5–2–4b 所示，这些晶粒会产生轻微的变形，从而产生应力。如果钣金件有足够的弹性，一旦压力消除后，晶粒可以立即恢复到原来的状态。如果钣金件在碰撞中弯曲程度严重，则在弯曲的钣金件的外层，晶粒在剧烈张力的作用下产生严重的变形，而内层则在压力的作用下产生同样的变形，如图 5–2–4c 所示。这些力引起晶粒变形，改变晶粒结构，而这种结构比受损前更坚硬（加工硬化）并且缺少弹性，同时应力被固定在金属内部。

如果试图在不消除应力的情况下把钣金件拉伸恢复到原来的形状，金属将出现如图 5–2–4d 所示的撕裂或变薄。这个形状接近原始形状，但是晶粒结构中仍保留着变形并且有新的受压区域产生。

若应力未被消除，金属疲劳和破裂迟早要发生在这些薄弱区域，或者一旦发生再次碰撞，即使很小的力也将引起同样或更大的危害从而造成严重的后果。

应力为一种内部阻力，这种阻力是物质在特定的负载下变形时产生的。在碰撞修理中，应力可定义为一种对维修起阻碍作用的金属的内在阻力。造成这种阻力（应力）的原因主要有变形和开裂、过度加热、不正确的焊接技术、不理想的应力集中等。

消除应力通常在两个时刻进行：拉伸金属板件时和拉伸金属板件之后。对于严重变形的板件，由于其应力非常大，如果强行拉伸会造成板件的撕裂。而校正之后的板件消除应力是为了使金属稳定地保持原来的状态。

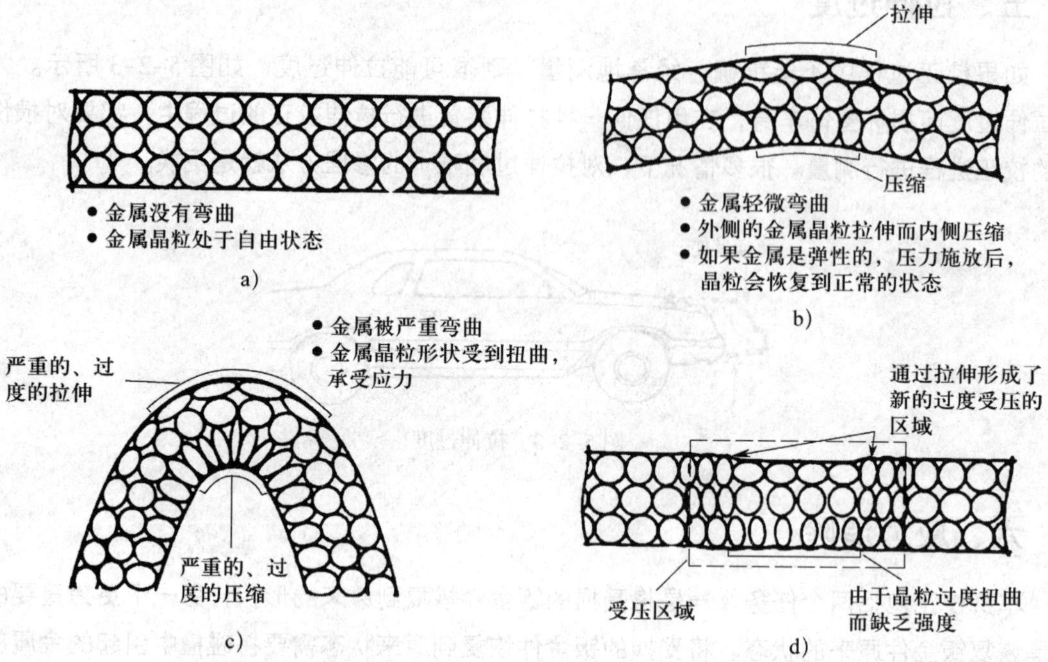

图 5-2-4　不同状况下金属内部晶粒结构

a）平直　b）轻微弯曲　c）严重弯曲　d）整平后（未消除应力）

消除应力有两种方法：弹性敲击和有控制地加热。对于受损严重的板件，弹性敲击可能作用不大，此时可以对金属有控制地加热，如图 5-2-5 所示，激活金属的晶粒，使其重新松弛，恢复原来的状态。所谓有控制地加热是指加热的温度和时间不能超过厂家的规定值，因为过度地加热会破坏晶粒结构，导致金属变软，强度降低，尤其是对承载式车身的高强度钢和结构件。

图 5-2-5　消除应力

七、校正设备使用注意事项

使用校正设备时，应充分注意下列几条规则，否则，如果使用错误，就有可能对车身和校正设备造成损坏。

（1）要根据制造厂家的说明书，正确地使用校正设备。严禁非熟练人员或未经过正式训练的人员操作校正设备。

（2）确保地板的夹钳齿咬合得非常紧固。牵拉前汽车要装夹牢固，检查地板夹钳和支架螺栓是否牢固。

（3）一定要用推荐型号和级别的金属链进行牵拉和钩吊，并且要使用与校正设备配套的链条。链条必须稳固地与汽车和支架连接，以防在牵拉过程中脱落。避免将链条缠在尖锐器物上。

（4）向一边猛拉时，一定要使用阻挡支承，以防将汽车拉离校正平台。

（5）人员在汽车上和汽车下面工作时，切勿用维修千斤顶支承汽车。始终使用汽车支架来支承汽车，并且只用与校正设备配套的支架。

（6）夹钳可能经常滑落，引起钢板磨损，所以要用安全带以防止其对车身的损伤。

（7）严禁人员与链条或夹钳处在一条直线上，因为当链条断裂、夹钳滑落、钢板撕断时，都可能造成伤害。切记在车外进行牵拉校正时，在车内工作是很危险的。

技能训练

实训　承载式车身前部碰撞损伤校正

◆ 实训准备

1. 安全操作规范

（1）穿戴干净整洁的工作服。

（2）遵守场地安全规定，注意用电安全。

（3）注意设备设施安全、个人安全。

（4）正确使用测量系统、量规等工量具。

（5）在进行拉拔作业时，严禁在拉拔方向后端站人。

2. 实训工具准备

（1）设备：承载式车身、车身校正设备等。

（2）劳保用品：工作服、手套、护目镜、耳罩、劳保鞋、硬质安全帽等。

◆ 实训步骤

以一辆汽车的一侧从前面受到中度碰撞为例进行分析，如图 5-2-6 所示。

1. 确定车身的损伤部位和损伤程度

对于如图 5-2-6 所示的损伤情况，可判定左侧板件损伤严重，所以左侧前纵梁、挡泥板及散热器框架应更换。右侧变形较轻，应校正恢复原形。

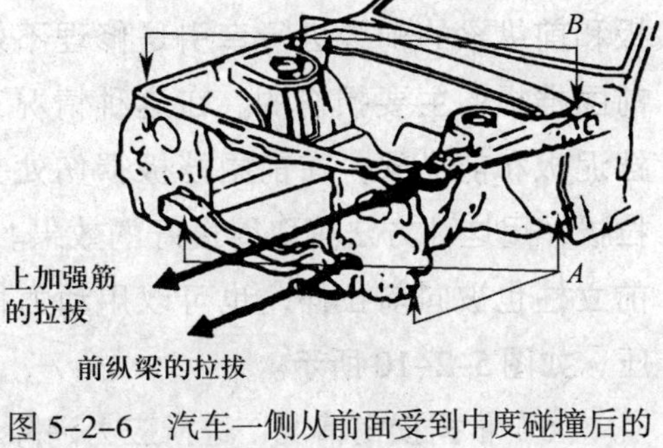

图 5-2-6　汽车一侧从前面受到中度碰撞后的损伤及拉伸

2. 固定车身

具体内容参见上文的相关知识。

3. 进行校正作业

（1）确定拉力方向，然后连接好相关校正设备，慢慢拉伸。拉伸操作时，对安装更换零件的连接部位进行整形，同时，对维修侧的前纵梁、挡泥板进行整形。

如果维修侧的前纵梁向内倾斜，则向前部拉伸，如图 5-2-6、图 5-2-7 所示。如果维修侧的前纵梁向外倾斜，则沿侧前方向拉伸，如图 5-2-8 所示。

（2）测量尺寸，并确定拉伸位置。对于这样的损伤，推荐测量的尺寸如图 5-2-6 中所示的 *A*、*B*，进行对角测量。

（3）如果前纵梁变弯，应进行如下操作：通过拉伸操作使对角线尺寸和车身底部尺寸基本合格之后，切割前下部横梁和侧隔板，夹住前纵梁的弯曲部位，然后，同时沿前方和内侧方向施加拉力（或从外侧施加推力），拉动弯曲部位进行整形。

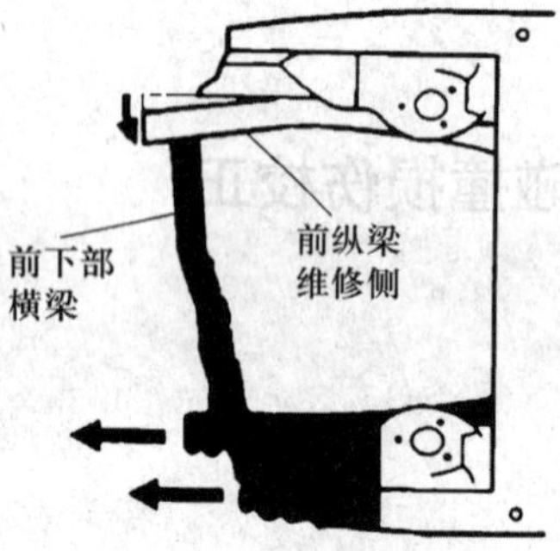

图 5-2-7 向前拉伸

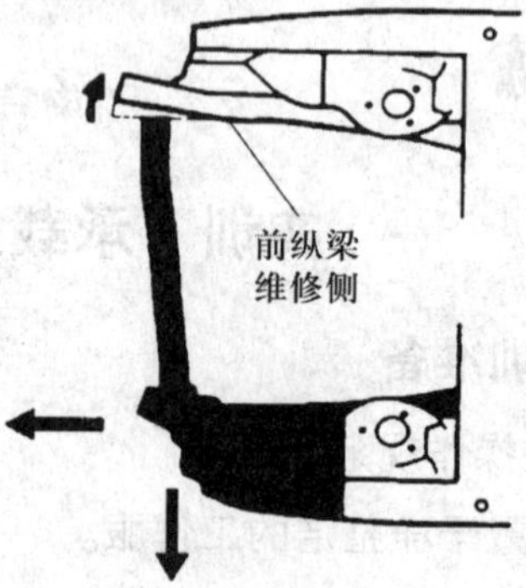

图 5-2-8 沿侧前方向拉伸

整形之后，通过横向推拉前侧车身骨架，将对角线和车身底部的实际尺寸修整为标准尺寸。此外，还需修整挡泥板和减振器塔，并检查它们在车身上部尺寸中是否处于正确的位置，如图 5-2-9 所示。

（4）修理更换侧的挡泥板和前纵梁安装部件时，主要修理接近前围挡板和前围上盖板的地方。如果碰撞严重，损伤会扩散进入车体的前立柱（表现为前车门关不上）。简单地夹住挡泥板和前纵梁的前缘进行牵引是修理不好前立柱或前围挡板的主要损伤的。在这种情况下，应取下挡泥板和前纵梁，在前围挡板损伤处夹紧，然后拉拔，用这种方法可取得最好的效果。与此同时，前立柱也被向前拉伸，也可以用动力杆从里面推压，如图 5-2-10 所示。

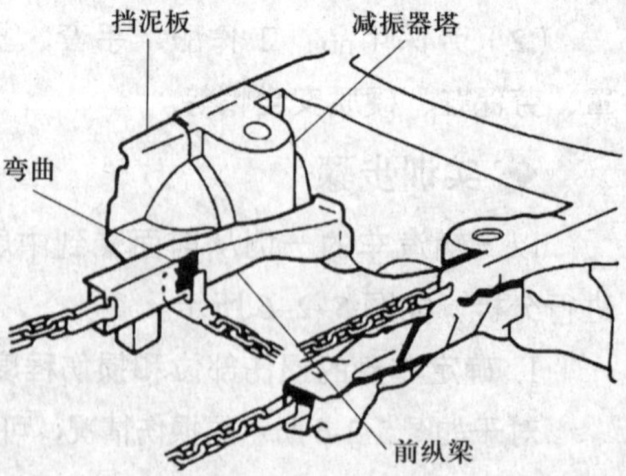

图 5-2-9 修整弯曲的前纵梁

（5）根据损伤情况，进行应力消除工作。

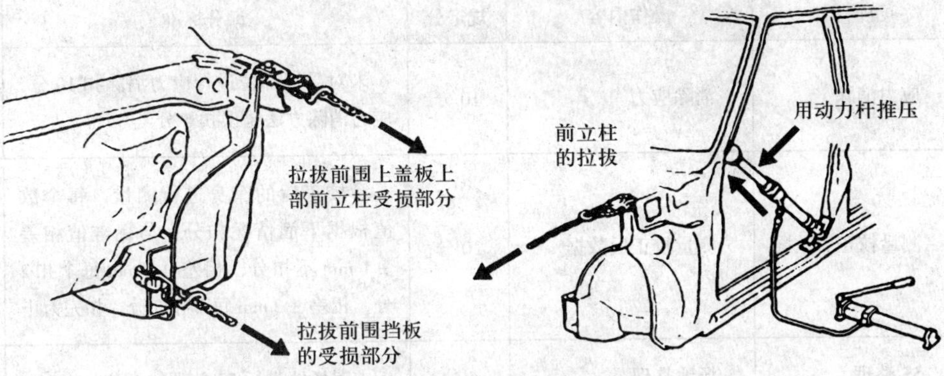

图 5-2-10 修整前围挡板和前立柱

4. 测量校正后数据

对校正后车身的数据进行测量，确认校正质量。

5. 5S 整理

对实训场地、实训车辆等进行 5S 整理。

任务评价

表 5-2-1 技能考核评分表

序号	项目	操作内容	规定分	评分标准	得分
1	劳保用品	劳保用品穿戴	10 分	工作服、手套、护目镜、耳罩、劳保鞋、硬质安全帽，每少一项扣 2 分，扣完为止	
2	固定车身	固定车身	10 分	未使用扭力扳手紧固车身，每漏一个螺栓扣 2 分	
3	拉塔安装	正确安装拉塔	10 分	拉塔安装错误扣 5 分，未正确连接气路、油路每错一项扣 5 分，扣完为止	
4	校正前准备	确定拉拔方向、安装保险绳等	10 分	判断拉拔方向错误扣 5 分，未安装保险绳扣 5 分	
5	进行拉拔	拉塔拉拔操作	25 分	未多次拉拔扣 20 分，拉拔过程中未拆下测量头扣 5 分，拉拔中站立在拉塔后面扣 25 分（应立即停止），扣完为止	

续表

序号	项目	操作内容	规定分	评分标准	得分
6	应力消除	消除应力	10分	未对受损部位进行应力消除扣10分，应力消除方法错误扣5分	
7	测量校正后数据	测量校正后数据	20分	对校正后的车身进行测量，每个数值根据下面情况扣分：与标准值相差 ±1 mm 不扣分，相差 ±2 mm 每个扣2分，相差 ±3 mm 每个扣5分，扣完为止	
8	5S 整理	场地整理	5分	未对场地进行 5S 整理扣5分	
总分			100分		